岩　波　現　代　文　庫

増補
「戦争経験」の戦後史

語られた体験／証言／記憶

成田龍一
Ryuichi Narita

学術 423

JN053610

岩波書店

もともと戦記というものは、死者のために書かれるものなんです。Q陣地にしても、健闘した功績は、死者に与えるべきなんです。それが生き残った者の仁義であり、責任なんです。

伊藤桂一「圓形行進」(一九六八年)

時代の条件は、——あるいは一世代の現実は、その受容や描写よりも、それを批判し、拒否し、乗り超えようとする表現の裡に、またその表現の裡にのみ、抜きさしならぬ究極の性質を、あらわすのである。

加藤周一「終章　戦後の状況」(一九八〇年)

目　次

本書関連地図(1944 年頃)

序 章

「戦後」後からの問い

VAWW-NET Japan 編『日本軍性奴隷制を裁く ―― 2000 年女性国際戦犯法廷の記録』(全 6 巻，緑風出版，2000-2002 年)

1　問い直される戦争と戦後

「慰安婦」の告発と歴史修正主義

二〇世紀も終わりにさしかかった一九九一年一二月に、三人の韓国人の元「従軍慰安婦」が日本政府への謝罪と補償を求め、東京地裁に提訴した。そのとき、金学順《キムハクスン》が、顔を見せ実名で発言したことは、人びとに大きな衝撃を与え、戦争と植民地をめぐる議論の転機となった。

また、一九九五年には沖縄と北海道で、帝国の「いま」と過去にかかわる大きな出来事がおきる。沖縄では、アメリカ軍兵士三人による少女への強姦事件が起こり、アメリカ軍と基地への反対運動が、住民たちによってなされた。そして、基地の撤去を求める県民の総決起集会が連日のように開かれる。

他方、北海道では、北海道大学における、アイヌ民族や、一九世紀末に朝鮮南部で農民たちが起こした蜂起である東学党の乱(甲午農民戦争)参加者の人骨の「収集」の事態が発覚した。かつて北海道大学では、先住民族や朝鮮半島の人びとの骨を、学術研究と称して保持していたのである。(1) 基地(軍事)と「知」の領域の植民地主義が、日本列島の南と北で噴出した。

歴史修正主義もまた、あらたな形で立ち現れてくる。一九九六年の暮れに「新しい歴史教科書をつくる会」が発足した。「つくる会」は、多様な寄り合い所帯であり、古典的なナショナリストとグローバリズムへの意識を敏感に持つあたらしいタイプのナショナリスト、構成主義的な論者と実証的・本質主義的な論者たちの集合体であった(のち、組織としては分裂する)。かつての皇国史観とは異なる次元での歴史修正主義が、二〇世紀末には起こってくる。そして、「つくる会」は、「従軍慰安婦」に関する記述を中学校の歴史教科書に載せることへの声高な批判を皮切りに、「大東亜戦争」という用語を教科書に持ち込んでいった。

一九九一年ころに始まり(日本の敗戦から五〇年を経た)一九九五年をひとつの指標とするこうした出来事は、戦争と植民地―大日本帝国の過去があらたな文脈で「いま」を形成し、「いま」において、依然として戦争と帝国―植民地の過去が払拭されていないことをみせつけた。「戦後」における帝国と戦争への反省と検証とがありながら、沈黙させられてきた声があることが、批判的に問いかけられたのである。

「戦後」後からの考察

二〇世紀末にみられたこれらの出来事は、東アジアにおける冷戦体制期の歴史の見直しであり、過去と現在の自らの位置および立場をあわせて問うという営みの要請でもあった。「国民国家」という枠組みを超えて、自らを取り巻く歴史の境界線を確かめながら、歴史的責任を追及する試みが開始されたのである。

こうした日本の戦争と帝国―植民地をめぐる光景は、「戦後」という時間のなかでなされてきた営みとは異なった様相を見せている。「戦後」においても、歴史学をはじめ、さまざまに戦争と帝国―植民地の問題が考察されてきたが、これらの事態はあらたに、なぜこれまでの営みのなかで「従軍慰安婦」の声を聞くことができず、彼女たちの声が自分たちに届いていなかったのかという深刻な問題を突き付けた。

ことは、戦争と帝国―植民地の歴史的認識に止まらず、歴史学のありかた、また戦争と帝国―植民地を議論するものの位置《ポジショナリティ》とそれを伝える相手――誰が、誰に対し、誰のことを、どのように伝えるのかという問いへと連なっていった。

そのため、戦争の「語り」があらためて検討され、「記憶」という語が従来とは異なる意味合いを込めて使用された。また、何を記憶し、何を伝えるかということ――「忘却」と「想起」の関係が問われるとともに、「知」の責任にも目が向けられることとなった。これまでの学知のありようが批判的に検討され、戦争や帝国―植民地に関わって「過去の克服」があわせて課題とされた。戦争と帝国を論ずる際の「われわれ」と「かれら」の境界やその範囲が取りざたされ、「われわれ」と「かれら」を線引きする際の恣意性も議論の対象とされた。

背後には、冷戦体制が崩壊し、あらたなかたちで戦争と帝国―植民地をめぐる問題が相次いで登場したことがある。たとえば、日本政府に対して、謝罪と補償を求めた訴訟がアジアの人びとから起こされ、歴史教科書の戦争記述をめぐって批判が出された。あるいはA級戦犯が合祀された靖国神社に総理大臣が公式参拝することへの反発が相次いだ。戦争と植民地をめぐる問題がいまだ過去のものではないことが、訴訟や批判というかたちで突きつけられた。

しかも、これらの諸問題はしばしば外交問題ともなり、「歴史認識」を焦点にしながら、日本国内にとどまらず、国際的にも論争を伴いつつ論議された。敗戦から五〇年以上が経過し、さすがに長すぎた戦後が終わったという感覚を人びとが持とうというなかでの出来事である。

一九九〇年ころからみられる、こうした専門領域と国境を越えた議論は、これまで歴史学が主となり、「戦後思想」と交差しながらなされてきた議論の様相を大きく揺り動かし変えていく。長いあいだ、正面から議論されることが少なくなっていた戦争における「死者」をめぐる議論が活発となったことも、一九九〇年以降の変化のひとつに挙げられよう。戦争と帝国―植民地をめぐる議論が、大きな転換期に差し掛かってきていた。

シンポジウム「ナショナリズムと「慰安婦」問題」

こうしたなか、一九九七年九月二八日に開かれたシンポジウム「ナショナリズムと「慰安婦」問題」(主催は、日本の戦争責任資料センター。記録集として、同編『シンポジウム ナショナリズムと「慰安婦」問題』青木書店、一九九八年、が刊行された)は、そのあらたな事態を示す凝縮された時間・空間のひとつとなった(2)。

シンポジウムのコーディネーターの西野瑠美子は、「慰安婦」問題をめぐり、「責任」「記憶の継承」「ジェンダーの視点」での論争がつづけられているという状況を説明しているが、報告者として、歴史学者の吉見義明のほかに社会学者の上野千鶴子、文学研究者の徐京植《ソキョンシク》、哲学研究者の高橋哲哉が発言した。

議論は、(1)戦争と帝国の経験に対し、「記憶」や「語り」といった、あらたな考察の方法が登場し、(2)もっぱら「階層」や「階級」に力点が置かれてきた戦争経験、帝国経験のなかに、「ジェンダー」「エスニシティ」の論点が自覚的に論じられることとなった。(3)シンポジウムは、歴史修正主義の台頭への批判を目的としたが、参加者相互における批判もみられ、歴史修正主義への批判、さらに二〇世紀末の戦争と帝国をめぐる議論が、決して単純ではないことを示していた。

シンポジウムで、高橋は「戦後世代」の「戦後責任」、(罪責と区別される意味での)「応答可能性(レスポンシビリティ)」としての「責任」を主張した。上野は、戦争を記述する際の基準を論じ、実証という手法をめぐって「戦後歴史学」を俎上に載せた。

論者たちに共通するのは、(「つくる会」に代表されるような)「新しいナショナリズム」に対する警戒心と、それが「日本だけの特殊な現象ではないこと」、「世界的なスケール」での考察の必要性の認識である(高橋『戦後責任論』講談社、一九九九年、も参照)。だが、「「日本人として」もその責任を負っている」という高橋の言をめぐっては、互いの応酬があった。徐は、高橋の論点を敷衍《ふえん》し、上野は「日本人」の位置からの論に対し批判を行う。このことは、「帝国」をどの位置から語るかという点にかかわってくる。

また、上野は「慰安婦問題」は「事実」をめぐる闘いではなく、「思想の闘い」としたが、吉見は(「事実」と「思想」の)「どちらかということではなくて両方をめぐる闘い」と応じた。「実証史学」―歴史の「事実」―「より客観的な歴史」をめぐる議論が、ここに胚胎している。上野が、「慰安婦問題」を、「戦後歴史学」に「投げかけられた深刻な挑戦」として捉え、認識論の次元での問いかけをおこなっているのに対し、吉見は「慰安婦問題」に軍部が関与していたという「事実」に論の出発点をおいている。

「従軍慰安婦」については、すでに千田夏光『従軍慰安婦』(双葉社、一九七三年)が刊行されていたのをはじめ、これまでにも言及は少なくない。しかし、一九九〇年前後以降の「従軍慰安婦」の焦点化に際しては、「「民族差別」と「性差別」の問題」(金富子《キムプジャ》)が問われ、さらには「慰安婦問題」の語り方や、語る主体の位置が論点とされた。

このシンポジウムでは、「国家」とともに、「国家」批判の主体であったはずの「国民」が俎上に載せられ、「国民」のもつ加害／被害の面とあわせ、「国民」という概念そのものが議論の焦点となっている。換言すれば、帝国―植民地主義の責任の主体をどのように設定するか、また、自らが一員となっている帝国の「いま」をどのように問題化するかということに他ならない。さらに、批判の根拠としてナショナリズムが有効であるかという問いも、内包されている。

こうした論点をめぐって、発言者相互にしばしば対立が見られ、戦争に対する批判の根拠をめぐって、輻輳《ふくそう》する関係が見られた。その後も現在に至るまで、帝国意識の批判をめぐる議論は錯雑し、複雑で困難な状況が現前している。(3) 過去の問い方――戦争と帝国の語り方に、このように変化が見えてきている。

問題の現れ方も対抗の仕方も、この一九九〇年以降の変化は大きい。

2　戦後における戦争の語り

認識と叙述の推移

一九四五年八月一五日の敗戦から、すでに六〇年を超える歳月がたつ。「アジア・太平洋戦争」とよばれる戦争の「終結」であるが、この戦争は、渦中から報道されただけでなく、敗戦後もずっと論じられ続けてきた。アジア・太平洋戦争とは、二〇世紀の「日本」にとって、それほどにまで巨大な出来事であり、人びとにとっての壮大な経験であった。そしていま、あらためてこのことが焦点化されながら、異なった視角が出されてきている。

「戦時」から勘定すると八〇年に及ぼうという戦争は、巨大な経験であり、現在に至っても決して完了することなく、直接の経験を持たないものにまで語り継がれ、「戦後」の歴史を規定し続けてきた。本書ではその戦争への認識の推移と、戦争の叙述の時期ごとの特徴を探り、二一世紀初頭―敗戦六〇年を経てのアジア・太平洋戦争の語りの位相とその課題を明らかにしてみたい。

戦争の語りは、書き留められ公刊されたものだけでも厖大な数に及び、語られないままに消え去っていったもの、いまだに沈黙のなかにあるもの、身近な人びとにのみ語られたものなどを考えると、無数に存在する。戦争の経験は、あらゆる意味においてその人の人生を規定するがゆえに、戦争を語ることは自らのアイデンティティを確認する作業となり、戦争とどう向かいあい、戦争をどう受け止めるかによって「主体」が形づくられる。

このことは、直接に戦争を生き経験した世代のみならず、戦後に成長した世代にとっても同様である。戦争が、「主体」の形成にとって抜き差しならない世代と時期が存在し、そこでは戦争を軸として、容易に譲れない主張がなされてきた。

とともに戦争をめぐる語りは、同世代の人びとや、のちの世代の人びと、あるいは他国の人びとといった「他者」との関係が入り込む領域でもある。戦争を語ることは、社会のレーゾンデートルをなす行為であると考えられ、さらには、国家の根幹にかかわるとする議論も少なくない。

戦争の経験の歴史的な意味づけをめぐる対抗や対立が見られるのはこうした理由によっており、広義の意味での「政治」が現れる場所ともなっている。しかも、戦争をめぐる議論ではその時々の状況によって論点が呼び起こされたりあらたに創出されたりもする。

アジア・太平洋戦争の時間と空間

さて、ここまで「戦争」と規定をしないままに述べてきたが、その内容は、一人ひとりによって異なっている。そもそもが、戦争の呼称がさまざまで統一されていない。

一九三〇年前後の中国大陸への日本の侵略の開始、とくに一九三一年九月一八日の柳条湖での南満州鉄道の「爆破」による「満州事変」、そして一九三七年七月七日の盧溝橋事件をきっかけとする日本と中国との全面的な戦争(日中戦争)から、さらに一九四一年一二月八日のマレー半島と真珠湾への攻撃に発するアメリカ、イギリスなどへの宣戦布告(狭義のアジア・太平洋戦争)という推移をみせることが、これまでの「アジア・太平洋戦争」の認識として共有されている。(4)

評論家の鶴見俊輔がこの認識に沿って「十五年戦争」という概念と用語を提起して以来、歴史学研究もこの認識を共有しながら論議を遂行してきた。(5) 歴史家の家永三郎はその著作のタイトルを『太平洋戦争』とするに当たって、「この戦争を何と呼ぶか」は「戦争の歴史的意義の理解のし方」と結びつき、その変遷自体に「思想史的な意味」があることを指摘したうえで、「太平洋戦争」という名称が「完全に科学的客観性」を持つとはいえないが、「便宜上、比較級的に不適切の少い」この名称を用いたと述べている(岩波書店、一九六八年)。

一九三一年九月一八日以降の戦争は、歴史学が「十五年戦争」と把握し一連の戦争として描くように、決してばらばらな戦争―出来事ではない。だが、同時に、「満州事変」からまっしぐらに一直線に、一九三七年七月の盧溝橋事件にいたり、一九四一年一二月の真珠湾とマレー半島の戦闘に突入したのでもない。ましてや、アメリカ・イギリス軍によってのみ、一九四五年八月一五日の「終戦」がもたらされたのではない。時間的な屈曲と空間的な拡大のもとで、アジア・太平洋戦争の歴史的な過程がある。

歴史家の黒羽清隆は、『朝日新聞』のコラム「天声人語」の用語法が、「大東亜戦争」や「今次の大戦」から、一九四六年に「太平洋戦争」に変化することを確認している（『太平洋戦争の歴史』上、講談社、一九八五年）。

時間に関し、中国文学者の竹内好は、中国への侵略という意識を払拭しきれない当時の知識人たちが、一九四一年一二月八日の対英米戦の開始により「胸が轟く」（青野季吉）と述べたことを紹介し、多くの知識人が「戦争肯定」に向かったことを指摘する。一九四一年一二月八日という「特殊な時点」の意味を指摘し、この時点での「特殊な戦争肯定」がやがて「戦争一般の肯定へ発展」したと述べ、竹内はこの日に「抵抗から協力への心理の屈折の秘密」を求める。すなわち、竹内は一二月八日を契機とする「戦争の性質」の変化を指摘し、そのことを強調するのである（「近代の超克」『近代日本思想史講座』第七巻、筑摩書房、一九五九年）(6)。

空間にかかわっては、軍事史家の田中宏巳（『BC級戦犯』筑摩書房、二〇〇二年）の議論がある。田中は、「太平洋戦争」（広義のアジア・太平洋戦争）を「満州戦域」「中国戦域」「南方資源地帯戦域」「西太平洋戦域」の「四つの戦域」からなり、それぞれ戦う相手が異なり、戦闘期間、戦闘形式も違う戦争として把握している。「各戦域の戦争」を「日中戦争」「南方資源地帯獲得戦争」「対英米（豪）戦争」「日ソ戦争」とし、「満州」を含め、四つの戦争が「同時併行」していることを強調し、空間に力点を置いて把握する。

こうした認識は、一九四一年一二月以降は（田中の用語を用いれば）「西太平洋戦域」に目を向けがちな戦争認識のもとで、他の「戦域」では異なった形態の戦争が継続していたことへの自覚を促す。また、田中の議論に時間的な契機を入れ込めば、一九四一年一二月八日に始まる対英米戦のもつ歴史的な意味にも踏み込むこととなる。(7)

3　問われる戦争像

戦争認識研究の系譜

以上を受けて、本書では書き留められた戦争と帝国―植民地の記述を手がかりとして、「アジア・太平洋戦争」の語られ方を探り、そこから戦争、および植民地への歴史認識についての考察を試みたい。すなわち、誰が、どの時期に、どのような形態で戦争と植民地を語ったか、また、そのときの「戦争」とはどのような事態を内容とし、誰に向かってどのように語ったか――その推移を書き残されたものを手がかりにして考察してみたい。

おおづかみに、戦争の渦中で戦争が「状況」として語られた時期(一九三一年ころから一九四五年)、「体験」として戦争を語る時期(一九四五年から一九六五年ころまで。一九四九年に画期があり、また、一九五二年の占領の解除も見過ごせない)、「証言」として戦争が語られる時期(一九六五年から一九九〇年ころまで)、「記憶」が言われる時期(一九九〇年以降)と時期を設定し、戦闘のみならず植民地認識にも目を配りながら論じてみよう。

変化の推移を追跡することは、語り手の状況、聞き手の環境を考察することに通じ、試みそれ自体がひとつの戦後史を形成することになろう。「戦争経験」の戦後史の試みである。ここには戦争の経験者が経験の共有を前提に語る(語りうる)という状況から、経験者が少数派になるという状況の変遷がある。また、総力戦としての「アジア・太平洋戦争」が、朝鮮戦争からベトナム戦争、あるいは湾岸戦争やイラク戦争といった「戦後」の戦争のなかで呼び起こされることであり、さらには戦争自体の変化が進行していることに対しての自覚の過程でもある。

戦争の語り方を系譜的に問うといった試みは、すでに山田宗睦編『戦争体験』(徳間書店、一九六六年)のようなアンソロジーの提示があるが、とくに「戦記もの」を素材とした考察には力作が多い。野呂邦暢『失われた兵士たち』(芙蓉書房、一九七七年)、一九八〇年代に刊行された、仲程昌徳『沖縄の戦記』(朝日新聞社、一九八二年)、高橋三郎『「戦記もの」を読む』(アカデミア出版会、一九八八年)、そして一九九五年に刊行された、吉田裕『日本人の戦争観』(岩波書店)などである。

野呂は、一九七〇年代半ばに刊行された戦記を中心に、過去の重要な戦記にも言及しつつ、問題別に戦争の語られ方を検討する。一九三七年生まれの「少国民」世代にあたる野呂は、「戦争という異常な極限状況において日本人が何を考え、何をしたかということを当事者の手記をもとにたどること」を目的とした。野呂が見据えようとするのは「死者たち」であり、自己の経験と重ね合わせながら戦記を読み解くのである。

兵士の「心情」に従うべく戦記を読み、陸戦と海戦を区分し、「陸戦記」には「飢え」「欠乏」「自決」が共通することを、野呂は指摘する。書かれたことを鵜呑みにせず、他の戦史(ときによってはアメリカの戦史)と突合せ「誤り」を見逃さない。語ることと語りえないこと、沈黙の意味——死者たちの存在、そして文体にまで論を及ぼしている。野呂は、兵士たちを死に追いやった「軍の指導者階級」を擁護するような「魂の疼き」を欠いた戦記の記述には手厳しい。

一九四三年生まれの仲程昌徳の論は、沖縄戦への怒りに裏打ちされている。仲程は沖縄と沖縄戦の時空間にこだわり、「日本本土」の戦後史の時間を相対化するとともに、沖縄戦の後のアメリカの占領(「異民族支配」)による(沖縄の)「独自な歩み」「相対的独自性」をいう。「戦争の傷跡」の深さを見据えつつ、仲程は沖縄の戦闘を誰が記したかに着目し、それが「本土人」であるか、「現地沖縄在住の体験者」であるかを論議する。仲程の分析は沖縄戦に凝縮しているが、決して一つの戦闘事例ではない。

社会学者で早くから戦争をその分析対象としていた高橋三郎(一九三七年生まれ)は、「平和研究」に欠かせない素材として「戦記もの」を取り上げた。「戦争体験に基づいて書かれた」手記、回想記、日記、手紙、エッセイ、研究論文、小説などを幅広く取り上げ「戦記もの」として定義し、「刊行形態」と「時間軸」への着目を促し、「何のために書くのか」「誰を読者として念頭に置いているのか」を考察する。「昭和」でくくりあげた一〇年ごとの「戦記もの」の動向と特徴を包括的に分析しており、「戦記もの」の「戦後」における見取り図と論点を提示した本格的な研究である。

一九五四年と戦後生まれの歴史家である吉田裕は、戦後史の展開に対応する社会の「変容」を視野に収め、戦争観の推移を追跡する。吉田は戦記とともに、それが書かれた時期の世論調査を重ね合わせ、「世論の動向」「国民意識の変化」と「政治史レベルでの転換」を分析する。対外的には「必要最小限度の戦争責任」を認めるが、対内的には戦争責任問題を「事実上、否定する、あるいは不問に付す」姿勢を「ダブルスタンダード」とし、この「ダブルスタンダード」の戦争責任観(＝戦争観)を問題化し追究するのが、吉田の問題意識となっている。

仲程は沖縄戦に関する戦記、高橋・吉田は戦記一般を年代ごとに(仲程・吉田は西暦で、高橋は「昭和」で)考察している。野呂と仲程は文学作品を基調としながらひろく体験記に言及し、高橋と吉田は多くの戦記にあたり分析をおこなったが、これまたそれぞれの論者による「戦後史」の考察でもある。

戦記を歴史的な素材とし、戦争の考察に用いることは、吉見義明(一九四六年生まれ)がはやくに試みていた(『草の根のファシズム』東京大学出版会、一九八七年)。吉見は、戦記に書かれたことと書かれなかったことを詳細に追究し、戦闘の地域と時期、あるいはその立場によって生ずる記述の差異をていねいに論じた。吉見の著作が戦時期の分析であったのに対し、野呂らの著作は、戦記による戦後史の試みでもある。戦争をめぐる語りは、戦争の認識や意識を探るあり方(野呂、仲程、高橋)から、戦争観(吉田)へと移行していることもこの営みのなかからうかがえる。(8)

植民地認識の欠如

　とともに、戦記とは戦闘にかかわる記述であり、そこには戦地の住民たちの姿は概して薄い。言葉を換えれば、植民地認識はなかなか探りにくい。戦後史としての植民地認識の系譜が考察される必要があるだろう。こうした試みは近年になって、文学作品を対象として考察され始めている（たとえば、渡邊一民『〈他者〉としての朝鮮』岩波書店、二〇〇三年、磯貝治良『戦後日本文学のなかの朝鮮韓国』大和書房、一九九二年、など）。「植民地文学」を研究対象とする雑誌も刊行されるが、この植民地認識があわせて明らかにされる必要がある。旗田巍『日本人の朝鮮観』（勁草書房、一九六九年）などは、早い時期におけるそうした試みの一例であり、近年では、オーラルヒストリーに着目し、蘭信三（一九五四年生まれ）のように、戦後までを射程とする考察もなされるようになった（『「満州移民」の歴史社会学』行路社、一九九四年）。

戦争像の考察

　このとき、本書では、戦争像を基軸にして考えたい。戦争像とは、時間と空間の構成要素に基づく戦争の考察を意図している。どの時期を戦争の時期―時間とするのか、またその戦争の時間の区分がどのようになされているか。空間はどの範囲となるのか――こうした問いは、一九四五年八月一五日で戦争が終わったとする前提を疑い、戦闘のみに留まらない戦争の様相を想起させる。また、太平洋地域に限定されない地域設定は、植民地認識や占領認識をあらためて俎上に載せることにもなろう。かかる問題意識が、「アジア・太平洋戦争」という呼称の提起の根底にある[9]。時間と空間に留意をしながら、「アジア・太平洋戦争」をめぐっての時間と空間の意識を論じてみよう。

4　「戦争体験」から「戦争経験」へ

「経験」への着目

以上のような問題意識により戦争像の考察を行うときに、入口とするのは「経験」ということである。一九四五年八月一五日の早暁に、ソ連軍との交戦のなかで友人を失った評論家の安田武(一九二二年生まれ)は、

> なぜ、戦争体験に固執するのか、――そう問われれば、ぼくは当惑するよりほかはない。固執するわけではなく、固執せざるを得ないのだ。なぜならば、その体験を抜きにして、ぼくの今日は無なのだから。(『戦争体験』未来社、一九六三年。初出は、一九五九年)

という。隣にいたB(と、安田は記す)が「眉間から後頭部を貫通した銃弾」によって即死したことをめぐり、安田は煩悶を繰り返す――「ところで、ぼくが、いま不しあわせでないのは、あの時、ホンの一〇糎ほど左の方に位置していたからなのだろうか。ソ連の狙撃兵が、

ぼくではなく、Bを狙ったからであろうか。それとも、八月一五日に、敗戦がきまったからであろうか」(傍点は原文。以下、断りのない限り同様)。

(安田は「戦争体験」と記すが)戦争経験は、このように個人にとり何ものにも代え難いものであるとともに、何より不条理なものでもある。それは戦後の過程についても同様である。安田は「学徒出陣」を「不幸」と思い、「汚辱」とし、さらに生き残ったことを「感謝」しなければならないという、ねじれた心情を吐露する。この心情は「人の生命が、これほど侮辱された時代」はない、という切実な認識と結びついている。戦争経験を「放棄」することによって「単なる日常的な経験主義」に陥り「その都度かぎりの状況のなかに溺れることだけは、ぼくはもうマッピラだ」との想いを、安田は表明する。

また、思想史家・橋川文三(一九二二年生まれ)は、一九五九年に「戦争体験」論について、「わが国の精神伝統の中に、はじめて「歴史意識」を創出しようとする努力の一環として考えられるものであり、それ以外のなにものでもない」と述べたが(「「戦争体験」論の意味」『現代の発見』第二巻『戦争体験の意味』春秋社、一九五九年、所収)、戦争経験の論議こそは、現時の歴史的位相を測り、現時の構成を考察する重要な要素として認識されてきた。橋川の言は、安田の想いと行為とに響きあっている。

こうした体験を「経験」に組み替えようというのが、同じく思想史家で一九二七年生まれの藤田省三の提言であった。藤田は、「戦後の議論の前提」(『思想の科学』一九八一年四月)で、「戦後の思考の前提は経験であった」と説き、「いわゆる「戦争体験」に還元し切ることの出来ない色々のレベルにおける経験」に着目する。

藤田は「戦後経験」の「核心」をあげ、(1)「国家(機構)の没落が不思議にも明るさを含んでいるという事の発見」、(2)「すべてのものが両義性のふくらみを持っていることの自覚」、(3)「もう一つの戦前」すなわち「隠された戦前」の「発見」、(4)「時間の両義性と可逆関係」を指摘する。そしてそのうえで、藤田は「経験固有の相互関係性」を見て取り経験に着目していったのである。

「体験」は「制度的圧迫の中」で「己の存在」を主張するのに対し、「経験」は「多くの次元と関連」を含み「広い可能性」をもつとした。戦争という「受難(或《マ》は「受苦《マ》」)」を「生成核」とし、「戦後の経験よ「経験の古典」となって永遠に生きてあれ」と藤田は力説する。

すなわち藤田は高度成長のただなかで、「体験」が横行することを嘆くとともに、個別に存在する戦争体験を、他者にも通ずる「戦争経験」とすることの必要性を唱えたのである。戦闘経験を持つ人びとと「銃後」を経験した人びとではその内容は異なろうし、旧植民地の人びとからする戦争はまた違ったものとなる。戦争を、戦闘の局面、戦時生活や戦時統制の側面、あるいは植民地やそれと表裏をなす帝国意識との関係で把握するなど、戦争の体験を経験化することの必要性を藤田は説いた。

藤田が同時代的に提起した議論は、通時的にみたときにはいっそう重要性を有する。直接に「アジア・太平洋戦争」に直面した世代から、その経験を聞いた次世代、学習によって「アジア・太平洋戦争」を知るさらに次の世代とでは、戦争といったときの内容を異にしよ

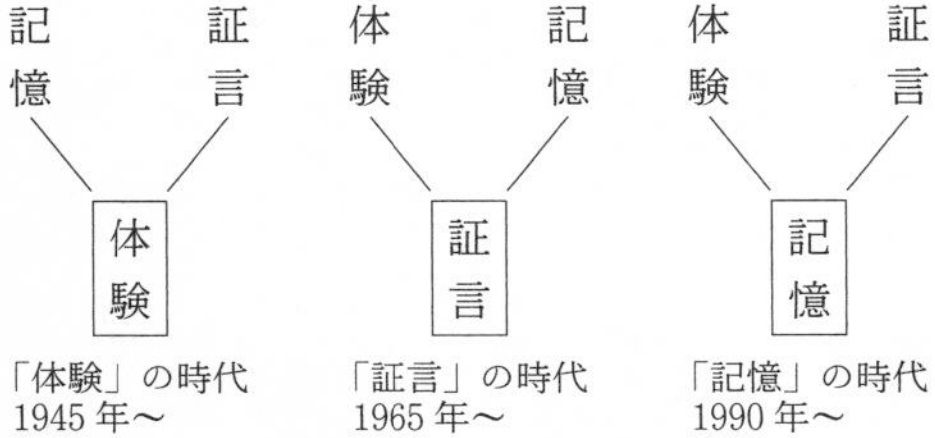

図1　体験／証言／記憶の三位一体

う。

藤田たちの提起からは、「戦時」と「戦後」という区分、またその「戦後」が絶えず「戦時」(「戦前」)を鏡として自己を認定するという戦後の歴史過程があったということがうかがわれる。しかも、それはその時々に様相と構成を変えて現象してくる。

体験／証言／記憶の三位一体

あらためて整理してみれば、戦争経験といったときに、体験／証言／記憶の三位一体――この三者の織りなす領域がある。体験／証言／記憶の集合体は歴史的な形態を持つが、とりあえず「戦後」という時期を想定しこの射程で考察するとき、戦争直後におけるこの三位一体では「体験」という語と概念が、他の記憶と証言の概念を統御していた。

また、一九七〇年前後には、「証言」がさかんに言われ、記憶／体験を統御していた。当初は、戦争経験のある人びとが同様の経験を有する人びとに語りかける「体験」の時代があり、経験を有する人びとがそれを持たない人びとと交代の兆しを見せる一九七〇年前後に「証言」の時代となった。そして、戦争の直接の経験を持たない人びとが多数を占める一九九〇年代に「記憶」の時代となる。

一九五〇年代を中心とする「体験」の時代、一九七〇年代を中心とする「証言」[10]の時代を経て、一九九〇年代から「記憶」の時代が開始されてきた、と考えることができる(図1)。体験／証言／記憶は三位一体をなすとともに、時系列的であり、時期によって三者の関係が変化し統御する主たるものが交代すると把握しうる(以下、「　」をつけた場合は、それが、体験／証言／記憶の三位一体を統御すること、またその時代であることを示すこととする)。

帝国と植民地

このことは、帝国―植民地認識にもそのまま相当する。戦争経験といったときには戦闘経験に比重がかかりがちだが、戦争の時代の日本は、帝国として植民地を領有している時期でもあった。

大日本帝国は、一九世紀末の日清戦争の結果、台湾、澎湖諸島を植民地として領有して以来、南樺太、朝鮮半島を植民地とし、南洋諸島を委任統治下におき、中国に対しても侵略を行っていたが、一九四五年の敗戦によって一挙にその状況は「崩壊」した。

一九三六年生まれの政治学者・三谷太一郎は、日本の植民地化が「軍の主導」によって行われたために、日本にとっての脱植民地化は「非軍事化の一環」となってしまい、「非軍事化と区別される脱植民地化それ自体の国内的影響は、比較的小さいものに止まった」――「脱植民地化固有の問題が非軍事化一般の問題に解消された」という(「戦時体制と戦後体制」

『岩波講座　近代日本と植民地』第八巻『アジアの冷戦と脱植民地化』岩波書店、一九九三年、所収)。

植民地は、宗主国と植民地とのあいだに形成される非対称的な関係が、具体的な局面において形成され、他者と遭遇する空間であるが、「植民地経験」の考察は、いまだ未熟であることは否めない。

日本とアジアの関係を考察する歴史家の田中宏(一九三七年生まれ)は、「戦後民主教育」は敗戦後、「国民学校」三年生であった自分に、真珠湾―ミッドウェー―広島・長崎―「玉音放送」と占領という「筋書き」を語ったが、台湾や朝鮮の統治、東南アジアの日本軍政については、「何一つ語ってくれなかった」と述べている。そして、それは、「日本の戦後史を形づくった歴史認識の反映ではなかったか」という(「日本の戦後責任とアジア」前掲『岩波講座　近代日本と植民地』第八巻、所収)。

ここに、本書におけるいまひとつの問題系として、帝国―植民地論が出されることとなる。帝国の経験としての戦争と植民地――その認識と語られ方の系譜を辿りながらいまの位相を明らかにすること。歴史的な考察を参照しながら、「いま」の構造を解明すること。このことが本書での、いまひとつの狙いとなる。この「帝国」のもたらした遺産として、なによりも想像力の貧困さがある――「他者」への想像力の欠如と、歴史的な想像力の貧困さである。

「他者化」とその「他者」の不在ということをめぐって、戦後日本の中で、非対称の存在としての「他者」への無理解、すなわち植民地へのそもそもの関心の薄さがみられる。戦後、一九五九年に在野の研究団体として結成された朝鮮史研究会による『朝鮮史入門』(旗田巍とれている。

の共編。太平出版社、一九六六年)の「総論 朝鮮史研究の課題」(旗田)は、次のように書き出されている。

朝鮮は、日本にとって外国である。したがって、朝鮮史は外国史である。朝鮮史を学ぶときには、それが外国史であるということを、まず銘記すべきである。

旗田巍(一九〇八年生まれ)は、「しかし、朝鮮史は、たんなる外国史ではない」と続け、「日本人にとって、特殊のふかい意味をもつ外国史」「日本の歴史の内面にくいこんでいる特殊の意味をもつ外国史」とつづける。朝鮮史が「「他者」の歴史」であり、「朝鮮人の主体的発展の歴史を知ることにある」ことを強調し、他者の「主体」の無視が、戦前の朝鮮史研究に色濃く見られたこと(それには、「日鮮同祖論」と「満鮮史」との「二つの系統」があることも指摘されている)を論じていくのである。

あらためて、朝鮮が「他者」であり、しかし「特殊の意味」をもつ「他者」であることが強調されねばならぬほどに、日本の帝国としての意識は潜在的であり根深く対自化しにくいものであった。いや、冒頭に掲げた出来事を見るとき、まだ過去形で言うには早すぎる状態でもある。

研究上でも事態は同様である。その一例として、植民地の歴史研究が「国史」の枠組みの中には存在しにくい状況が続いていたことをあげておこう。植民地期の朝鮮半島の研究は、

「東洋史」(「朝鮮史」)の講座でもっぱらおこなわれた。言語訓練の問題で、「国史」では他国の言語は学習しないからである。たとえば韓国では、在朝日本人の研究が「国史」として行われていることとは対照的である。

「戦前」(＝大日本帝国の時代)には、「植民学」「植民地政策学」の講座が、東京帝国大学に設置されていた。また、外事専門学校では植民者のための語学教育を行い、高等商業学校でもアジア貿易のための人材を育成した。しかし、そのことは「戦後」には忘却され、それぞれの学園史でもきちんとした総括は行われていない。

朝鮮半島や台湾での「日本語文学」の奨励(強制と相半ばしていたが)を始めとする植民地における文化行政――さまざまな展覧会や賞(朝鮮半島での「鮮展」など)の制定、京城帝国大学、台北帝国大学をはじめとする高等教育機関の設置とそこでの人脈などは、植民地の崩壊とともに検討されないまま放置され、近年にいたって、ようやく論じられ始めてきている。植民地における日本の行為は、未だ手がつけられていない問題が数多い。

本書では、戦争そのものだけではなく、帝国─植民地関係をめぐっての体験／証言／記憶についても、考察することにしたい。

第1章

「状況」としての戦争
(1931-1945)

4つの『大東亜戦史』(『マレー作戦』朝日新聞社,『ジヤワ作戦』東京日日新聞社,大阪毎日新聞社,『比島作戦』読売新聞社,『ビルマ作戦』同盟通信社,いずれも1942年)

「戦時」において、戦争はどのように報じられ、どのように論じられたのであろうか。そのとき、戦争の時間と空間は、どのように認識されていたのであろうか。また、帝国―植民地に対する認識は、いかようなものであったろうか。まずは、ここを出発点としよう。

「戦時」の戦争と帝国―植民地認識をたどるために、福島鋳郎・大久保久雄編『大東亜戦争書誌』下巻(日外アソシエーツ、一九八一年)を繙くとき、ここには膨大な数の「従軍記・現地報告」の目録が掲げられている。当初の中国大陸での戦闘の報告が、戦線の拡大にともない量的に拡大するだけではなく、記述の担い手や戦争を描く形式もあわせて推移していくことが、この『大東亜戦争書誌』からはうかがえる。

このとき、戦争を描く作法は、ルポルタージュにおいても戦争文学においても一九三七年と一九四二年を節目として変化をみせる。軍部による統制が背景にあったことは見逃せないが、その制約と規制のなかでも、戦闘の時間的経過・空間的拡大といった推移による戦争自体の変化を見出しうる。別言すれば、進展する戦争の渦中で提出される戦争像もまた変化する。(体験/証言/記憶という)三位一体の語りに先行する、戦中における戦争の語りを「状況」として把握しておこう。

「状況」としての戦争の記述は、当初の陸戦に海戦が加わり、さらに空の戦闘に及び、自己の経験の素朴な記述から、軍部による資料と便宜を受けての戦争記述となり、戦争への「全体」的な視野が持たれ、統一した戦争像の記述となり、それらが整序されようとする。まずはここから出発しよう。

1　中国での戦争

満州事変

戦争中における戦争像の形成には、報道としての新聞が持つ影響力がきわめて大きい[1]。発端は一九三一年九月一八日の柳条湖での鉄道爆破事件――「満州事変」の開始である。『東京朝日新聞』は、第二面(第一面は、広告)に大きく「奉軍満鉄線を爆破　日支両軍戦端を開く　我鉄道守備隊応戦す」という見出しを掲げ、「至急報電通」が記される――「本日午後十時三十分　奉天駐在の我鉄道守備隊と北大営の東北陸軍第一旅の兵と衝突　目下激戦中である」。

つづく見出しは「我軍北大営の兵営占領」↓「奉天城へ砲撃を開始」↓「駐在二十九連隊出動」と、日本軍の行動に沿った動きを伝える。新聞自体の姿勢も同様で、九月二〇日付夕刊(夕刊の日付は、翌日とされていた。以下では発行日を記すことにする)は「奉天城内完全に占領」を伝え、九月二〇日の朝刊は「日支軍の交戦続報」をいい、「南嶺で両軍大激戦」「我が死傷百余名」「大隊長重傷、中隊長戦死」と日本の独立守備隊の「損害」をいう。「事態を拡大するな！」という緊急閣議での陸軍大臣の訓令が知らされ(九月一九日夕刊)、朝鮮師団が「出動」したとの動き(九月二〇日号外)も伝える。

注目すべきこととして、『東京朝日新聞』号外(九月一九日)は「日支両軍激戦を継続」と題し、「我軍」が奉天城内に入ったことを逸早く知らせるとともに、城内に「支那人」の姿がほとんど見えないことをいう。九月二〇日・二一日にも号外が出されるが、「奉天城内攻撃に向ふ日本軍のタンク」「官銀号前を進軍する日本軍」など六葉の大きな写真が掲げられた(九月二〇日)。これまでの報道が視覚化されるのである。

また、新聞社は「満洲の現地」へ特派員、飛行機を「急派」し、軍の公式報道では伝えられない具体的で生々しい戦場の様相を伝える。続けて『東京朝日新聞』を見るとき、九月二一日朝刊では、特派員が「日支両軍激戦の中心地であつた北大営」に出かけ、大隊の尉官に伴われ営内に入り「軍馬や支那兵の死体が散在」したなかを抜けて「破壊された兵舎内」をみて回る記事を掲げている。ここにも多くの中国軍兵士の死体が残されており、「何といふ酸鼻の極だらう」と特派員は慨嘆してみせる。

日本軍が奉天城を「占領」したときには、特派員が「砲火」をくぐり「危険を冒して」周辺をみて回り、「城内日支人の動揺は極度に達し」ていることを言う記事もある(九月一九日夕刊)。しかし、すぐに「事変の中心地より」という特派員の「視察紀」が掲げられ、「奉天、平常に復し 付属地、城内活気づく」とされた。「平静になつた奉天城内に続々と帰る支那避難民」「長春駅よりハルビンに向ふ日本軍」「長春より吉林に向ふ我砲兵隊」などのキャプションが付けられた写真も掲げられる(九月二三日)。

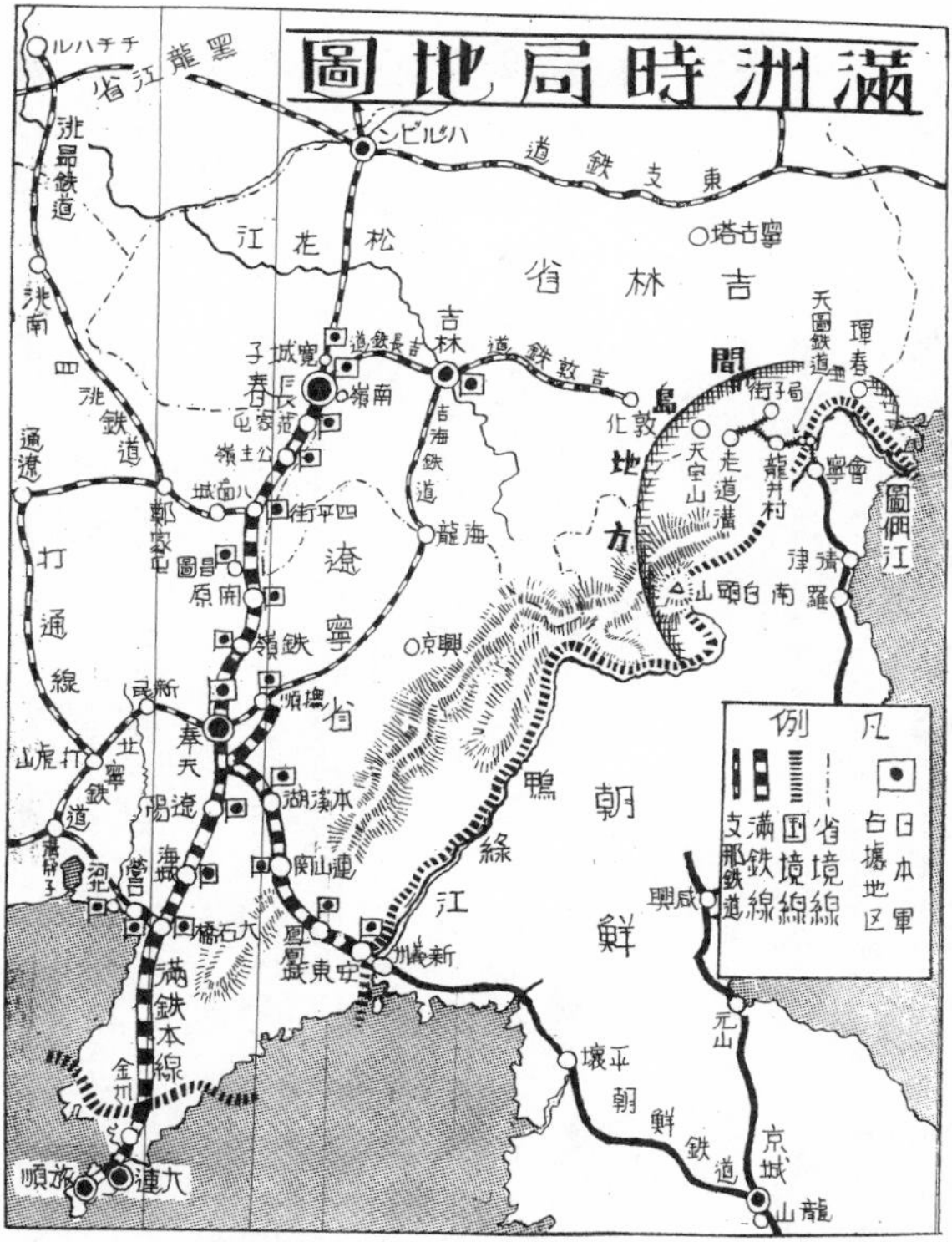

図 2 「満洲時局地図」(『東京朝日新聞』1931 年 9 月 23 日朝刊)

新聞は柳条湖での事態の推移を、現地の日本軍の行動を軸にして伝えるが、同時に特派員の報告と写真でその具体相に迫ろうとする。また、戦闘の激しさとともに、日本軍による「平定」をあわせ伝え、秩序の回復が文章と写真とで記されることとなった。しかし、出来事の当否の検証はここではなされない(鉄道爆破が、日本軍によるものであったことは、敗戦後に明らかにされた)。

このとき、『東京朝日新聞』(九月二三日)は事変の原因が「単に支那暴兵の我が満鉄破壊の一事件のみに存せず、遠因は満洲における正当なる我が条約上の権益に対する支那官民の頻々たる侵害に存して」いるとする。「満洲問題早わかり」と題し、「大事変の遠因と日支諸懸案の解説」をおこない、「満洲の正しい呼称」から、「日支間に山積する諸懸案」「我権益を確立せる諸条約」などが「解説」される。あわせて、「満洲時局地図」(図2)も掲げられ、「日本軍占拠地区」が記された。時間と空間の拡がりのなかに、柳条湖からの出来事を位置づけようとの試みだが、日本の行為の正当性の論証という意味合いがつよい(2)。

日中戦争

つづけて、日中戦争の報道とそこでの戦争像を探ってみよう。同時代的には、日中戦争は、ばらばらの戦闘のつらなりとして伝えられた。発端となる盧溝橋事件からしばらくの報道を見ると、一九三七年七月七日の日本軍(支那駐屯軍)と中国軍(第二九軍)との交戦を、『東京朝日新聞』は七月八日発行の夕刊で報じた。「北平郊外で日支両軍衝突」との大見出しがあり、

「不法射撃に我軍反撃　廿九軍を武装解除　疾風の如く龍王廟占拠」との見出しがならぶ。

一九三三年五月に塘沽《タンクー》停戦協定が結ばれたあとも、中国軍と日本軍との小規模な衝突は続いており、一九三四年一〇月から一九三五年六月にかけて、張北事件(第一次・第二次)、察東事件(第一次)などがおこっている。華北一体を国民政府の統治から切り離そうと日本軍による「華北分離」の工作がなされ、一九三六年に天津に司令部を置く支那駐屯軍が増強されるなか、さらに第一次・第二次豊台事件(一九三六年六月、九月)がおこった(安井三吉『盧溝橋事件』研文出版、一九九三年)。こうしたなかで起きた盧溝橋事件は、大々的に報じられ、七月九日朝刊の連載小説(深田久彌「鎌倉夫人」)は休載となった。

七月九日の『東京朝日新聞』朝刊第二面は、「支那側の態度強硬」で「現地交渉」が決裂し、再び「交戦状態」に入ったと記している。このあとの報道は、事件の「解決」に向けての現地の交渉の様相が中心となり、いったん七月九日に中国軍が撤退したことを告げる(新聞報道は、七月一〇日。だが、両軍の対峙は継続している)。また、衝突の「非」が中国側にあることが繰り返された。このときの日本の交渉相手は、現地の中国第二九軍とともに「冀察《きさつ》政権」(宋哲元を委員長とする、冀察政務委員会)であったが、「中央」(南京の国民政府)が登場し、「紛糾」したとされる(『東京朝日新聞』夕刊、七月一〇日)。

七月一一日の朝刊には、再び「日支全面的衝突の危機!」の大きな活字が躍った。ここでは蔣介石が「進撃令」を下したといい、蔣介石の南京政権の軍隊とのあいだに戦闘がなされたとされる。

しかし、現地では七月一一日に「解決条件」がまとまり停戦が実現し、日本軍の主力も引きあげた。けれども、その七月一一日に近衛文麿内閣が、「華北」への派兵を決定する。陸軍中央部の強硬論者が大勢を制したためだが、現地停戦協定の成立は「内地」に伝えられたものの(七月一二日)、同日夕刊の紙面には「全面的衝突」の不可避が前面に押し出されることとなった。

そして、その後は、日中両軍の戦闘の様相が、写真入りで報じられる。新聞社はすぐに特派員を派遣し、戦闘の詳報やエピソード、戦場における美談などを掲載するようになる。『東京朝日新聞』のばあい、特派員たちは、たとえば、北京の城外の「戦線」を「決死的」に視察して回った際のエピソードを掲げ(七月一六日夕刊)、戦端が開かれてからは、写真とともに、臨場感ある戦闘の記事がたっぷりと掲載される。七月二二日の記事は、塹壕のなかの兵士との会話から始まり、戦闘の現場の生々しさを伝えた。手書きの図や地図も掲げられ、「膺懲《ようちょう》進撃」(七月三一日)の様相が記されることとなる。

同時に、新聞は「国運進展の礎石」をいい、「全国民打つて一丸」となることを図り(七月一二日夕刊)、「銃後の護り」として、明治神宮への祈願や慰問袋作りを紹介する(七月一九日夕刊)。また、朝日新聞社は「航空報国事業」として「軍用機献納運動」を展開し、社として二万円の募金活動を七月二〇日より開始する。

こうして、大局レベルで中国を批判しつつ(「支那一片の反省なく／形勢俄然緊迫化す」七月二〇日)、他方では身近な銃後の活動を紹介し、その中軸を戦闘の報道が占めるという戦争報道のパターンが、盧溝橋事件の勃発からほぼ一〇日間のあいだに作り上げられた。かかる内容と組み合わせをもって、定型化した戦争報道は、以後、上海をはじめとする北京以外の各地の戦線―戦闘ごとに記され、その積み上げにより「日中戦争」が報じられることとなる。

七月二五日の(北京と天津の中間の)廊坊、二六日の北京の広安門での日本軍と中国軍との衝突、さらに七月二八日になされた支那駐屯軍と第二九軍とのあいだの本格的戦闘も、こうした定型が形づくられるなかで報道された。

八月一五日に、近衛文麿首相は「支那軍の暴戻を膺懲し以て南京政府の反省を促す」との声明を発表する。(3) 新聞報道は、この宣戦布告を行わないという日中戦争の特徴と即応するかたちで、戦闘の推移に従いながら戦争を報道していくものとなっている。戦闘の局面は、詳細かつ煽情的に報じられるが、戦争の大要や目的に関しては、不明瞭のまま投げ出されている。

兵士たちの手記

日中戦争では、さまざまな表現媒体による戦闘の表象が試みられたが、とくに一九三七年七月の盧溝橋事件以降の戦争の本格化をきっかけとして、従軍した兵士の手による戦争の記述が登場する。「戦時」には、戦争遂行という誰もが異議を挟めない公的で支配的な前提があるなかで、従軍し戦地に赴いた兵士が自らの「個」的な体験や状況を報告する記述が開始される。当初の「特派員」の「ルポルタージュ」から始まった記述は、次第に「実戦に携つた人々の筆」になった（板垣直子『現代日本の戦争文学』六興商会出版部、一九四三年）。

小説では、『麦と兵隊』（一九三八年）に始まる三部作（『土と兵隊』一九三八年、『花と兵隊』一九三九年、いずれも改造社）を著した火野葦平や、上田廣『黄塵』（改造社、一九三八年）らを代表とする、いわゆる「兵隊作家」が輩出し、戦場の日常と戦闘の様相が記された。

火野は、一九三七年八月一三日に上海に拡大した戦闘への増援部隊に加わり、中支那方面軍の一員として一一月の杭州湾上陸作戦に従事し南京にはいり、さらに徐州作戦に加わった。同じく増援部隊に加わった日比野士朗は、『呉淞《ウースン》クリーク』（中央公論社、一九三九年）を著した。火野や日比野は、兵隊という当事者として直面した戦場を描き、日本国内—銃後の人びとに伝達した。目の前で進行する戦闘に参加し、当事者の観察と心情で戦争を描く。自らの経験を戦争の一部と認識し、それを読者に伝えようとしており、戦争の語りとしては、「状況」としての戦争の姿勢と言える。

火野、上田、日比野の作品をはじめ、いずれもルポルタージュの形式をもち、棟田博『分隊長の手記』（新小説社、一九三九年）、中満義親編『鉄血陸戦隊』（新潮社、一九三九年。『読売新聞』に連載された手記を集めたもの）、陸軍大尉の岩井至郎『聖戦記 屍を越えて』（興亜書局、一九四一年）、あるいは、一九三八年一〇月に中国戦線で戦死した太田慶一の「手記」（日記・書簡）が『太田伍長の陣中手記』（岩波書店、一九四〇年）として刊行されるように(4)、多くの戦場の手記が、現場の声を伝えようと刊行される。このとき、「状況」としての戦争に提出された手記の筆者は多くが負傷しており、「療養中」「加療中」に手記を書いている。軍関係者の

「序文」が付され、公的な出版であることを標榜している。

　これらの手記の扱う時空間は、言うまでもなく中国戦線であるが、戦線全体を描くことはなく、自らの部隊とそこで経験した戦闘を記述するため、時間と空間は局地的であり、極小の範囲となっている。上海や南京などの地名こそ明示され、市街の地形も記されながらの戦闘描写であるが、戦争の大きな見取り図や位置づけは見られない。短い射程での作戦―戦闘の目的のなかでの時間と空間が、兵士たちにとっての戦争となっている。


　「○《ママ》隊長！　アッ！」と叫ぶ声に、目を左に移す。手榴弾をふりかぶつて、いま投げようとする敵が私の目に飛び込んできた。ハッとしてこれにつゝかゝらうとしたが駄目だつた。敵の方が早い。反射的に身を地上にすくめた瞬間、今村二水が銃剣ごとこの敵に体を叩きつけてゐた。（園畑嘉太郎「上海市街戦記(二)」『鉄血陸戦隊』）

といった記述で、兵士たちの手記が充たされている。こうした作品群においては、「前線」の活躍を「銃後」に知らせるという意図が、少なくとも刊行者と軍関係者には見られる――「手記は、或る時は鮮血飛ぶ一線を、或る時は陰の任務たる第二線、第三線の辛苦を何れも体験そのまゝに綴られ」「かくも陸戦隊の全貌が詳細にしかも躍如として銃後に紹介された」（海軍少将・大川内伝七「序」『鉄血陸戦隊』）。

　兵士たちはそれぞれ、戦争の「状況」を共有する人びとに向けて、自らとその周辺の様相を伝えるが、そこには、自分が体験し描き出す時空間が、公的な空間であり、戦争遂行の共同性をもつ時間であるという意識が貫かれている。

これまで書くという行為に携わることが少なかった(文章の)「素人」たちが、あらたに戦争の記述者として登場するようになり、表現の形式として当初は事態の推移を時間経過に従って記すルポルタージュが、次には感情の動きを書き留める詩の形式が多用されていく。ここには記述への工夫は(作家となった火野を除いては)とりたてては見られなかった。

他方、作家である石川達三(「生きてゐる兵隊」一九三八年、『武漢作戦』中央公論社、一九四〇年)や、林芙美子(『戦線』朝日新聞社、一九三八年)らも、中国の戦場に赴いた。新聞社や雑誌社による作家の現地への派遣には、ほかに尾崎士郎、林房雄、吉屋信子、榊山潤らが参加した。また、一九三八年八月には内閣情報部が作家に従軍を要請し、いわゆる「ペン部隊」がつくられ、陸軍班(久米正雄、川口松太郎、丹羽文雄、白井喬二ら)、海軍班(菊池寛、佐藤春夫、吉川英治、小島政二郎ら)が中国にでかけた。彼らは、先の兵士たちが持つ当事者意識ではなく、観察者として戦地の報告を行った。

火野や林芙美子は、戦闘の非日常と行軍に明け暮れる日常とを通じて、兵士の行動と心情を描き、戦場のリアリティを切り取って見せた。しかし、兵士自身の手記と同様に自らの周囲に叙述を集中させ、中国兵や中国人への関心は薄く、日中戦争の目的などの議論には至らない(5)。

映画の中の日中戦争

日中戦争では、映画も重要な役割をもつ。劇映画では、火野の『土と兵隊』が一九三九年に映画化されるが、監督の田坂具隆は一九三八年に『五人の斥候兵』も撮っている。『五人の斥候兵』は、中国戦線であることのほかは、場所が特定されずに物語が進行する——斥候に出た五人の兵隊がばらばらになり、そのうちの一人(「木口」と名づけられ、日清戦争のときのラッパ卒・木口小平を想起させる)がようやく帰還し、一同が安堵するという物語だが、戦闘シーンが少なく、「敵」の姿もはっきりとは映し出さない。斥候兵たちの戦場での行動の目的は示されるが、戦争の大きな目的は提示されず、「戦友愛」が主眼とされ、戦争でなくても成立する男たちの友情が描かれた。

しかし、観客たちは、この映画に「戦争」を読み取り、中国大陸で戦う肉親や知人たちを想ったのであろう、この年の『キネマ旬報』第一位の作品となっている。

これに対し、戦闘を軸に描く映画もある。熊谷久虎『上海陸戦隊』(一九三九年)は、一九三七年八月の上海での日本軍と中国軍との激しい戦闘シーンが主になっている。上海の日本の居留民たちを保護した日本海軍陸戦隊を讃える戦意高揚映画で、上海で現地ロケーションを行い、海軍少佐の「監修」を受け、海軍省が「後援」、海軍軍事普及部が「指導」、大日本海軍上海特別陸戦隊が「出動」した。さらに、上海の在郷軍人会、上海聯合婦人会、あるいは上海居留民団も賛助出演している。

『上海陸戦隊』は、中国の保安隊員に射殺された大山勇夫(中尉)と水兵(「大山事件」一九三七年八月九日)の上海の租界外での軍葬のシーン(おそらく、実写であろう)から始められる。日付を提示しながら八月一二日から八月一五日までの戦闘を描き、多くの日本人「避難民」をも登場させている。

迫力のある戦闘シーンもさりながら、この映画では、陸戦隊の守備する寺院に日本人と合わせて保護される、不服従の中国人女性(明珠)の存在を描く。原節子が演じる明珠は、ことごとに日本兵に「反抗」するが、最後には日本兵の真情を理解し帰順することとなる。「当時の劇映画に描かれた日本兵たちは、現地の女たちに対してなんとやさしいことであろう」という映画評論家・佐藤忠男の指摘(『キネマと砲声』リブロポート、一九八五年)は、正鵠を得ている(6)。

こうして、同時代的に日中戦争は報道され物語化され、さまざまに表現されたが、しかし、このいずれもが戦争目的を論じたものではなく、戦争目的を欠いた戦闘の連鎖として報道され、表現されていた。

他方、ドキュメンタリーとして撮られた作品には、戦争批判の性格を有するものがあることが指摘されている。たとえば、亀井文夫の監督による一九三八年の『支那事変後方記録 上海(7)』は、一九三七年八月の日本海軍陸戦隊と中国軍との戦闘のあと、この市街戦の記録映画として企画された。当時のドキュメンタリー映画のやり方として、カメラマン(三木茂)が撮ってきたフィルムを亀井が編集するという手法で作られるが(前掲、佐藤忠男『キネマと砲声』)、映画は上海の市街の俯瞰から始まり、その廃墟が映し出される。

『支那事変後方記録　上海』では陸海軍省の将士たちの「絶大な支援」を受けたことをいい、戦闘の跡地をたどるが、破壊された建物が映され、激戦の地の光景に墓標が重ねられ、兵士たちの墓(戦死の地)が映される。日本人が通う小学校の生徒と教師とのあいだの戦争経験についてのやり取りや、海軍航空隊・海軍陸戦隊の将校の談話が描かれるが、同時に、中国兵の捕虜への訊問の光景も挿入される。

さらに、亀井は、中国の子どもたちと接する日本兵の姿をとらえる一方、抗日戦を闘う中国側のフィルムを用い、戦火を避けて避難する中国民衆の姿を映し出す。この映画は笑顔を多く映すが、それは日本人に限られ、フランス租界へ向けて行進する日本軍を見守る中国の人びとの表情は厳しい。日の丸の小旗を振る日本人、それと対照的な中国人の顔と姿をえんえんと映し出し、病院船、また中国人の難民や日本軍の検問もしっかりと記録されている。

だが、ここでも戦争の目的を明示したうえでの批判とはなっていない。局面と局所における、批判的なまなざしを提示する映像である。中国との全面的な戦闘―日中戦争の開始は、さまざまな衝撃をもたらしながらも事態だけが進行し、その意味が見出しにくいというのが同時代の日中戦争に対しての感覚であったろう。(8) そのことが、ルポルタージュから小説、映画にいたる作品に反映されている。

論評・文学の中の日中戦争

日中戦争の意味を考察する論評も、むろん少なくない。なかでも、朝日新聞社や満鉄調査部に勤務した尾崎秀実は、活発に評論活動を行い、当時「支那事変」とよばれた日中戦争の意味をその展開に従いながら論じ、意味を考察しようとしている。「北支問題の新展開」(『改造』一九三七年八月)は、冒頭、盧溝橋事件から説き起こし、「恐らくは今日両国人の多くはこの事件の持ち来すであらう重大なる結果につきさまで深刻に考へてゐないであらうが、必ずやそれは世界史的意義を持つ事件としてやがて我々の眼前に展開されて来るであらう」と述べた。「北支問題」は、盧溝橋事件により「質的な転換」を見せるとの見解を表明するのである。(9)

こうしたなかで、戦争文学全集が編まれていく。香風閣版『現代戦争文学全集』(全四巻、一九三五年)が編まれるほか、一九三九年から一九四〇年にかけて、潮文閣から刊行された『戦争文学全集』は全一五巻という大部のもので、主として日露戦争から第一次世界大戦にかけての作品と日中戦争に取材した作品とを収録している。翻訳の小説も含まれている(表1)。

また、無数の美談集も刊行される。戦闘時における美談が、「満州事変」「支那事変」「ノモンハン事変」のように戦闘ごとにまとめられた。さらに「銃後」や「北支」など地域を対象とした美談集や、植民地の美談を収集した出版もある。美談集は、子ども向けのものが少なくなく、『少年愛国美談叢書』には、久米元一『爆弾三勇士』や三井信衛『古賀聯隊長』(金の星社、一九三二年)などが収められている。また、大人を対象としたものも数多く刊行された。

表1　潮文閣版『戦争文学全集』

第1巻(1940年)	桜井忠温傑作集「肉弾」「銃後」「銃剣は耕す」
第2巻(1939年)	西田稔「長駆強行五百キロ」，林房雄「上海戦線」，市川禅海「残花一輪」，渡辺正治「飛行基地警備記」
第3巻(1940年)	佐藤光貞「海上封鎖」，綿貫六助「乃木将軍」，最上哲夫「東郷元帥」，若月保治「広瀬中佐」，大谷深造「橘中佐」
第4巻(1940年)	秦賢助「白虎部隊」，安川隆治「血烟」，大竹末吉「剣と筆」
第5巻(1940年)	後堂荘四郎「砲兵部隊」，木村秋生「新支那の光」，由上治三郎「鉄蹄夜話」
第6巻(1940年)	別院一郎「督戦隊」，ウラジミル・セメヨノフ「殉国記」(高須梅渓訳)，ウエレッシエヨー「敗戦」(大場茂雄訳)
第7巻(1939年)	陳登元「敗走千里」(別院一郎訳)，猪熊敬一郎「鉄血」，小笠原長生「海戦日録」，千田貞敏「南京空爆」，木村秋生「野戦郵便局」
第8巻(1940年)	松田利通「征野二年」，マックス・ベールマン「弾痕」(斎藤鉄太郎訳)，大月隆仗「兵車行」
第9巻(1939年)	水野広徳傑作集「戦影」「此一戦」「空爆下の帝都」
第10巻(1940年)	前山賢次「泥濘二百八十里」，難波虎一「帰る兵隊」，津野田是重「軍服の聖者」
第11巻(1940年)	永松浅造「軍神西住戦車長」，長倉栄「嗚呼!! 南郷少佐」，赤堀又次郎「戦場秘話」
第12巻(1940年)	筑紫二郎「航空部隊」，平田勝馬「威海衛海戦記」，民友社編「征清壮烈談」
第13巻(1940年)	小林秀一「南支を征く」，中山正男「征野に祈る」，大阪朝日新聞社編「青島戦記」，坪谷善四郎「北清観戦記」
第14巻(1940年)	山崎紫峰「東久邇宮部隊」，中山正男「脇坂部隊」，公野清一編「戦歿将士陣中だより」
第15巻(1939年)	中山正男「戦争の足」，中村敏「火を吐く張鼓峰」，高田修「斥候」，木村秋生「戦塵のかげに」，フランシス・マクラガー「赤い夕陽」(土岐松也訳)

帝国認識と言う観点からは、これまた膨大な紀行文や植民地での文学活動に伴う作品群が提供されている。『移民講座』(日本植民協会、一九三二年)、『アジア問題講座』(創元社、一九三九—四〇年)といった講座が刊行される。さらに「植民地文学」も数多く書かれることとなった。「植民地文学」という言葉は、一九三五年前後に現れてきたことが指摘されているが(中根隆行)、植民地の書き手によって、日本語あるいはそれぞれの母語によって書かれた作品を指す。なかでも日本語で創作された作品は、支配者である日本人を読者として想定することとなり、題材と表現の形式において屈曲した意識を背後に有することとなる。宗主国への単純な迎合や同化の意識—表現ではなく、抵抗の意図が込められていることも少なくない。植民地文学が何重にも鎧を着重ねたうえで同化と抵抗にかかわる複雑な植民地の意識を表現しているとともに、あわせて帝国日本の一端を垣間見せているという両義性において把握する必要があろう。

2 一二月八日の転換

新聞の中の一二月八日

戦争の時間認識として、同時代的には、一九四一年一二月八日の衝撃があったことが、多くの人びとによって書き留められている。太宰治の小説「十二月八日」(一九四二年)は、真珠湾攻撃に関する大本営発表のラジオ放送を聴きながら、「それを、じつと聞いてゐるうちに、私の人間は変つてしまつた。強い光線を受けて、からだが透明になるやうな感じ」「日本も、けさから、ちがふ日本になつたのだ」と書き付けている。この「十二月八日」は、作家の妻が百年後の「紀元二千七百年(に読まれること―註)を考慮にいれて」一九四一年一二月八日の出来事を記述するという設定をもつ。

一九四一年一二月八日の対英米開戦により、以後、同時代的には太平洋地域の戦闘に目が向けられるようになる。狭義のアジア・太平洋戦争の開始とその展開により、中国の戦地への関心や、太平洋地域と中国戦線との関連性の認識は希薄となる。中国に軸足をおく戦争認識は、「戦後」においてもなかなか生まれにくく、日中戦争を軸とした広義のアジア・太平洋戦争像は提示されないままに、「太平洋戦争」として戦争像が形づくられていくこととなった。

新聞は、次々の「戦果」を紹介するのに忙しい。一九四一年一二月八日発行の『東京朝日新聞』夕刊は、第一面に「帝国、米英に宣戦を布告す」という大見出しがあり、大本営陸海軍部による発表「帝国陸海軍は今八日未明　西太平洋において米英軍と戦闘状態に入れり」と伝える。「満州事変」、日中戦争はともに事件(柳条湖、盧溝橋)に発し、戦争ではなく事変とされたため、戦闘の推移が伝えられたが、今回は戦争であり、「宣戦の大詔渙発さる」と詔書が掲げられる。

主となるのは「戦果」で、「西太平洋に戦闘開始　布哇《ハワイ》米艦隊航空兵力を痛爆」「我海鷲、ハワイ爆撃」「ホノルル沖で海戦展開」「シンガポールも攻撃」「マレー半島に奇襲上陸」「香港攻撃を開始す」などの見出しが並べられた(以下、とくに断らない限り、『東京朝日新聞』を用いることとする)。

翌一二月九日の紙面は、「ハワイ・比島に赫々《かっかく》の大戦果」とし、具体的に戦艦六隻を「轟沈大破」、「航母 二」(航空母艦)、「大巡 四」(重巡洋艦)も「撃破」したといい、あわせて「マレイ半島上空を制圧するわが陸鷲」との写真も掲げた。

こののちも、新聞は、フィリピン上陸(「比島に敵前上陸敢行」一二月一〇日夕刊)やマレー沖海戦(「英東洋艦隊主力全滅す 海の荒鷲又もや大殊勲」一二月一一日)、グアム島占領(「グアム島要港完全占領」一二月一一日夕刊)と報じていく。見出しが、すでに出来事とともに評価を含んでいるが、それは「我海軍が決行せる、大奇襲作戦の成果は、実に戦史にその比類を見ぬ赫々たるものであつた」(一二月九日)という日本軍の目線である。フィリピンへの上陸は見出しに「快! 米東亜拠点に日章旗」「世界戦史空前の雄渾作戦」とし、「この東亜の米国の一大領土の上陸作戦に成功したことは特筆大書すべき大作戦であり、大戦果であつて国民のもつとも待ちまうけてゐた一大会心事である」(一二月一〇日夕刊)とした。

具体的なことがらも、順次、報道される。真珠湾攻撃の「大戦果」は「死傷三千、損害予想以上」(一二月九日夕刊)であり、マレー沖海戦に関しては、居合わせていたイギリス人記者が「たゞの八機よりなる日本爆撃機編隊によつて撃沈された」といったことを報じている(一二月一三日夕刊)。

ここでの報道の特徴は、日中戦争が局面の切りとりであったのに対し、アジア・太平洋戦争が各地の動向、世界の評価を気にかけていることである。日本軍がタイに進駐したときには現地の特派員に「国際電話」をかけ、「居留民達は感激の涙にふるへて」おり、英米人は「非常に狼狽し」、タイでは「眼のあたり軍紀厳正な日本軍の姿を見て、日本への信頼を深め興亜の和平と世界新秩序の建設は、日本の手に俟つべきであるとの印象を与へてゐる」とのやり取りをおこない(一二月一〇日)、「仏印」でも「皇軍」に「身も心も委せ切つてしまつたといふ感が深い」(一二月一二日)とした。

さらにドイツとの「国際電話」でも「日本海軍の絶大な威力にドイツ朝野は驚嘆してゐる」(一二月一一日)とし、態度が決定しないアルゼンチンとのやり取りでも、「アルゼンチンに湧き起る驚嘆と苦悶の姿」が伝えられる(一二月一一日夕刊)。ドイツ大使館付武官による「日本の勇気と決意とに対しては深甚の敬意を払ふものである」「今後も日本は戦争のつづくかぎり、常にイニシアチーブをとつて行くであらう」との談話を掲載し(一二月九日夕刊)、海軍省にドイツ、イタリアをはじめソ連、「満州」、タイなどの外国武官が「祝意」を伝えることも報じた(一二月一二日)。こうしたなか、フィリピン、インド、インドネシアの人びとからそれぞれ談話を取り「英米の支配下に哭《な》いてきたアジア幾億の民に黎明が来た」(一二月一四日)とした。

また戦争報道では、あらたな状況の出現であることが強調される。すでに一二月八日夕刊で、「米英膺懲　世紀の決戦！」との見出しをつけ、「けふぞわが無敵陸海軍の精鋭が光輝ある歴史の行く手に立ちはだかる暴虐米英打倒のために堂々の猛進撃を開始したのだ——紀元二千六百一年十二月八日！　午前六時！」という。大本営陸軍・海軍の報道部長による合同の「歴史的発表文」も記した。ここでは、日米交渉は「隠忍自重ひたすらに太平洋の平和を念じてゐた帝国の努力」とされた。

同時に、状況のなかで日中戦争も参照され、翌一二月九日には「支那事変はこの八日の帝国陸海軍の英米との交戦開始によつて、真に、事変の本格的段階に入つた」とした。周知のように、一二月一二日には「支那事変」をふくめた「大東亜戦争」の名称が採用される。「対米英戦の呼称は大東亜新秩序建設に鉄石の決意をもつて邁進する大東亜地域の安定勢力としての、帝国の大理想を簡明直截に表現するため「大東亜戦争」とすること」(一二月一三日)とした。

紙面に大きく枢軸国、連合国、中立国に区分した世界地図を掲げ、「歴史は動いてゆく、地軸をゆるがして動いてゆく」「さうして世界地図もまた変つてゆく」とし、「色あせた自由主義の領土は中立国と共に、急速に全体主義の色彩に塗り変へられてゆく」「新しい歴史と地図のために、こゝにわれら枢軸陣営は心を一にして十年、百年の長期戦を闘ひ抜く覚悟がなければなるまい」(一二月一一日)という。

朝日新聞社は、「支那事変」のときから提唱していた「軍用機献納運動の強化」をいい(すでに一一六機、七四〇余万円を献納していた)、「世界戦史に曾つてなき驚嘆すべき大戦果を産み出し、一路大東亜共栄圏確立の聖業に邁進しつゝある戦況」のなかで、この「歴史ある国民運動」の「強化」をいうのである(一二月一二日)。

こうして一二月八日については、「戦果」が他の国の人びとの賞賛のなかで確認されるとともに、戦争があらたな段階・状況に入ったことが大仰な言い方で伝えられる。この感覚は、新聞に止まらない広がりを持っていた。

小説の中の一二月八日

さきの太宰治「十二月八日」での「歴史的」という把握には、同様にこの日を契機にあらたな状況に入っていったという意識が投影されていよう。(10) 「新しい」状況とそのなかで自己が「新しい」ものになることが、多くの人びとによって意識され、そのことが書き留められていく。

このことに文学者は敏感で、高村光太郎は、「世界は一新せられた。時代はたつた今大きく区切られた。昨日は遠い昔のやうである」と「現在」を高らかに肯定し、「この刻々の瞬間こそ後の世から見れば歴史転換の急曲線を描いてゐる時間だなと思つた」と続ける(「十二月八日の記」一九四二年)。一二月八日を歴史的出来事とする感覚を表明するのである。

また、上林暁といえば典型的な私小説家であるが、その「歴史の日」(一九四二年)は、「民族が壮大な理想を樹てようとしてゐる時に、このやうな私事に類することを書くのは、大変気が咎める。自分の感情だけに、いつまでも甘えてゐると言はれさうな気がする」と書き、しかしそこから「新しい生活や倫理」を描けるのではないかという。上林までもが「個人主義」ではない、「一種の献身」を表明している。

一二月八日の「画期性」について、板垣直子『現代日本の戦争文学』は、「大東亜戦争こそは白人種に対して最後の止めをさした」として、「日本の属する東洋を含めた新しい世界史像」の必要を言う。同時代における大方の気分を代表した言であろう。戦争に関しても、板垣は「戦争地域を大東亜の範囲内にのみ限定する意味のものではない」ことに着目している。また、「大東亜戦争の戦線の宏大さ」を言い、「大陸」の「支那事変」との相違に注意を促し、板垣は「大陸よりもはるかに舞台と生活、文化の段階にも変化があると考へられる南方各地方」を見る。

同時に、この時期の記述には、「新しさ」とそのもとでの「緊張」が書き付けられる。一九四二年六月発行の雑誌『思想』も「大東亜戦争」の特集を組み、高坂正顕「大東亜戦争と世界観」、飯倉亀太郎「国家と戦争」、平野義太郎「諸民族統治・指導の原理」、斑目文雄「大東亜の国境理論」、岩村忍「亜欧大陸諸民族活動の方向についての史的考察」、江澤譲爾「生活空間と国防空間」、大熊信行「われわれの問題」を掲げた(11)。

また、二〇世紀の戦争の特徴としての総力戦により、戦争の記述ではその「形式」および、戦争の内部・外部の区分けが問われる。すべての者が戦争の当事者であるとされ、上林までがそうであったように非当事者であることは許されない。「状況」としての戦争は、戦争に主体的に参与する立場を求めており、すべての戦争記述もそこから語り出されていた。「報道文」は、「皇軍の戦闘を扱つたもの」と「背後の民情や風土の特異性を伝へるもの」(板垣)とされ、新聞とあわせて「記録映画」が重視され、さらに戦争を報ずるメディアとして、ラジオから絵画まで多様な媒体がかかわっていくこととなるが、いずれも戦争参与の意識を前面に出すのである。

時間と空間の拡大

こうしたなか、戦争が拡大する一九四二年を画期に、戦争の時間と空間の認識と、記述の担い手の双方に変化が見られる。契機となったのは、むろんアメリカ、イギリスなど連合国軍との戦闘の開始で、板垣直子は、「大東亜戦争の舞台のよさ、戦線の複雑さは、有史以来未曾有」――「支那事変を介して、大陸との交渉が日本人の視野を開き、文学の興隆に役立つたことは既に明らかになつてゐる。今また、舞台の一層変化に富む南方諸地方を知ることにより、日本人の生活視野はさらに開拓される」と述べた。すでに『事変下の文学』(第一書房、一九四一年)を著していた板垣だが、対アメリカ、イギリスへの戦争をきっかけとして、あらたに『現代日本の戦争文学』を上梓するに至っている。

また、空間的には南方への関心が強まり、とくに一九四二年から翌四三年にかけてはその傾向が強い。丸山義二『南洋群島』(大都書房、一九四二年)、木村彩子『仏印・泰・印象記』(愛読社、一九四三年)などをはじめ、多数の著作が出された。[12]

書き手の変化としては、兵隊作家から、再び徴用作家・報道班員・従軍記者(特派員)が加わるようになる。「兵隊文学」など文章を書く大多数の「素人」に対して、再び「プロ」の書き手が参加する。戦場の報告は、散文としては、もっぱらプロが担うようになり、兵士たちの心情は、より「手軽」で短時間で記すことのできる詩や短歌の形式であらわされることが多くなる。

徴用作家として、彼らは、「南方」をはじめとする地域の諸相とそれに対する認識と、占領の様相とをあわせて報告する。尾崎士郎『戦影日記』(小学館、一九四三年)は、フィリピン上陸から「マニラ入城」「バタアン陣営」を日録で記し、「フィリッピン作戦要録」や写真を付している。徴用作家たちは、「日本人」と「軍人」の目をもって、状況と戦闘を眺め、宣伝班として「心理戦争」(大田昌秀)に加わってもいるが、空間意識の拡大をおこなうとともに、自己を取巻く環境自体を描こうとする。

特派員たちの記す戦争

他方、特派員である、辻紀『海戦従軍一万哩』(春陽堂書店、一九四二年)や、西田市一『弾雨に生きる』(宋栄堂、一九四三年)などの作品も同様に「日本人」と「軍人」の二つの目を有した記述となっている。

朝日新聞特派員・西田が「バタアン・コレヒドール攻略戦記」を描いた作品である『弾雨に生きる』は、「徹頭徹尾前線にあつて将兵と行動を共に」した一記者の報告とともに(陸軍中将・本間雅晴「序」)、作戦の概要を描くことによって、戦争の記述とする。

西田は、「正面二十キロ、深さ三十キロの狭ツ苦しいバタアンの戦場ではあつたが、その戦場に描かれた戦争の様相面は決して狭いものではなかつた。「狭い戦場で広い戦争」が行はれた」と記し、実戦に携わった部隊長たちの「生きたバタアン実戦史」を書きとめる一方、「従軍手帳」の提供を受けて兵士の経験を書きとめる。また、「戦闘詳報」を聞き、外部からの目を自覚した記述を提供することを図り、「怒濤の追撃戦に従軍」した一記者の報告と、彼が発見したアメリカ兵の「陣中日記」に基づく記述もおこなう。

「日米、最初の地上決戦」としてバターン作戦―フィリピンの戦闘が位置づけられるとともに、戦争の当事者たちになり代わって、作戦と戦闘、前線と休息、現場の隊長と兵士の様相、勝利の日本軍とアメリカ兵の「比島戦線敗走日記」などを西田は記すのである。戦闘と復興を「戦争と平和」と記し、西田『弾雨に生きる』は戦争の途中経過の報告であるとともに、日本軍の「勝利」を確定したものとして把握しており、重層的な記述を行っている。

さらに西田は、兵士たちに、「支那」で戦ってきた戦争の「本当の相手」であるアメリカを「いまこそ叩くのだといふ気概」と「自分の手で新しい地図をつくつてゐるのだといふ使命感」をいう火野葦平の言葉を紹介し、アジア・太平洋戦争―バターン戦線の分析的な叙述も行う。

四つの『大東亜戦史』

こうしたなかで、一九四二年に陸軍省報道部が企画したのが『大東亜戦史　マレー作戦』(朝日新聞社)、『大東亜戦史　ジャワ作戦』(東京日日新聞社、大阪毎日新聞社)、『大東亜戦史　比島作戦』(読売新聞社)、『大東亜戦史　ビルマ作戦』(同盟通信社)である。

いずれも同時期に遂行された作戦の記述であるが、報道部長の谷萩那華雄による、各巻に共通の「序」によれば、「大東亜戦争」は戦略・戦術とともに、「戦争の現実を銃後国民に知らせる報道」という点から「斬新な試み」がなされたとする。谷萩は「作戦の経過等」は軍が資料を提供し、「従軍者の実感」は各社の特派員の経験を生かしており、「とかく局部的の体験記に終始した嫌ひのある従来の戦記と違つて、一つの新しい部門を開拓した」と自賛している。

この四つの「大東亜戦史」は、タイトルに参謀総長・杉山元とそれぞれの作戦の最高司令官の字を掲げ(ただし、『マレー作戦』に、山下奉文司令官の題字はない)、巻末に資料(「比島戦日誌」「戦況日誌」などと、さまざまな名称で収録される)を掲げる共通性のほかは、グラビアはむろん、叙述の方法、目次の構成は全く異なり、それぞれの工夫をこらした戦闘―戦争の叙法となっている。

陸軍の作戦に従軍した新聞四社がそれぞれに異なった記述を見せており、そうした差異が見られる点に、戦争の同時代記述の論点が存在することをうかがいうる。

『比島作戦』は、まず航空作戦をへてフィリピンに上陸し、「神速《ママ》なる機動戦」でマニラに入り、そのあとバターンやコレヒドールでの要塞戦があったという概要が記され(○○《ママ》少将「比島戦を回顧して」)、そのあと本論をなす○○《ママ》少佐「作戦の全貌」が掲げられる。全体の半分弱を占めるこの記述は、作戦計画とその遂行の過程が時間経過的に記されるとともに、「敵」と「わが軍」とのあいだの戦闘がいかなる困難や幸運のなかでなされたかを記していく。

主語となるのは、部隊(兵団)であり、「わが部隊」がいつ、どこに進攻したか——地理的な進攻と占拠が主軸となる。日付のほかに、固有名は地名が示されるが、人名は一切出てこない。軍人の解説で概要が示されるとともに、従軍記者による具体的な日本軍の行動の様相が記され(田上記者「リンガエン湾上陸記」、藤澤記者「バタアン従軍誌」など)、作戦経過では触れえない戦闘の具体相や固有名をもつ個々の兵士の表情を、これら記者たちの文章が補っている(「作戦の全貌」のなかでは、「記者附記」でその叙述が補われる)。

『比島作戦』ではフィリピンの地誌と歴史が記され、フィリピン戦後の課題として、「凡《あら》ゆるアメリカ的残滓を除去して新しいアジア民族の矜持の上」での「再建」がいわれる。また「仮初《かりそめ》にも、比島作戦終了せりと思惟すべからず」「既往の作戦は、波乱万丈と雖も破壊の一面にすぎず」との言葉が記される(〇〇《ママ》少将「比島戦を回顧して」)。現在進行形としての戦争の描き方が『比島作戦』においてなされている。

これに対して、「天と地が構成し得るあらゆる障碍と人間とのあくなき抗争であつた」『ビルマ作戦』は、冒頭に開戦の詔勅を掲げ、ビルマ戦への勅語を掲げる。巻末にも「感状授与記」が掲げられるなど、仰々しい体裁を示している。

「特異な地理的条件」をもち、イギリスの支配下に置かれたビルマ(ミャンマー)の独立を求める歴史が『ビルマ作戦』では詳しく説明される。そして蔣介石の重慶政権と英米勢力との

「紐帯《ちゅうたい》」を切断する目的を持つビルマ作戦の戦略的な位置が記されたあとに、作戦の様相が「戦誌」として記される。「戦誌」は、ラングーン「陥落」までの第一段階と、ビルマと中国・インドの国境に戦線が拡大した第二段階に分けて叙述されるが、特派員の報告を挿入しながら、部隊が占拠地を拡大していく過程と戦闘の様相が描かれ、さきの『比島作戦』と記述上での大きな相違は見られない。

だが、『ビルマ作戦』の冒頭の叙述は工夫されている。序章は「死」と「生」との節に分かたれ、「宮崎上等兵」を主人公とした回顧的な叙述から書き出されている。その冒頭の部分――

ところどころ弾痕の残つてゐる舗装道路《ビルマルート》は熱く焼けてゐた。ところどころ椰子の茂みがあつたが、その下にはひつても暑かつた。砂糖黍畠の彼方はるかには避難民を乗せてゆくのであらう――ビルマ特有の牛車が丈余の土煙をあげて行くのがみえる。

「宮崎」は「親切な、しかし弱いビルマ人たちのために」戦うことを決意するが、戦死してしまう。この情景的な描写のあと、イギリス軍伍長「モーリン」の言動と投降とが記され、ビルマ戦線での敵味方の軍人が描かれる。作戦後のイギリス軍兵士の「敗戦記」や、イギリス政府と重慶政権の「動揺」と「苦悶」が記されることなどとあわせ、『ビルマ作戦』は、日本軍の動向のみならず、イギリス(軍隊としては、イギリス・インド軍)、中国(重慶)の動きをあわせて描いている。また、「ビルマ民衆の協力」、とくにビルマ独立義勇隊の働きを挙げてもいる。戦闘の主体を日本軍にとどめずに、「敵」の顔も見せている。[13]

そして「抗戦重慶に残された唯一の輸血路、蔣介石と米・英連合国を結ぶ命の綱」である「援蔣ビルマ・ルート」への攻撃という作戦の成功によって、「何時たりとも」重慶への「進撃作戦を実施し得ることになつた」とする。

この記述は、ビルマ作戦をアジアの文脈に入れ込むことでもあり、「雄大にして巧妙な作戦構想、正義の戦に死をも恐れない皇軍将兵、英・蔣軍を憎み皇軍を信頼するビルマ民衆」――この「三位一体」の「アジアの地力」によりビルマが「救はれた」とする認識と通じている。

また『ビルマ作戦』では、ビルマ中央行政府の誕生をいい、「血と汗と涙の犠牲に綴られたビルマの悲史は終つた」とする。そして同時に、ビルマの「戡定《かんてい》」はなったけれど、「作戦はまだ終つてゐない」と「重慶撃滅への鉄槌」が「少しの緩み」も見せていないことをいう。

他方、『ジヤワ作戦』は「わが今次の大東亜戦争は、たゞ単に南方の重要物資をとるといふだけの考へで行はれるべきものでは断じてない」「今まで英、米、蘭人のために抑へに抑へられ、縛られに縛られて来た東亜諸民族を、新しい太陽の下に解放してやらねばならない」とし、「新東亜の盟主としての日本の、やむにやまれぬ世界観から発足」した作戦と説明する。また、作戦にかかわる距離が長大で、気象の地域差が大きいうえ、文明を持つジャワと、ジャングルであるその他の地域との環境が異なるために生じた「作戦立案の苦難」も記される。そして、前半の「航空基地奪取戦」と後半の「ジャワ島戡定戦」として、作戦の「実際的経過」を描く。

『ジャワ作戦』は描写的な文体で、固有名詞を挙げながら臨場感をもって、作戦が遂行される過程を描き出す。「ボルネオ作戦」は、「坂口兵団」の「ジャングル演習」から書き始められ、兵士たちが訓練により「自信」を持つ一方、鷹が航海中の船に留まったことを記し、神武天皇の故事と重ねられる。

また、スマトラでは「要衝」パレンバンに降り立った「落下傘部隊」について、各部隊ごとに、これまた固有名を掲げながら、その「活躍」を記す。陸軍航空隊の「陸鷲魂」も、各機の固有名をもって、書き留められる。大筋は、他の「大東亜戦史」の作戦記述と同様に、作戦の概要を記し、その遂行過程を描くが、「兵隊さん」(「ボルネオ作戦」)の描写が入る。主語はおおむね固有名を持つ部隊長であり、隊長のレベルでの具体性を通じて部隊の「活躍」を描くドキュメンタリー的なタッチとなっている。

暫くするとまた四、五名の敵だ。椎屋曹長が飛びかゝつて、一人を斬り一人を射ち殺した途端、後から射たれて壮烈な戦死を遂げた。すでに総計四名の戦死だ。依然各隊との連絡はつかない。(「スマトラ奇襲血記」)

といった文章が、『ジャワ作戦』の基調をなしている。軍人たちの勇壮さを、感情的に煽り立てるように記す文体となっている。

対照的なのが『マレー作戦』であり、全体をひとつの叙述とし、戦闘の経過を時間の順を追い、分析的に記していく。たとえば、マレー作戦を「大東亜共栄圏建設の分岐点」とし、「従来の戦法の定石を無視」した作戦であったとしながら、その「成功」の所以を分析する――軍が「慎重に研究検討」をおこない、関心をマレー作戦に「集中」したこと、「優秀な人」を配属させるとともに兵団も「精鋭」を配置したこと、さらに陸軍航空部隊と海軍の「活躍」があったことなど、五点にわたる考察である。

このとき『マレー作戦』では、他の著作が一括して巻末に掲げた「感状」や「大本営発表」「陸軍省発表」といった資料的な文章をその過程ごとに挿入する。写真や折込の地図、「部隊の記録」などの要図、「戦闘経過要図」も豊富に用いられ、「俘虜」をふくむ「綜合戦果」などの資料をも提示している(「勝利の記録」)。

山下軍司令官　「降伏意思があるかどうか、それから聴かう。無条件降伏、イエスか、ノウか」

パーシバル中将「返答は明朝まで保留されたい」

山下軍司令官　「明日、明日とは何にか。日本軍は今夜、夜襲しますぞ、それでもよいか」

『マレー作戦』の叙述は、作戦経過全体の記録を意図しているかのようになされる。山下とパーシバルのシンガポールの降伏をめぐる会見も、その「押問答」の様相が互いの発言を記しながら記述される。したがって『マレー作戦』では、作戦と戦闘過程が主体となり「戦闘経過」を冷静に説明していくこととなる。戦闘は、クアラ・ルンプール占領までの時期と、シンガポール陥落までの「後半戦」との時期に分けられ、前者をさらに二期に区分するなど、ここでも分析的な叙法がなされ、クアラ・ルンプール占領の「戦略上の意義」として、マラッカ海峡の「制圧」を指摘する。マレー半島東西海岸のイギリス軍の「脈絡」の切断によって、シンガポール攻略への「一大威力」となり、作戦が「最終的段階に突入」したとするのである。『マレー作戦』は人名にかかわって、ときには出身地を加えた固有名を挙げるが（一部分、固有名が伏せられている箇所もある）、それらも記録的な姿勢で記述しており、個人の活躍を前面に出すものとはなっていない。

こうして、（狭義の）アジア・太平洋戦争開戦当初の南方の四つの作戦が、それぞれの記述の方法で記される。基本をなすのは、日本軍には幾多の困難があったが、それを克服しての「勝利」がもたらされたことであり、その過程を描くことである。「上陸後、進撃部隊の労苦は決してなまやさしいものではなかつた」「その困苦は到底筆紙につくされない」(『マレー作戦』)という認識の下で、それぞれの作戦が叙述されている。大東亜戦争という「全体」との関係、あらたな作戦や占領との関係が分析的に記されることともなった。

また陸戦のみならず、海戦も記述されることになり、『海軍報道班員現地報告ハワイ・マレー沖海戦』(文藝春秋社、一九四二年)などがだされたが、この点は指摘するにとどめておこう。(14)

構築される「大東亜戦史」

作戦ごとの個別の記述とともに、「大東亜戦史」を謳う試みもなされ、戦争の同時代史的記述の試みが一九四一年以降には図られる。

宮居康太郎『大東亜戦争史』(代々木出版社、一九四二年)は、新聞記事を綴りあわせるという手法を用いて、「日米交渉より開戦に至る迄の経過概要」「開戦から本年〔一九四二年―註〕迄の戦争経過」を記し、戦争像提供のひとつの試みとなっている。「大東亜戦争三ヶ月余の皇軍奮闘期」であり「生きた戦史」と自ら言うが、素材とした新聞特派員のものすものは「例へ数行の特電、一枚の写真と雖も記者の生命が躍動し戦友の血が通つて居」り、「一面貴重な戦争記録、戦記資料の一つ〳〵である」と述べる。そして宮居は「ハワイ海戦」「香港攻略戦」「比島作戦」「海上作戦」「マレー作戦」「新嘉坡攻略戦」と、作戦ごとに記事を集成した。

また、陸軍省・海軍省の報道部、および外務省の役職者たち(堀田吉明、富永謙吾、長谷川了)による『大東亜戦史』第一輯、第二輯(廣文堂書店、一九四二年)も出されるが、こちらは「外交の部」「陸軍の部」「海軍の部」と大別し、その概要を記していく。

第二輯のばあい、外交は「大東亜戦争の性格」を東条英機首相の施政方針演説(第七八回臨時帝国議会。一九四一年一二月一六日)の「米英の暴政を排除して大東亜諸地域を明朗なる本然の姿に復し、新たなる大建設を行はん」ことに求め、「帝国外交の基調」から「米英」「枢軸諸国」「中立諸国」などとの関係を記す。

また、軍部の動向は「戦局」「作戦経過」の概要で把握され、作戦や地域における様相が叙述される。「現地報道班員」の手記が多く用いられ、しばしば分析的ではなく、叙述的で読みもの風の文体で「戦況」「戦果」の記述が多い。主力の航空母艦四隻と重巡洋艦一隻を失ったミッドウェー海戦も、アメリカの航空母艦・エンタープライズ、ヨークタウンに損害を与えたことを大きく取り上げる。そして、そのうえで「わが方も空母一巡《ママ》を喪ひ」、他に「空母一隻及び甲巡を大破」したことを伝え、「わが方の犠牲よりしても、本海戦が如何に激烈をきはめたかが想像される」と言い募る。

いまだ進行中の戦争が作戦―戦闘に沿ったかたちで叙述され、「歴史」として提供される。いささか大仰な構えではあるが、陸軍と海軍の諸作戦を束ねる概念として『大東亜戦史』としたのであろう。だが、先の四戦記に見られたような叙述の工夫は、『大東亜戦史』ではまったく試みられることはない。

このとき、(狭義の)アジア・太平洋戦争期における戦記の拡がりを示す二種のものに着目しておきたい。「少国民」に向けて書かれた戦記と、一般に向けての映画である。

戦時下には、「少国民」向けの戦記も多く出された。その一例が、一九四三年に「国民学校上級・勤労青少年向」と銘打って晴南社から刊行されたシリーズ「少国民大東亜戦記」である。陸軍報道部が推薦しており、執筆はいずれも各新聞社特派員で陸軍報道班員の記者たちに拠っている。各冊には大本営陸軍報道部長と各地域への派遣軍の関係者による「序文」が共通して付され、さらに「大東亜戦争日誌」もつけられている。シリーズは『マライ電撃戦』『ジャワ進攻戦』『ビルマ追撃戦』『フィリッピン攻略戦』と構成されており、さきの一九四二年の陸軍省・海軍省の報道部企画の『大東亜戦史』と対応している。

各巻共通の「『少国民大東亜戦記』巻末のことば」(本間雅晴、稲津廷一)は「上は祖先の心にこたへ、続く次代への子孫にのこす教訓の書」であり「次代をになふ少国民の教書として、そのまた次代をになふもの丶国民の書」たることを目的とするという(15)。

映画の中のアジア・太平洋戦争

戦争像の提供にとり見逃せないのが、映画である。狭義のアジア・太平洋戦争では、『コレヒドール総攻撃』『マレー戦記』『ビルマ戦記』(いずれも一九四二年)、『轟沈』(一九四四年)などのドキュメンタリー映画が作成される。『マレー戦記』は「進撃の記録」という副題を持ち、海を行く日本の艦隊、飛行機の光景から始まり、日本軍のマレー半島への空爆―上陸から、イギリス軍との交戦、シンガポールへの総攻撃とその「陥落」にいたる過程が描かれる。略地図を挿入しながらマレー半島の地勢や地名を紹介し、三方に分かれて半島とシンガポールの制圧を目指す日本軍の作戦を明らかにしながら進軍の様子を伝える。始まりは（押収したという「イギリス側ニュース」を用い）イギリス軍が、オーストラリア兵やインド兵を呼び集め、海陸に亘り日本軍との戦闘準備の体制を作り上げるシーンで、「敵」の姿を要塞とともに映し出す。劇映画が「敵」の姿を出さないときに、ドキュメンタリーではその姿を見せている。

『マレー戦記』は、作戦を理解させたうえで日本軍の映像を流すため、観客は日本軍の目線で、日本軍の行動を追体験することとなる。画面では、トラックに乗り運ばれる兵士、戦車や自転車部隊、また行軍する兵士たちの姿が強調される。日本軍によるマレー半島への空襲は、上空からの目線での映像が挟み込まれ、工兵が（イギリス軍が破壊していった）橋を修復する様子、砲兵が大砲を分解して川を渡る様子も描かれる。ここでも一二月八日が強調され、画面に大きくその日付が出される。

とともにシンガポールへの攻撃は、画面に大きく「昭和一七年二月八日　シンガポール総攻撃」の文字が出される。陸と空からの「攻撃」が長々と映されるのをはじめ、「敵前上陸」の様子、炎上し破壊される市街地、あるいは投降したイギリス軍の捕虜たちのほか、著名な山下奉文とパーシバルとの両軍の司令官の交渉の場面もまた映される。ここでも日本軍と一体化した映像となっている。

このようにして『マレー戦記』は、日本軍の行動が、その作戦遂行の視点で描かれる一編である。シンガポール入城のシーンが最後の山場となり、「東亜の地図は新しく書き換えられた」とナレーションが告げ、「昭南島」と名づけられたシンガポールの光景を映して終わる。画面には、戦友の死を悼む光景や慰霊祭の一部が見られるが、戦死者の数は挙げられない。また、住民たちの様子もほとんど映し出されない。

注目すべきは音で、ほんのわずか拾われた兵士の声を除けば、肉声はシンガポール「陥落」に伴う万歳の声と(軍旗に対する戦闘の)「終結」の宣言の場面のみである。昂揚したナレーション、煽り立てるような音楽のほかは、すべて砲声、銃声、あるいは橋を修復するかなづちや、爆音などの音に止まっている。

これに対し、一九四四年という戦争の終盤に作成された映画『轟沈』はいささか様相が異なる。日本映画社の海軍報道班員が潜水艦に同乗して、艦内の生活と作戦の遂行を伝える形式を取る。「印度洋潜水艦作戦記録」と題され、アフリカ沿岸に「敵補給路破壊」のために出かけ、商船や油槽船の撃沈を目的とするさまが記される。

映画は出航からはじまり、艦内での日々の勤務と訓練、日常の生活、そして「敵」への攻撃をおこない、帰航までの様子がたんたんと映される。防諜のため、○月○日、○カ月の作戦に出発とされ、野菜から魚、米、そして缶詰が詰まれ出航するが、たちどころに生鮮品がなくなり、缶詰のみの食事となり、体力の消耗を防ぎ、空気の清浄を保つために睡眠が欠かせない生活が報道される。

高温多湿のせまい艦内での勤務のなかで、各人が自らの分担を果たしており、それを報ずる「われわれ」報道班員が、この映画を見る「国内」の観客に向かい、「安易な考え」を諫め、気を引き締めるように言うという目的を有した映画となっている。ナレーションは極力抑えられているが、「たくましい力づよい勇気、不動の精神」を持つようにと「国民」を鼓舞し、「米英撃滅」をいう。「産業戦士」「女子挺身隊」たちが「精魂込めて作ってくれた」と魚雷に説明を加えるなど、ことばは空回りし上滑りするような空虚さがある。

また、「敵の油槽船」を撃沈し、その「戦果」をよろこぶ乗組員たちの顔が大写しになり、祝宴の模様や、沈めた船の乗組員が捕虜として映されてもいるが、そこが映画のクライマックスにはなっていない。それらは流れのなかの一こまであり、帰航のよろこびが最後に映される。戦局悪化のなかでの映画のため、「気を許してはいけない」とナレーションがあり、『轟沈』というタイトルであるにもかかわらず、けっして「戦果」を伝えるものとはなっていない。むしろ「銃後」の引き締めに力点があるように見える。ナレーションや物語の展開により、本来は多層的な映像の解釈が一元化されていくのも戦時の映画の特徴であった。

戦争の「大義」を有する狭義のアジア・太平洋戦争を描く映画においては、そのゆえに物語性が強調されたことも特徴として指摘しておこう。「大義」が希薄であった日中戦争までは、戦争の状態を伝えたり、ドキュメンタリーとして戦果を報ずることに力点がおかれた。しかし、一旦「大義」を手にすると、その「大義」を軸に物語が作成されることとなり、「大義」に殉じていく若者たちを描く劇映画が相次いで制作される[16]。

山本嘉次郎監督による『ハワイ・マレー沖海戦』(一九四二年)、『加藤隼戦闘隊』(一九四四年)、『雷撃隊出動』(一九四四年)とあわせた「航空戦記三部作」(佐崎順昭)がつくられ、田坂具隆監督の『海軍』(一九四三年)も公開された。『ハワイ・マレー沖海戦』は大本営海軍報道部が後押しをして開戦一周年記念映画として制作された。

物語は、一九三六年夏に海軍兵学校生・立花忠明(中村彰が扮している)が故郷に帰省するところから始まる。従弟の友田義一(伊東薫)はその姿にあこがれ航空兵に志願し、土浦海軍兵学校飛行予科練習部にはいり卒業する。二人は、一九四一年一二月の対英米戦にそれぞれかかわり、友田は真珠湾攻撃、立花はマレー沖の海戦に参加する。

海軍兵学校の実写や、(円谷英二による)海戦の特撮シーンが存分に盛り込まれ話題を集めた映画であるが、以前の戦争を扱った劇映画に比し、ストーリーが物語性を有している。『ハワイ・マレー沖海戦』では、一方で友田の軍人としての成長を追いながら、他方で対アメリカ・イギリス戦に入っていく状況をテロップで説明する。映画では、予科練の精神として「頑張り」のほかに「攻撃精神」「犠牲的精神」や「服従」をあげ、友田をはじめとする若者たちが訓練に明け暮れる様子が存分に描かれる。友田の母親や姉妹たちの姿(＝故郷)も交えながら、一種の青春物語—成長物語として映画は構成されている。『ハワイ・マレー沖海戦』では、すべての集大成として一九四一年一二月八日の真珠湾攻撃が設定され、友田の成功物語ともなっている。

同時に、マレー沖海戦もたっぷりと描かれ、開戦一年目において緒戦の「戦果」を観客が追体験する映画でもあった。このかん、ミッドウェー海戦での敗北(一九四二年六月)など、日本海軍の後退がみられるなか、あらためて人びとの士気を鼓舞する映画にほかならない。映画のなかでは「真の敵」がアメリカ(そしてイギリス)であることが繰り返され、「大義」をもつがゆえに、そこに突き進む若者の姿を描く映画であったといいうる。

戦争記述の三つの「型」

「状況」としての戦争のなかで、さまざまな戦争の語りが見られ、戦争像が提供されてきた。現在進行形で推移する戦局のなかで、作戦と戦闘を戦争のなかの過程として把握するためには、戦争の大局観が必要とされるが、そのときにほとんどの語りは提示された戦争の「大義」に依拠し、その目線は軍の指導部のものと重なっていく。作戦と戦闘を記すディテールは、そうした大局のなかで意味を持たされることとなる。

いくらか子細に検討するとき、「状況」としての戦争のなかでの語りには、三つの型を抽出することができる。まずは、状況のなかで個の経験を語る兵士たちの手記である。この手記をA型とよぶとき、徴用作家や特派員たちは、「状況」そのものに力点を置く報告が少なくなく、別種の語りとしてB型を形成している。中国との戦闘がありながら「大義」を示しえない時期と、連合国軍に宣戦を布告する時期とでは様相を異にしており、時系列的には一九四一年一二月八日をさかいとして、A型からB型への推移がある。ともにルポルタージュの体裁が強いが、A型は自己の記録として、B型は占領や戦闘の概要の報告となっていく。さらに、記述する自己を見据えた記述も提供される。小説という形式を用いる型(C型)であり、「戦時」には戦争を記述する三つの型が存在した。

「戦時」の戦記は、個々の作戦の結果こそ判明しているが、戦局や戦争自体の行く末がはっきりしていない時期に書かれている。したがって、現在進行形の出来事として戦争があり、その書き方は多様になる。各新聞社による四つの『大東亜戦史』に顕著なように、一様な書き方では、進行中の戦争は把握できないという認識を持つのである。

また、戦争の全容は、大本営の発表に基づかざるを得ないとともに、その発表はすべてを明らかにしていない。公的で支配的な言説は、戦争遂行そのものである。

そのため、人びとは、自らの立場と位置から、いかに「全体」に接近するかを工夫し、また同時に自らの発言が戦争の当事者としてのもので、外部からではないことを弁証しようとする。状況の記述に、さまざまな工夫がなされるのである。

それに対し、敗戦後は、戦争の結果が判明し、個々の戦闘の意味が変容し、さらには戦争の意味が転換する。「戦時」と「戦後」の戦記では、書くものの戦争に対する姿勢と評価、認識がまったく異なる。時間の意識も、戦時には野放図に開いていたものが、戦後には(敗戦までとして)区切られたものとなる。

記述を行う時点の位置と意味づけが、「戦時」と「戦後」とではまったく異なり、「公」の支配的な論調が戦争の否定に転換し、戦争観と戦争記述が変わる。換言すれば、「戦時」の位置を否定するところに、(「戦時」と区別された)「戦後」が誕生し、ここが「戦後」の出発となる。

こうしたなかでは、(「戦後」には)「戦時」の言説の改作や隠蔽が見られる。横光利一や佐多稲子の戦後における「改作」は、「戦時」の時間を消去する行為であり、しかし同時に、自らの営みを「戦後」に訴える姿勢でもある。

「戦後」には、戦争の語りの基本的な潮流は「実存」の関心に向かうが、そこでの力点の置き方によって、やはりA型とB型とが見られ、「戦時」に見られた記述の型は「戦後」にも継続する。梅崎春生(「桜島」一九四六年、「日の果て」一九四七年)や大岡昇平(「俘虜記」一九四八年)、島尾敏雄らは前者に、田村泰次郎らは後者となる。さらに、記述する自己を見据えた記述がここでもみられる(C型)。「戦後」における戦争文学は、ここから出発する。

第2章

「体験」としての戦争
(1945-1965)

古川成美『沖縄の最後』(旧版・中央社，1947年／新版・河出書房新社，1967年)

1　「体験」としての戦記

戦記の出現

戦局が推移するなかで日本の敗戦が色濃くなり、一九四五年八月一五日に天皇がラジオ放送で人びとにポツダム宣言の受諾を伝えた。アジア・太平洋戦争の敗戦である。この事態は八月一五日の衝撃として語られてきたが、「戦時」の切断であり、その時点から人びとにあらためて戦争経験の総括を強いることとなった。これまでの戦時における戦争の語りが問われ、敗戦を踏まえての経験として整理するよう促されたのである。

こうして戦争の「終結」と帝国の「崩壊」とともに、人びとは自らの経験をそれぞれの関心に応じて語り、あるいは沈黙のなかに置くことになる。沈黙の深さはその後も継続し、ついに語りだされなかった戦争と帝国—植民地の経験はすこぶる多い。語る場合には、家族や友人、あるいは戦友など、身近な人びとに経験を断片的に語ることからはじめられたであろう。

そのなかから、次第に書きおくべきことを書きはじめ、身近な人びとに回覧のようなかたちで提供する人びともあらわれる。のちに出版・刊行される戦記は、このように周囲に回覧されたものが元になることが多かった。

だが、この「語ること」と「書くこと」とのあいだには、大きなひらき―差異がある。「語ること」のばあいには、まずは身近な人びとに語るために、語り手の個性や対象との距離などが聞く側に了解されている。語る速度や順序、あるいは省略の箇所も、語り手にとっては、聞き手との関係で変化が可能であった。聞き手の側も、語り手のためらいや戸惑いをそのまま甘受することができた。

これに対し「書くこと」は、それまで聞き手との関係で組み立てられていたことがらが、まったく異なった文脈のなかに投げ出されることを意味する。筋道だて、はじめと終わりを持つストーリーをもつこともまた要求される。

第2章で主として取り上げるのは、この書き留められた戦記である。敗戦からさほど時間がたたない時期に戦記を記すのは、リテラシーをもち、時間的・経済的に余裕を持つ階層であり、あわせて出版の機会に恵まれた人びとである。敗戦後に、かつての幕僚や将校たちが真っ先に口を開き、士官や下士官がそれに続くのはこの事情を示している。

戦記は、各自の個的な経験が戦争を描くことに通ずると考えられていた時期の所産であり、同時代的な大枠を共有し、経験を共有しうるという理念に基づいて記されている。したがって、作戦を記す幕僚たちはともかく、戦場経験を書き留める場合には、自らの深刻な経験を描くものとなり、戦争の時間的・空間的な観点から言えば、きわめて無秩序にランダムに提出される。

換言すれば、「戦後」の出発点には「個」の凝視があり、そこから戦争の「全体」と「公」

への回路をいかに形成するか、また、いかなる「全体」を想定し、「公」を設定するかが探られるのである。

戦記は、こうして経験を記すという行為の論点が凝縮されたものとなっている。(1) さらに、公刊された戦記は(後述するように)必ずといってよいほど書き換えを伴う。自らの戦場や植民地での経験を、同じ経験を有する人びとに「体験」として伝えるこころみとして戦記がある。「戦後」における戦記をそのような記述として、以下に考察してみよう。まずは、経験を語るうえでの準拠枠として、戦争像が整理されることとなる。

占領者たちの戦争像

アジア・太平洋戦争の経過を秩序立て、その筋道を作り出し、支配的な戦争の時間的・空間的枠組みを、「戦後」においてはじめに作ろうとしたのは、旧日本軍の高官と占領者たちであった。作戦史として、高木惣吉『太平洋海戦史』(岩波書店、一九四九年)、林三郎『太平洋戦争陸戦概史』(岩波書店、一九五一年)、堀場一雄『支那事変戦争指導史』(時事通信社、一九六二年)などが刊行された。

戦闘と戦争に敗北した「日本人」は、それまでの戦争認識と帝国意識を転換させることを強制された。転換の軸とされたのは、(1)(戦争の呼称としての)「太平洋戦争」であり、(2)(戦時における出来事に対する)「真相」である。「大東亜戦争」の用語は、周知のように、GHQにより公文書での使用を禁止されることとなった(「神道指令」一九四五年一二月一五日)。

こうしたなかでGHQ民間情報教育局による『太平洋戦争史』(中屋健弌訳、高山書院、一九四六年)は、(開戦四年目に当たる)一九四五年一二月八日から全国の新聞に連載されたものを元にしているが、「戦後」の戦争像にとり、大きな影響を与えた文献となった。

同書は、副題に「奉天事件より無条件降伏まで」とあるように、「満州事変」(「奉天事件」)をその出発に置き、「今次戦争」として、「満州事変」―「日支事変」―「太平洋に於ける戦ひ」という系譜を、国内の政治や世界史の動向も見据えながら経年的に記すが、全二〇章のうち、一九三一年から一九四一年までの「運命の一〇年間」と一九四一年以降の動向の記述とが、それぞれ半数を占めている。「今次戦争の責任乃至原因が太平洋戦争のみに在るのではなくして、遠く満洲事変に遡るものであることを訓へられ、又、太平洋戦争が如何に日本にとつて無理な戦争であつたかを知ることが出来た」とは、訳者・中屋の言である。

『太平洋戦争史』の前半は、「満州事変」から、「傀儡の「満州国」」建設を経て、「日本の華北侵略」の様相を記すとともに、二・二六事件(「二月クーデター」と記す)などの軍部による「暴力とテロ」も示す。後半部分に当たる時期の記述は、もっぱら戦闘の経緯を描く――日本が「南方」に向かい、真珠湾を攻撃しフィリピンを占拠したが、ミッドウェー海戦により「劣勢」に追い込まれ、アメリカが中部太平洋に「進出」し、「史上最大の戦争の終熄」するまでが描かれる。「日本軍閥」がいかに「無意味な戦争」に「日本国民」を巻き込んだかを要所で強調しながらも、淡々とした筆致でアジア・太平洋戦争の一連の過程を描き出す通史となっている。

このとき南京での「大掠奪並に暴虐行為」を書き留め、緒戦でのフィリピンにおけるバターン「死の行進」(降伏したアメリカ＝フィリピン軍を徒歩で捕虜収容所に移動させ、多くの死者を出した)など捕虜への「虐待」を記しており、『太平洋戦争史』には、日本批判の目線がうかがえる。また戦争末期の「フイリツピンの戦ひ」に二章が充てられ、「硫黄島と沖縄」に一章を設けていることは、戦闘の余韻が生々しかったことや、マッカーサーがフィリピン戦に執着していたこととも関連していよう。

『太平洋戦争史』は、巻末に「太平洋戦争史年表」を掲げるが、そこでは一九三一年九月一八日「柳条溝《ママ》事件勃発(満州事変発端)」をその最初の項目とし、一九四五年八月一五日をへて、九月二日「ミズリー号艦上で降伏文書正式調印」までが記されている。戦争の時期、内容、さらには戦争に対する認識にいたるまで、「戦後」の出発点にとどまらず、後にまで大きな影響力を持つ戦争記述となった。

二つの点を付け加えておこう。第一は、『太平洋戦争史』が、「軍国主義者」の非道な行為として「真実の隠蔽」を挙げているように、「戦後」直後には、「真実」が戦争記述の導きの糸となっていることである。連合国最高司令部民間情報教育局編『真相箱』(コズモ出版社、一九四六年)は、ラジオ放送番組の記録であるが、副題にも「太平洋戦争の政治・外交・陸海空戦の真相」とあり、「真相」を標榜している。

友近美晴『軍参謀長の手記』(黎明出版社、一九四六年)も、副題を「比島敗戦の真相」とし、さらには、その名も『真相』というタイトルの雑誌が刊行され、戦時における出来事の「真相」を、あらためて伝えるという体裁の記事を多く載せている。また、雑誌『雄鶏通信』には「記録文学」が掲載されるが、これらには「戦時」には伝達されていなかった「真実」の記録を、「戦後」のいまに伝え「真相」を記すという姿勢が共通してみられる。毎日新聞社『秘められたる戦記』(毎日新聞社、一九四六年)も同様の認識を有している。

第二に付言しておきたいのは、この時期に提供されたアジア・太平洋戦争の記述には、封建制の残存する日本という認識が多々見られることである。中野五郎『敗戦の歴史 かくて玉砕せり』(日本弘報社、一九四八年)は「封建日本」といい、日本に「古い物」が残存しているという認識を示し、この点に戦争原因を求めている。

だが、「太平洋戦争」という呼称は、中国戦線を軽視する言い方であるとともに、帝国認識の検証にはなりにくいものであった。多くの場合、叙述の起点が一九三一年の「満州事変」に置かれたにもかかわらず、ここには「太平洋戦争」にいたる道筋として、植民地領有が位置づけられそこから戦争像を構成する——戦争と帝国が不可分であるという認識は見られなかった。

戦記における時間と空間

また「太平洋戦争」の認識、そしてこれにともなう時間と空間が、ただちに従来の「大東亜戦争」の時間と空間の意識にとって代わることもむずかしかった。

だが、始められた戦争の「体験」の記述は、あきらかに戦時における戦争の記述とは異なっている。人びとは、大づかみに戦争を語ることはせず、自ら参加(あるいは見聞)した戦闘を語りはじめる。それぞれにとっての深刻な経験が語られ、書き留められ「戦記」の記述が開始される。

本書で取り上げる戦後の戦記(2)は戦時における戦争の認識とは、記述の目的、提出される形態も異なり、戦争の時空間の意識も異なっている。記述の作法は、戦争の記述の主体《エージェンシー》をどのように設定するかにかかわっているが、戦後の戦記においては「地域」「戦線」「部隊」にかかわってのものがまずは提供される。

ここでは、後勝『ビルマ戦記』(日本出版協同、一九五三年、新版は一九九一年)、高木俊朗『インパール』(雄鶏社、一九四九年、以下、初版と記す、新版は一九六八年)、古川成美『沖縄の最後』(中央社、一九四七年、新版は一九六七年)を考察しよう。

参謀の戦記――インパール作戦(1)

後勝(一九一四年生まれ)による『ビルマ戦記』は、インパール作戦についての「元ビルマ方面軍参謀」による戦記である。「戦の勝敗はあくまで力の世界に於ける優勝劣敗の結果」であり、勝敗により「正邪順逆」を決することは出来ないとし、後は「敗戦の跡を顧みてその拠つて来るところ」をあきらかにするとした。

後は地図(その一葉を図3に掲げた)を用いながら、作戦の概要を記し、その遂行を語る。インパール作戦は、一九四四年三月に、ビルマとインドの国境に展開された作戦である。烈師

附図 1

支那大陸縦貫作戦並にインパール作戦要図

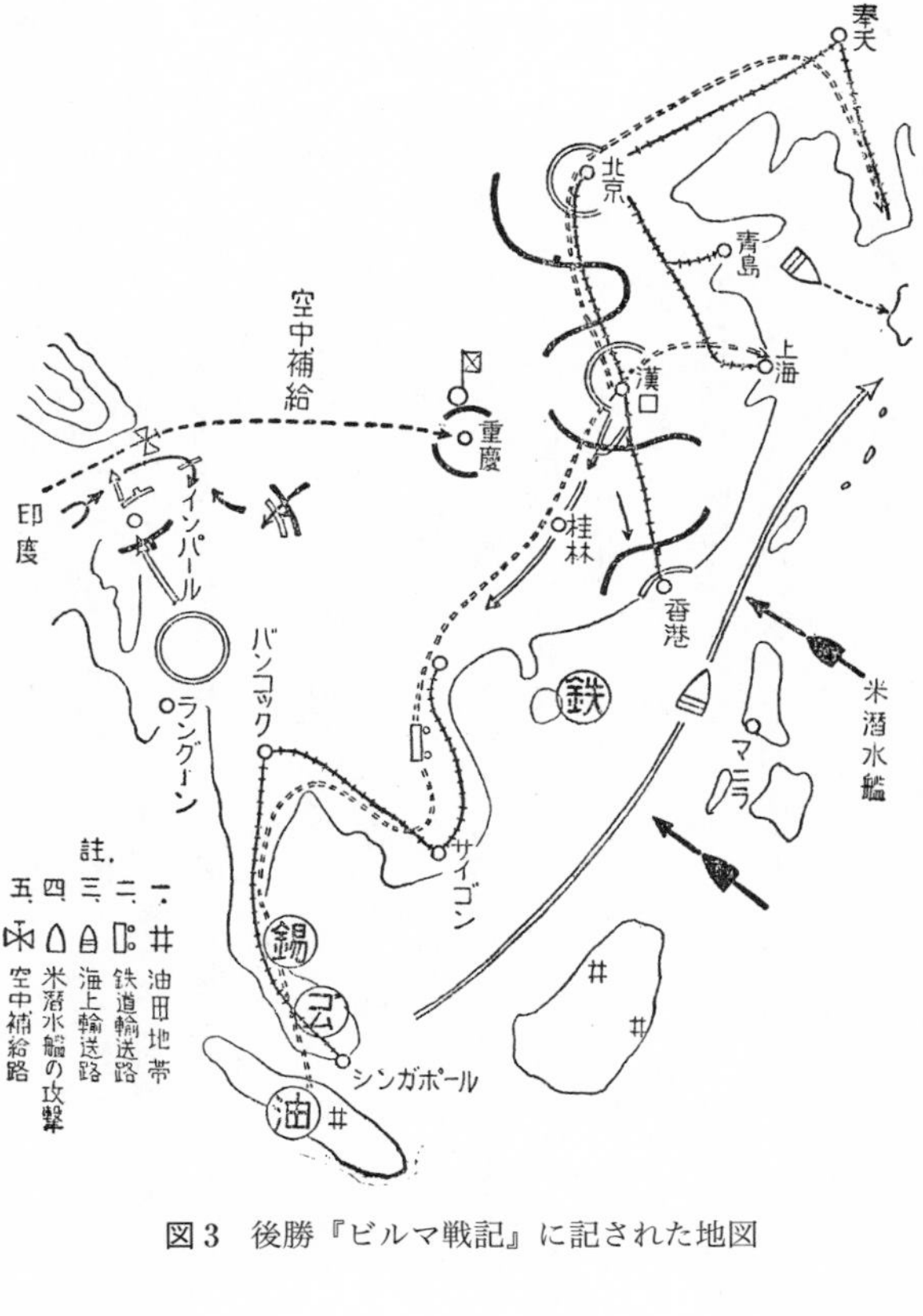

図 3　後勝『ビルマ戦記』に記された地図

団(第三一師団)が「敵の退路を遮断すると同時に、敵の増援を阻止」し、弓師団(第三三師団)は南方、祭師団(第一五師団)は北方からインパールを「包囲」して、「遅くとも一九四四年(四月末―註)迄にはインパールを攻略」するものと後は説明する。

「実に雄大な構想」であったが、「時機」が悪く、そのときの「敵」の「戦意」「威力」は「昔日の比ではなかつた」と、後はひとごとのように付け加える。後は「危ういな」と思ったというが「既に大命一下如何んともなし得ないこと」とするのである。

「インパールの悲劇」「北ビルマの墓場」「最後の死闘」などの章があるにもかかわらず、登場するのは司令官クラスのみであり、一人ひとりの兵士の存在とその顔は、この『ビルマ戦記』からはうかがえない。「如何に精鋭無比の兵団といつても、過去半歳に亘る連日連夜の激戦に疲労困憊、死傷者続出して今や全滅の時期が迫りつつあつた」と、後は淡々と記す。さらに「地図上に地名が書かれていても、実地に赴けば家一軒なく、現地に徴発すべき物資も皆無の場合が多い」と記し、「徴発」が軍規に違反する旨の注釈は一切ない。

全編にわたり、作戦の失敗は認めつつも、なんらの自省は見られず、『ビルマ戦記』はひたすら、司令官同士の作戦遂行の苦労話に終始している。作戦遂行が『ビルマ戦記』の主導線となっており、戦時における参謀の目線が再現された戦記となっている。

「戦後」からの批判的再構成――インパール作戦(2)

これに対し、同じインパール作戦の「戦記」を記しても、高木俊朗(一九〇八年生まれ)による『イムパール』は様相を大きく異にする。『イムパール』は「ルポルタージュ」として提供され、「潰滅するビルマ方面軍の記録」という副題を持つ。表紙の内側には地図やスケッチが印刷され、カラー刷りの「イムパール作戦要図」や、「ビルマ方面軍編成表」などが挟み込まれ、実録の体裁を整えている。

「昭和二四年一月」の日付けを持つ「あとがき」には、「書かずにゐられない気持が、私の胸のなかに、雲のやうにわだかまつてゐた」と、その執筆の動機が語られる。第一には、高木は「太平洋戦争の間、報道は偽りが多く、真相は覆ひかくされた」うえ、「戦後の今日でも、まだ真相がほとんど明らかにされてゐない」ことへの憤懣をもつ。

インパール作戦に、映画関係の報道班員として従軍した高木は、戦線の「惨烈さ」に驚き「そのありのままを記録したい」と思うが、「惨烈さ」はインパールだけではないこと、また「戦闘の惨烈さ」だけなら「最前線の兵士の体験から生れた幾多の優れた記録」に及びがたいとする。そのため、第二に、高木はインパールの「作戦の全般を、戦闘の全体」を書こうとする。自分個人の戦場ではなく、作戦の全体像への志向である。

「ここに書いたことは、ある時期に、ある場所では、真実であつた。または、真実として伝へられたこと」であると高木はいい、そのために「生存者」に聞き書きを行い、「共通する所の多いもの」「妥当と思はれるもの」を採り上げるなど、あたう限りの「資料」を収集したという。

第三三師団(弓)、第三一師団(烈)、第一五師団(祭)が動員されたインパール作戦を、高木は『イムパール』では弓師団を軸に描く。全体の三分の二ほどに当たる部分では、牟田口廉也・第一五軍司令官および(牟田口に盲従する)参謀長と、弓の師団長・柳田元三との対立が描かれ、インパール作戦の無謀さが記される。初版では、登場人物は一部を除いて仮名となっているが、柳田(梁田と仮名にされている)と連隊長・作間喬宜(佐久)を視点人物とし、彼らを好意的に描く一方、牟田口(与田内)らの「野心」、および牟田口らが面子にこだわり組織内で引き起こす「反目」を手厳しく批判する。かくして、牟田口らがいかに「卑劣」「臆病」であり「不合理」な命令を現場に突きつけるかが、『イムパール』では事細かに記されることとなった。

高木は、現場の将兵たちの「憤り」「悲憤」を見据えながら、インパール作戦の無謀さとそれがもたらす悲惨さを描いたといえよう——「連隊長(作間＝佐久—註)の胸に、悲痛な怒りが駆けめぐる……《ママ》。みんなを殺して。臆病者が生き残つて」と「怒り」が、伝えられる。そして、『イムパール』の残りの三分の一の部分では、敗走する「日本兵」たちの悲惨さが生々しく描写された。

高木を貫いているのは、司令官たちの無能さと状況をそっちのけにした反目、および兵士たちの悲惨さへの憤りである。兵士たちは、作戦の無謀さに巻き込まれ、犠牲となりゆく存在とされている。そして、インパール作戦の「全体」を批判的に再構成するために、高木はクロノロジカルに日を追った戦闘と作戦の概要を記していった。

アメリカの影——沖縄戦

いまひとつ、一九一六年生まれの古川成美による『沖縄の最後』は、沖縄戦に基づく戦記である。『沖縄の最後』は「第一部 運命の兵士」と「第二部 ひらけゆく心」とに分けられている。球部隊の高射砲兵として沖縄戦に参加し、捕虜となった古川の関心は「米国人よりうけた数々の厚遇」への感謝にある——「長い苦しい悪夢のような戦の後、同胞がおそるおそる迎えた〔アメリカの—註〕上陸軍は、あの悪夢からの連想とは全くかけはなれた、微塵の荒々しさもとどめぬやさしい愛の使徒たちであつた」(「自序」)。そのため、古川は、「敵」という語を用いず、おおむね「米軍」と記述している。

古川の文体は大仰であり、沖縄の地を「太古さながらの平和と静寂に浸つていたこの島の自然と住民」と記し、非文明と自然に同一化している。この文体と認識で古川は沖縄戦を描くが、『沖縄の最後』では「米機動部隊とその優勢な航空兵力の跳梁」による空襲、米艦隊の上陸によって採られた「洞窟戦」、アメリカ軍の攻撃の合間をぬうようにしておこなわれる「水汲み」や、敗残の兵となってからの移動、一人ひとり「戦友」が死んでいく様子などが記される。全二一四ページのうち、三分の一にあたる七四ページが「第二部」に充てられ、ここでは古川がアメリカ軍の捕虜になってからのことが記される。

古川は意識を失い、負傷したままアメリカ軍の野戦病院に入れられ、手当てを受け回復した自らの様子を描くが、「敵」であり「汚い臭い」を発する日本兵を「丁寧に手当て」するアメリカ兵に、「愛」と「責任感」を見出す。収容所《キャンプ》に移されてからも同様で、古川は「日本の資源の貧しさ、科学力の低さ」を「痛嘆」し、「彼我の力の天地の懸絶」を知り、「何と無謀な戦をしたことだろう」と「暗然」とする。「文化」「文明」を言いたて、「日米親和の理想境《ママ》」をここに見出す――死者を差し置いて、生き残った「われわれ」のみが「新しい人生の喜びを味わう」こととなるが、「果してこれでよいのか」というのが、古川の問いかけである。

また、古川は、続編として『死生の門』(中央社、一九四九年)を刊行している。表紙に「沖縄戦秘録」と刷り込まれ、「広く他の生存者から資料を集め、内外の関係記録を整理」したという著作である。さきの『沖縄の最後』における「私一個人の体験を中心とした記述」に対し、『死生の門』では「沖縄戦全般の真相」を描くことになったが、「緑の島」「鉄火」「後退」「末期」という戦争把握の構成は変わらない。(のちに明かされる、第三二軍の八原博通をモデルとしたであろう)作戦主任の高級参謀・「三原大佐」を視点人物とした叙述がなされる。

『死生の門』では、沖縄戦の作戦である「捷号作戦」や「天号作戦」の概要が記され、第三二軍の総司令官・牛島満中将と長勇参謀長が登場し、三原という軍司令部レベルでの動きと計画を通して沖縄戦が叙述される。「第三二軍の最期」までを、「洞窟戦法」「住民戦力化」「艦砲の威力」「米軍の上陸」「退却攻勢」「首里戦からの後退」「小禄地区の戦闘」などとたどり、「要図」を挿入しながら戦闘の経過を記す手法をとる。戦闘作戦面からの沖縄戦の記述である。

同時に、古川は、持久戦を主張する三原と攻撃をいう参謀との対立――司令部内部の対立や三原の孤立も記す。『沖縄の最後』で記された古川の経験が、三原の視線と資料で描きなおされる一方、『死生の門』ではひとり戦線を離れた参謀への「全身の血が逆流する怒りとはがゆさ」も隠されてはいない。

だがこの著作は、組織内の対立と軋轢が書かれ三原の怒りは記されても、そのことによって死傷した兵士の無念さには遠い叙述となっている。「軍隊は日本社会の縮図だ」とし「生き残る」ことを考える三原の煩悶と、三原の「戦略持久策」が斥けられる憤懣を描くが、兵士の立場からみたときには古川の筆はよそよそしい。

一般に、この時期の戦記で論及されている空間はほとんどが太平洋地域であり、時間は一九四一年以降、とくに負けた戦闘の記述が目立つ。別言すれば中国戦線の捨象であり、一九四一年以前の戦闘の消去である。また、負けた戦闘は戦争の悲惨さを言うものの、植民地と占領には意識が遠のく。深刻さが前面に出され、戦争経験の様相が整序されないままに出されることが多い。戦闘の経験の帝国認識への跳ね返りも見られず、これらのことが「戦後」初期に現れた戦記の特徴となった。

こうした戦記では、自己の参加した戦闘が主軸に描かれる。いくらか飛躍を交えながらいえば、この時期の戦記には、個人の経験が「国民」の経験につらなるという認識が意識的にせよ、無意識的にせよ、うかがわれるのである。個(＝私)が公に連続的につながっており、時空間としては同心円的な意識となろう。

また、戦争文学が、戦時の様相から編成替えされ多様化し、戦時と戦後との緊張関係で執筆されていく。戦時の戦争文学は、まずは兵士たちの戦場文学(兵隊文学)として書かれ、次に文学者を動員(徴用)してのルポルタージュや紀行が記されたが、戦後には、報告ではなく個々人の切実な経験のこだわりを記す作品となり、戦後文学としての戦争文学が執筆されるのである。(3)

大岡昇平「俘虜記」(一九四八年)、『野火』(創元社、一九五二年)や、梅崎春生「桜島」(一九四六年)、「日の果て」(一九四七年)、あるいは島尾敏雄や田村泰次郎の諸作品などがその代表となる。また、沖縄タイムス社編著『鉄の暴風』(朝日新聞社、一九五〇年)、日本戦歿学生手記編集委員会編『きけわだつみのこえ』(東大協同組合出版部、一九四九年)といった戦争経験の記録も出されるにいたる。(4)

微分化される「戦闘」

こうしたなか、戦後における戦記は、月刊雑誌の体裁をとって提供されることも多かった。『今日の話題』と『丸』は、その双璧をなす。月刊雑誌としてのこのふたつの戦記を次に見てみよう。

『今日の話題　戦記版』(図4)が土曜通信社から創刊されたのは、一九五四年一月のことである。月刊で各冊は三八ページから四四ページほどの小冊子の体裁をとり、一九六二年八月刊行の第一〇四集まで出された。「民族の一大悲史として、又歴史の細部の記録として」発

図4 『今日の話題 戦記版』

行することを謳い(各号に掲げられた「読者にお願い」)、おおむね巻頭に写真が掲げられる。一冊ごとの読みきりのスタイルを持つ。

とりあえず第一二集までの一年分のタイトルを表2として掲げたが、そこに見られるように扱われるテーマは体系的ではない。第一集は一九四四年から一九四五年の東京および名古屋の空襲、第二集は一九四四年のニューギニア戦線、第三集は一九三八年からの中国大陸を舞台とする空戦の回顧、第四集は一九四二年の南太平洋を主とする逸話といった如く時間的・空間的にもばらつきがある。戦記は、戦争の遂行の過程とは無関係に提供され、地域も戦争の範囲をすべて覆うものではない。時間的な順序はランダムであり、空間的にも非網羅的に出されており、全体としては統一がなく、ばらばらの戦記の集成という印象が残る。

加えて『今日の話題 戦記版』は戦闘ごとの記述であり海戦が主であるが、空戦や陸戦も加わり、書き手を中心に企画が立てられ刊行がなされる。また、各集につけられたリードは、たとえば「暗黒の大自然との戦に二万の将兵白骨と化す」(第二集)、「絶体絶命の反撃 海上に残された人々」(第一一集)と強烈で煽情的でさえある。

『今日の話題 戦記版』の記述は、ひとつの作戦について、時間経過的にその顚末を語っていく。第一三集『血戦マリアナ沖』(一九五四年一一月)は、六〇一空戦闘機隊の池田速雄の執筆によるが、一九四四年六月の「日本海軍の運命をかけるべき、「あ号作戦」」について「全艦隊出動」から始まり、「リンガ泊地まで」、「六月一九日の朝」、「乱戦」の模様と「勝敗決す」までが記される。池田の属する戦闘機隊の説明、訓練の様子や「戦友」との会話、攻撃隊による「敵機動部隊をめざして進撃」する詳細までが『血戦マリアナ沖』では書かれている。

自らの使命と任務、行動の様相が大書されるとともに、戦闘の描写は生々しい――「私たちの撃つ機銃弾が敵機の胴体に吸いこまれるようにしてプスプスと命中するのがよくわかった。機銃レバーを握る手に命中する機銃弾がひびくようにこたえて来た。そして尚も機銃レバーを力いっぱい握りしめた」。そして、池田は「戦友」の死を悲しむのである。

こうして困難な状況のなかでの「敢闘」、使命に殉じていった「闘魂」、戦線の苦境の中での「帰還」、「死出の旅」に生き残ってしまった「無念」、あるいは潜水艦や爆撃機の着実に「戦果」を挙げてきた「戦歴」、戦闘機乗りの「撃墜王」の「活躍」などの出来事とそこでの感情を、臨場感を持った文章で『今日の話題 戦記版』は綴る。『今日の話題 戦記版』は出来事の描写、自らの経験による作戦の叙述に特徴を持つとともに、描写のままで終えずに教訓めいたことを引き出してもいる。

『今日の話題 戦記版』の書き手の多くは「たたきあげの下士官」とそこから選抜された「下級将校」であり(吉田裕)、(後述する)『丸』と比較して裾野が広い。「読者にお願い」では、「体験者」に呼びかけ、手記を「依頼」出来る人物の情報を求め、原稿執筆に「余暇」のない人物には、編集部が出向いて話を聞くとしている。

先に述べたように、戦争の経験を家族や「戦友」に語る行為から、「書く」という行為への移行には、ある種の飛躍と思い切りが必要だが、『今日の話題 戦記版』ではその飛躍を編集部が支援している。そのため、『今日の話題 戦記版』をつうじて、多くの人びとの経験が書き留められることとなった。

読者は、ほとんどが男性であると思われる。各冊の表紙裏に掲げられる「土曜通信 受信箱」は、読者の投稿と編集部の応答のページとなっているが、『今日の話題 戦記版』を読み「昔をなつかしんで」いるという声とともに、説明の誤りの指摘や、人物の紹介、企画の要望が多い。

埼玉の一読者は「私も支那大陸に従軍し、あちらで終戦を迎えましたが、今後は陸軍のものも発

表2 『今日の話題 戦記版』のタイトル

第1集	東京空戦記
第2集	人喰密林戦記
第3集	日本撃墜王
第4集	米本土爆撃記
第5集	特攻天剣隊記
第6集	神雷部隊記
第7集	硫黄島特攻掩護記
第8集	新兵器実戦記
第9集	空母を求めて
第10集	九九艦爆戦記
第11集	伊十七潜の最後
第12集	七つボタン記

行されたらと希望」していると述べ、甲種飛行予科練生第一一期を卒業したという東京の読者は、「派手な戦闘の記事は勿論結構ですが、われわれのやつたような地味な戦闘の記録も扱つて下さい」と述べている(以上、第一五集。一九五五年一月)。戦争の経験者たちが、自らの経験を特殊で孤立したものとせずに、多くの人びとに知られ、認知されることを希望している。自らの経験を知ってもらいたいと思う人びとが、こうした媒体を介して表現をおこない始めた。このことは、バックナンバーをそろえて読もうとしている読者が多いことにも通ずるように思われる。

他方、『丸』は一九四八年二月に創刊される。当初は聯合プレス社の刊行で総合雑誌の体裁を示すが、一九五六年四月より潮書房の発刊となり戦記雑誌となりゆく。次第に増刊号などが多種・多様に出され、ページ数も増大していくようになる。「正確なる戦史」「最高の執筆陣」「権威ある記録」を標榜している本誌(月刊『丸』)が中心であるが、しばしば臨時増刊が出され、このほかに隔月刊で大判の『特集 丸』が発刊される。また月刊『丸』は、一九五六年には一〇八ページ立てであったものが、翌年には一九四ページ、一九五八年には「特大号」として綴り込みの附録をあわせ三〇〇ページを超える号も出てきて、急速に拡大していく。

戦記のあり方を手探りするように、『丸』は年毎に誌面の構成が変わり変化を遂げてもいる。『丸』が潮書房発行となり「戦記特集」を組んだ、一九五六年に焦点をあわせてみよう。

『丸』では、微分化された「激闘」の局面がクローズアップされるため、個々の戦闘の様相—勝敗に関心が寄せられる。一九五六年六月号の巻頭のグラビアは、「日本海軍勝利の記録」としてスラバヤ沖海戦(一九四二年二月)を扱い、同年九月号では「陸鷲堂々の威容」と戦闘機・隼などの写真を掲げる。このグラビアを見る限りは、アジア・太平洋戦争そのものの敗戦の意識は消えてしまっている。

執筆者には、大本営陸軍部にいた服部卓四郎や、元新聞記者で「太平洋戦史」研究家・中野五郎らが顔を見せるほか、旧日本軍の佐官級の人びとが多く登場している。かつての隊長、艦長、参謀らを含む当事者を多く登場させ、アジア・太平洋戦争における作戦とその遂行の逸話が披露され、「記録」とともに、「真相」「実相」「全貌」が謳われる。

座談会では、「今日は思いっきり手柄話や残念話に花を咲かせていただきましょう」(「陸鷲航空作戦の全貌」『丸』一九五六年九月号。編集部の発言)といい、戦後にアジア・太平洋戦争を語ることに対し悪びれるところはない。話題も、コト(作戦、戦線、戦闘)の詳細が主になり、「大東亜戦争になつて陸軍航空隊が一番華々しく活躍したというのはどの辺ですか」「それはやはり緒戦のマレー作戦、シンガポール作戦」である、などとのやり取りも挟みこまれる。

戦時における作戦の周辺や外交に関しての解説のほか、『丸』にはアメリカ側の手記や記事も少なからず掲載される。しかし、『丸』の記事のほとんどは、アジア・太平洋戦争の大きな文脈からは切り離され、作戦・戦闘における個別の出来事として扱われている。一九五六年八月号の特集では、「零戦とグラマンの死闘」(福留繁)は、日米の戦闘機の性能比較と空戦をたどり、「噫、壮烈、南郷茂草の最期」(横山保)は、一九三八年七月に南昌で戦死した「撃墜王」南郷について記す。また「阿修羅のごとき」爆撃機の攻撃と空戦を「中攻隊不死身の帰還」(高橋勝作)として描く。

『丸』の記事―戦記の大半は、こうした「決闘」「奮戦」「血戦」の様相であり、また、日本軍人たちの「不屈の闘魂」や、戦い抜いた彼らの「最期」の記述である。

ここでの記事―戦記は、当事者とそれを知る人による、「熾烈なる」戦闘や作戦の遂行、あるいは外交交渉の際の駆け引きなど、回顧談の集成となっている。太平洋の戦場と戦闘が圧倒的に多く採り上げられ、およそ女性の執筆者はおらず、女性の読者も想定されていない。(『今日の話題 戦記版』と同様に)ランダムに戦闘に着目するのだが、『丸』においてはコトの様相が、ヒト(英雄、勇士)とモノ(軍艦、飛行機、兵器)に即して記されているといいうる。

こうした『丸』は、いかような読者に支えられていたのであろうか。『丸』では、一九五六年八月号(第一〇一号)より「読者から編集者から」の欄が新設される。試みに、同号と翌月号に掲載された投稿者の年齢を見ると、総投稿者三六人(八月号)、五八人(九月号)のうち、一〇代がそれぞれ一五人(四一・七%)、三六人(六二・一%)と圧倒的に多く、二〇代、三〇代は漸減し、四〇代以上は目立って少なくなる。敗戦時にまだもの心がついていない戦争経験の希薄な世代が、『丸』の読者として自ら名乗りを上げている。

一〇代の少年たちは「血潮が躍動する思い」で『丸』を読み、「日本精神に裏づけられた勇敢な兵士の記録。それは私に日本人の偉さを教えてくれた」という(八月号、一八歳)。彼らの関心は「日本人」としての誇りにあり、「日本がアメリカに劣らぬ兵器を作っていた」のを知り「いくらか日本人としての自信を持つことが出来た」(同、一五歳)、「嘗ての大和魂なる、日本独特の精神は決して根絶やしてはならぬ」(同、一七歳)と主張し、「大和」などの艦名を挙げながら軍艦の「奮戦記」を要求し、隼やゼロ戦の「活躍」する戦記を期待する。また、軍歌を載せるように求め、旧日本軍の軍隊の編成を教えてくれるようにも言う。「予科練」や「二等兵」の生活への関心を語り、「欧州戦線」の記載も要求しており、「戦後」初期に支配的な言説が戦争に否定的であることへの不満を持つ若者たちが、『丸』が描き出す戦記に関心を寄せていたといえよう。

年長者が「自分の過去を回顧しながら」(九月号、三三歳)読み、「散華した戦友の冥福」を祈り(八月号、三五歳)、対米開戦などを「歴史的に、昭和の始めから辿つて見る」(同、四三歳)態度とは、明らかに異なっている(5)。

戦記を扱う二種の雑誌の読者層は異なるが、『今日の話題 戦記版』にせよ、『丸』にせよ、編集部が「読者」の意向に細心の注意を払い、意見をよく聴取し、それを企画に取り入れようとしている。戦場を経験した者たちが、自らの経験を披瀝し認知されることを求め、また遅れてきた世代の青年たちによる戦争の追体験が開始されたのである。

2 「体験」としての「引揚げ」と「抑留」

帝国の中の「人流」

大日本帝国は、一九四五年八月の敗戦によって一挙に植民地を失った。敗戦時、「外地」にはおおよそ六六〇万人の「日本人」がおり、彼らは敗戦にともない移動を開始する。その「人流」の経験は、民間人の場合は「引揚げ」といわれ、軍人たちは「復員」とされることが多いが、いまだにきちんと定義されないままにその語が用いられている。また、移動が留め置かれる「抑留」も、最終的には引揚げているため、「引揚げ」の用語に包含されてしまう。「引揚げ」「復員」、そして「抑留」。このとき「引揚げ」とは、旧植民地から旧宗主国への送還のことにほかならない。敗戦後の人流の経験を分節化したうえで、その歴史的な意味を問うこと——歴史的な見地からの「引揚げ」の経験の分節化が必要であろう。(6)

「引揚げ」と「抑留」と呼ばれてきた出来事を扱うとき、その地に出かけていった理由からはじまり、引揚げや抑留を経験した地域と時期によってその経験に大きな差異がある。また、同じ地域であっても、定住者/避難民、軍人・軍属/民間人(居留民)、性別、年齢、あるいは集団と個人の行動などの相違によって、異なった経験を人びとに強いている。(7)

軍人と民間人とをあわせた「引揚げ」の人流は、空間的には、中国大陸から台湾、朝鮮半島、インドシナ半島、マレー半島、あるいは「樺太」や千島列島、シベリアを中心とするソ連地域や「外蒙古」、さらに太平洋の諸島からニューギニア、ボルネオ、オーストラリアやニュージーランド、ハワイ、アメリカ大陸、南アメリカ、そしてヨーロッパ大陸にも及ぶ。

時間的にも、一九四五年九月から翌四六年にかけて五一〇万人の人びとが「日本本土」に送られたのをはじめ、一九四七年に七四万人、一九四八年に三〇万人、一九四九年には一〇万人が送還される。厚生省『引揚げと援護三十年の歩み』(一九七七年)は、一九四五年九月二五日にメレヨン島から別府に入った病院船・高砂丸を引揚げの第一船とし、一九五〇年四月二二日にナホトカから舞鶴に向かった信濃丸までを「前期集団引揚げ」といい、一九五三年一一月二八日にナホトカから再開された「後期集団引揚げ」は、ソ連、樺太、中国、北朝鮮、ベトナムなどをその対象としたとする(8)。

ここでは敗戦をきっかけとする「人流」としての「引揚げ」と「抑留」の考察を試みるが、(1)地域を東アジアとソ連にしぼり、(2)引揚げ者、抑留者の自らの「体験」の記述に着目することにしたい。「体験」の記述に着目することは、経験の意味と「引揚げ」像をあきらかにすることであり、ここから帝国―植民地への認識を考察する。

引揚げ、および抑留の体験記もまた、大づかみに言えば、一九五〇年前後、一九七〇年前後と一九九〇年代以降という三つの山があり、戦争経験の記述と対応している(9)。なお、本書でも行論上、「引揚げ」「抑留」などの語を、とりあえずは用いながら論をすすめていく。

一九五〇年前後は、戦争経験の記述の区分では「体験」の時代である。この時期に書かれた移動(＝人流)の記述をみるとき、「満州」を出発点とする体験記が圧倒的である。一九四

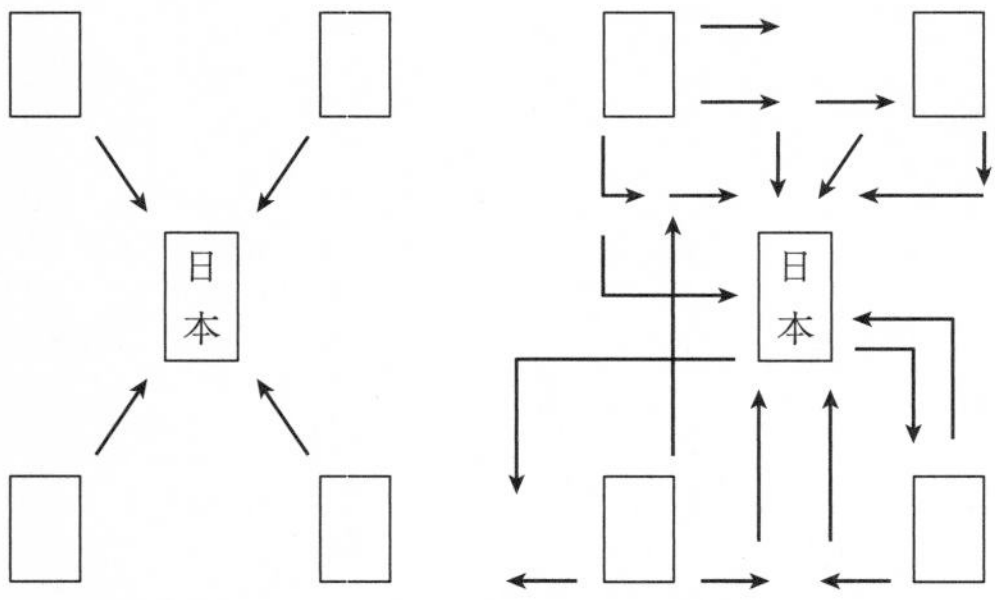

従来の「引揚げ」のイメージ　　実際の「引揚げ」の移動

図5　「引揚げ」における移動
従来の「引揚げ」のイメージにおいては，「外地」から「日本」への移動は直線的に想念されてきたが，実際には各地間での多方向の小刻みな移動であった

五年八月九日にソ連軍が「満州」に侵攻し、そのことによって「日本人」居住者たちが移動した――彼らが「日本」に向かって引揚げ、あるいはソ連によって抑留された経験の記録だが、その大半は「避難民」として移動したこと、および「収容」や「逃避行」の様相を綴っている[10]。

むろん「満州」を出発の地とするといっても、地域や時期、あるいは階層や性別、年齢によって移動の経験とその記述には差異がある。移動には、五つの方向が考えられる。すなわち、「満州」から朝鮮半島に南下したあと、北朝鮮から日本に向かうもの(A)、あるいは、いったん「満州」に戻りその地から引揚げるもの(B)がいる。また、「満州」の地に止まるもの(C)や、関東軍を中心として、ソ連軍によって北上させられた、いわゆる「抑留」(D)と、「残留」「留用」される人びと(E)とがいる。なかでは、(A)にかかわっての体験記が目立つが、北朝鮮には「日本人」の民間人が二七万人ほどおり、そこへ「満州」から南下してきた者が約七万人加わる。そのうち三万人は、「満州」に戻り(B)の移動をとるという[11](『引揚げと援護三十年の歩み』)。以下に、この経験を書き留めた体験記を考察してみよう。

分裂する「家族」「日本人」

(A)「体験」の時期に刊行された手記で大きな評判を呼んだのは、藤原てい『流れる星は生きている』(日比谷出版、一九四九年)であり、現在に至るまで、引揚げの手記の代表とされ、映画化もされている。ここで描かれているのは、「家族」が苦難を乗り越えて「祖国」にたどり着く物語である。藤原が経験したのは、引揚げの過程を通じて「日本人」が分裂し、「家族」に亀裂が生じたことであるが、体験記である『流れる星は生きている』に描かれたのはその分裂と亀裂、およびその修復の物語である[12]。

一九一八年生まれの藤原は、中央観象台に勤める夫(のちに、新田次郎のペンネームで小説家となる)とともに、一九四三年四月から「満州」長春(当時は新京と呼ばれていた)に来ていた。藤原の手記『流れる星は生きている』は、一九四五年八月九日にソ連軍が「満州」に侵攻したときのことから書き起こされている。家族は、夫のほかに六歳、三歳、一カ月の子どもたちで、直ちに「新京駅」に集合し「満州」の地から逃げ出すが、夫に対してともに、「母としての責任」を意識したと記述される――「私は子供を護るために逃げるのだ」。全編を貫くのはこの使命感であり、同時にその遂行にともなう疲労と困難とが実録風に記される。

支えとなるのは「家族」の絆であり、頼りにするのは「日本人」の集団であるが、「引揚げ」の経験は、その根拠がいずれも希薄なことを露呈させてしまう。藤原らは、鉄道で移動した北朝鮮の宣川《せんせん》で施設に「収容」されたが、その集団は互いに反発し摩擦を起こす――藤原は、率直に「私達三〇人に足らない団体の個人個人がばらばらになつて唯便宜上の集団生活をしている時があるかと思うと、急に強く固まつて互に助けあう事がある」と記した。宣川の施設からの「移動」が開始されるとさらに亀裂は深まり、集団のなかで「足手まといのない身軽な人」は先に出発しようとし、集団は分裂する――「この人達に一言も口をききたくなかつた」。

夫への批判と不満も表明され、『流れる星は生きている』には「あなたのお人よしにはあきれたわ。勝手にしなさい」と「吐き捨てるようにいつた」ことや、幼い乳飲み児が足手まといになると感じたことが書き付けられる。藤原は三人の子どものうち、「正広と正彦を生かす為に咲子を犠牲にしなければならないという、理屈ははつきりとわかつてはいる」とまでいう。「日本人」という集団とともに、「家族」という絆の亀裂が経験されるのである。

『流れる星は生きている』には、かかわりを持ったはずの「他者」である朝鮮人の姿が充分に書き留められず、「引揚げ」の女性たちが抱え込んだ性的な緊張（セクシュアリティ）にかかわる記述も慎重に避けられ、性的な出来事はかかわり知らぬ他人のこととして記されている。藤原はこの手記で、経験したことをそのまま書いたのではなく、家族そろって引揚げた結果の時点から自らの引揚げの経験を再構成したのである。

また、手記が書かれ刊行された一九五〇年前後は、朝鮮半島における緊張が極度に高まっており、そのためと言ってよかろう、藤原が三八度線を越える「逃避行」は、『流れる星は生きている』における一つの山場になった。藤原は三人の子どもをかかえながら、一週間以上の「逃避行」を行い、徒歩で三八度線を越えたことを印象深く記したのである。雨の降りしきるなか、真暗な闇の中を歩き続ける藤原親子の姿は、引揚げ者のイメージを強烈に作り上げた。

藤原が描いたのは、(戦記と同様に)自らの周囲の出来事であり、彼女たちをとりまく大きな文脈は見逃されている。国際的な緊張をはらむ三八度線を越えただけで、藤原はすでに引揚げの「不安」を解消する。しかし、そのことの持つ意味にまでは、藤原の筆は及ばないのである。

その後、釜山をへて、船で日本―博多へと帰りつくが、ここまでが藤原にとっての「引揚げ」であった。博多に着いたとき、「青々とした、緑の松や、黒く木の茂つている山」に藤原は「日本の姿」を見出し、上陸した日には「私の第二の人生はこの日から始まつたよう」であると書き付ける。貨車で「故郷」の諏訪に向かうなか、「引揚げの話」を根掘り葉掘り聞きたがる人びとがおり、「女はひどい目にあつたんですつてね」と問いかけられ、ここでも「日本人」への違和感を持つ。そして、二人の弟と妹、両親がやってくるところで、手記『流れる星は生きている』は閉じられている。(13)

主題化される「性」

だが、敗戦に伴う移動と言ったとき、これに留まらぬものがある。牛島春子(一九一三年生まれ)は、「満州」に戻るコース(B)を選択するが、藤原たちが書き留めなかった、「引揚げ」以前の経験と敗戦による主体化、それも性的なことにかかわる主体に関する記述をおこなっている。そして望月百合子は、長春で定住者として敗戦を迎え、街の秩序の転換を経験している(C)。望月は、自らの「移動」ではなく、他者の行動として「移動」を書き留めていく。(B)牛島は、「満州」で、「満州国」の官吏である夫と三人の男子を儲けて暮らし、一九四六年に引揚げる。牛島は、「戦前」に福岡で非合法活動に加わり検挙されるが、「満州」に行きその地において小説を書きだし、以後、作家活動をおこなっていた(14)。

植民地作家として牛島は、「戦時」と「戦後」をまたぎこして文章をものしているが、戦時に書かれた「「在満女性」にある問題」(『婦人公論』一九四一年一〇月)は、「在満女性」という言葉に何重もの意味を込めた評論となっている。「在満女性」という言い方に、すでに「満州に住む女性」への眩視を見て取る牛島は、まずは「日本女性」との関連で、「在満女性」の多様性を論じる。そして、「満州」の女性は「家庭的な雰囲気」に乏しいといわれるが、「満州」では日本の着物が栄《は》えないことを例に挙げ、この地ではあらゆる「日本的なもの」が吟味されると言う。

さらに「指導民族の女性であるといふ自覚とその矜持」に言及し、牛島は(「満州人」との対比で)「日本人の私」について論じていく。帝国/植民地という軸と、女性/男性という

藤原：長春 → 宣川 → 平壌・新幕 →（三八度線）→ 開城 → 釜山 → 日本(博多)
牛島：長春 → 瀋陽 → 営口 → 長春 → 瀋陽 → 日本(舞鶴)
望月：長春

図6　藤原・牛島・望月の移動

関係とを意識し、「私自身が立派な女であり日本人であらねばならぬ」と「大陸に住む女性」として議論を積み上げるのである。もっとも「満州人」という表現をおこない、「日本人」／「満州人」の非対称性には入り込んでいない。

その牛島が移動を開始したのは、敗戦前の八月一一日で、三人の子ども(五歳、二歳、一〇カ月)をつれて鉄道で長春を離れ、北朝鮮に入る直前に瀋陽(奉天)で降り、「満州」の営口で敗戦を迎えている(夫は、一九四四年に召集されていた)。その後、牛島は再び長春や瀋陽に行き、病気に罹り両替屋を手伝うなどしたあと、一九四六年七月に舞鶴に帰りつく。福岡県の兄の家に身を寄せたあと、夫・晴男の実家にいたという(坂本正博・年譜)。

この敗戦後からの移動について、牛島は戦後にいくつもの小説とエッセーで繰り返し書くが、書かれた多くは中国内での移動である。最初にそれを記したのは、一九五〇年前後に発表する小説の形式を取った作品群で、「笙子」(『藝林閒歩』第一〇号、一九四七年)では、数回に及ぶ長春と瀋陽のあいだの移動と各地でのおおまかな様相が、友人である笙子との交流を通じて描かれる。そして続く作品群では、それぞれの過程を分節してみせた(15)(図6)。

全篇を貫くのは、かつての支配者(「日本人」)が、敗戦後の「満州」という地域でもつ「恐怖」や「不安」であり、描かれるのは、「移動」とさまざまな「暴力」である。この主題が、主人公の「私」をとりまく人間のありようとして描かれ、さらに敗戦後の女性たちのもつある種の快感が「案外に爽やかで楽しかつた」(「笙子」)と書き留められる。藤原ていを始めとする他の人びとの引揚げの記録では、底流にありながら明示されることのなかった性的なるものも主題の一つとして牛島は記している。

瀋陽での牛島は、子どもとともに女友達の家に転がり込む。当初は、髪を切り、腕まくりした兵隊シャツを着てズボンをはき、ポケットに手を入れ「男を装うて」歩くことに解放感をもつ。だが、「居候」に気詰まりになり、自立するために長春に戻ることを決意する。混乱が予想されるこの旅を描くのが、小説「ある旅」である。治安維持により「団体切符」しか購入できないため、即席に五人の「仲間」を作り上げ、自らは三人の子どもをつれて、列車に乗って長春に向かう。すでに駅で、数回にわたって引ったくりに遭い、「陰鬱な目を光らせた男たち」に取り囲まれる。

小説「ある旅」においての「私」の気持ちは、不安定である。敗戦によって、「この間まで なかつたもの」があらわれ「誇りと悦び」「満足」で大またで街を歩く反面、昼間でも「防空幕」を張った部屋の片隅に縮こまり、「恐怖」と「不安」を有している。

また、性的なるものへの考察が「ある旅」を通じてのテーマとなっており、長春に着いたとき「仲間」の一人の青年が、「奥さん、僕のうちに寄りませんか」「泊られてい ゝですよ。奥さん」と誘いをかける。

云いようのない戦りつが、体の深みを走りすぎたのだつた。それは快よいと云うには重苦しい、惧れと云うにはあまりに甘美な、おのゝきであつた。私は自分が内部から輝きだすのを感じた。

ここで牛島は、「敗戦の、満州の私たちがおかれている世界からはもはや社会と云う概念は消失している」といい、「私たち日本人」は一人ひとりがばらばらとなり、「秩序も、規律も、掟もない」とし、残されたものは「自己のむきだしの命だけ」と述べた――「無限の自由」とは、このようなものであるとした。だが、青年の誘いを断った「私」は、「さゝやかな冒険の自由さえ」もっていなかったことに気がつく。それは青年についていかなかったことへの「悔恨」ではなく、ついて行き得なかった自分への「悔恨」であった。

牛島は、(長春から)再び戻った瀋陽での生活を題材とする小説「十字路」でも、雇われている両替屋の男から求愛される(これまた、断るのだが)場面を描く。夫が不在のまま、植民地で敗戦を迎えた女性の「解放感」と不安――なかでもとくに強く意識されたであろう性的な緊張を、牛島はこうして小説中に次々に記していく。性的なるものが、自己と集団のなかでたえず意識されていたことを素材とし、主題として扱ったのである。

この「敗戦」に伴う「移動」を描く牛島の連作では、悲惨さが強調されることはない。何を「引揚げ」の「体験」として書き留め提供するかが焦点となるなか、さきの藤原は「家長」の役割を引き受け、子どもたちを率いて「女家長」として振舞うのに対し、牛島は解放感とその表裏をなす不安を語った。牛島が記しているのは、敗戦にともなう分裂の経験の記述であり、敗戦がもたらした両義性の感覚と感情である。牛島の小説中に、「日本人」の男性は性的な誘惑者としてしか登場しない。牛島は、彼らに呼応しえないが、その決定権を自ら持つ点に主体の意識を自覚している。牛島は収容所に入る経験を有しているが、そのことは小説における主題とはされず、藤原が記したような国家や社会への幻想はない。

藤原『流れる星は生きている』は一九五〇年前後の読者に受け入れられ(しかも、性的な事柄を扱った小説『灰色の丘』は慎重に回避され)、その引揚げ像は共有されていった。このとき、牛島は、藤原が明示し得なかったものをはっきりと書きとめた。移動の差異に留まらぬ相違が、両者の間にはある(16)。

「他者」としての「避難民」

(C)元『満洲日日新聞』記者で一九〇〇年生まれの望月百合子が著した「いつの日か帰る夢のふるさと」(『秘録 大東亜戦史』「満洲篇 上」、富士書苑、一九五三年)は、会社勤めの夫とともに居住していた立場から、敗戦前後の長春の人びとの様子を書き留める。望月の目に映るのは、まずは「避難民」たちの姿である。

北満からぞくぞく避難民がやって来た。汽車に乗れた人たちも平常だと一日もかからないところを三十日も四十日もかかってやって来たのだ。みんなぼろぼろの服で荷物も何も持っていない。初めに持っていたリュックはとうの昔に略奪され、女の人たちはひどい目にあい、子どもたちは死んだ。女たちはくりくり坊主にしているのでちょっとみただけでは男か女かさえもわからなくなっている。

望月のような居住者にとって深刻なのは、街の秩序の崩壊である。長春では、敗戦によって「暴民」があらわれ、「国軍」の「反乱」があったことが記される。このなかで、望月は、ソ連軍による女性たちへの「暴行」と「略奪」に憤りを込めて、繰り返しその行為を記し弾劾する――「白日の下、夫や子供たちや公衆のまん前で集団暴行を受けた話は、誰知らぬ者もない事実だ」。そして自動小銃を持って家屋に乗込んでくるソ連兵に対し、「自分を護る者は自分一人だ」との決意を持ち包丁を持ち出し、夫にたしなめられる一幕もあった。

ソ連軍の後には、中国の軍隊が来た。国民党軍、さらには共産党軍である。いずれの兵士たちも、民家を接収し、「掠奪」をおこない、まるで「すべてが(日本軍の行為を繰り返すような―註)しっぺがえし」である。そして、国民党軍と共産党軍の「内戦」も始まる――と、望月は記していく。

だが、望月によって批判されるのは、外国人兵士だけではない。退職金を膨大に取得し、隣組で回ってくる夜警当番を拒否する「日本人」「重役」や、外国軍に「密告」をし、「同胞」を売る「日本人」男性がいる。「中国高官」の家に「若い日本の女」が住む光景も目立つなど、「日本人」の分裂はここでも意識される(それでも、「戦後」に記したにもかかわらず、

「北満」と表記する感覚は残っている)。

望月は混乱する長春への残留を決意し、一〇〇人ほどの留用者の子女のための「日本人学校」で「日本人としての自信をすっかり失い果てていた」彼らを励ますところで、この手記は閉じられる。

「移動」はしないが、一九五〇年前後に望月が提出している論点は、藤原(A)、牛島(B)らと共通していた。「夫」および「隣組」との協力を掲げ、「家族」と「祖国」(「同胞」)が直面する困難の回復を図ろうとする決意である。望月もまた「日本人」の分裂を意識しているが、分裂のもとで「他者」とされているのが、(「移動」の大多数を占めた)「避難民」――かつての開拓民たちの姿であったことは銘記しておいてよいであろう。

引揚げのヒエラルヒー

望月の作品が掲載された『秘録 大東亜戦史』(全一二巻、富士書苑、一九五三年)は、「体験」の時期の代表的な出版物であるが、筆を執るのは主に新聞記者や事態に関係していた者たちで、「満洲篇」(上下)でも、旧「満州国」の官吏や新聞記者が執筆している。上巻には、さきの望月を始め、元「満州国通信社」・長山一「興安嶺の難民の河」など「満州」での敗戦前後の人びとの経験の諸相が集められ、下巻では通化、敦化、撫順、大連、ハルビンなどの街での敗戦前後の様相が書き留められている。「引揚げ」当事者である、藤原ていの手記(『流れる星は生きている』)が「三つの国境線」というタイトルで抄録され、望月も自らの経験を記すが、基本的には『秘録 大東亜戦史』の叙述は非当事者が記述するものとなっている。「引揚げ」という主題に関して言えば、「居住者」の視点で記されるということとなる。

北朝鮮の町である通化の敗戦前後を描く一編(山田一郎「通化幾山河」下巻)は、(1)敗戦前の八月一〇日に、通化に関東軍司令部将校と軍属の家族が来たが、彼らは「身なり」も整った「疎開者」であったこと、(2)そのあと八月一五日前後に、無一物、着の身着のままの「哀れな姿」の「避難民」たちがやってきたことを記す。「老人と女と子供だけ」で、途中で「集団掠奪」を受けた「避難民」たちである。彼ら「避難民」は、治安維持のために保護を兼ねて「収容」されるが、家屋が足りずに野宿している者もいたという。

元来、通化には、中国人、朝鮮人および日本人居住者がいたが、敗戦の「移動」にともなって、「日本人」間にあらたなヒエラルヒーが形成され、(「疎開者」を含む)「避難民」たちは、通化の「居住者」数を上回るに至り、山田は「難民あわれ」と記すのである。「居住者」は、「日本人会」などの名称を持つ組織をつくり「避難民」の救援をおこなうが、「移動」にかかわっては、通化など都市部にたどりつこうと「逃避行」を開始した開拓団の人びともいた。

「居住者」―「疎開者」―「避難民」―「逃避行者」というヒエラルヒーは、「満州」における「日本人」の階層と対応している。さきの藤原ていや牛島春子らは(ソ連軍侵攻前後に、逸早く情報を得て移動を開始しえた)「疎開者」にあたるが、「疎開者」のなかには、条件によって「避難民」と化する人びとも多く出てくる。『秘録 大東亜戦史』には都市のなかに逃げ込んできたこの「難民」(「疎開者」と「避難民」)の姿が書き留められている。

だが、その都市にたどりつくまでの「逃避行者」についての記述は圧倒的に少ない。『秘録 大東亜戦史』(満洲篇)では、わずかに上巻に、麻田直樹「開拓団死の行進」が収められるにとどまる。「満州国」の国境近くに植民した開拓団の人びとは、ソ連軍侵攻の情報を受け「移動」するが、「外蒙国境」にいた「第一三次東京開拓団」の人びと九〇〇人は「危険地帯」に「置き去り」にされ、ソ連軍の空襲や「暴民」「匪賊」の襲撃を受け、「脱出行」を開始する——「住み馴れた部落をあとに、逃避の行列は長々と続いた」。途中で「匪賊」に襲われ死亡したほか、多くの団員が「自決」したことを、麻田は記している。

また、麻田は、ウスリー江に臨む地に入植した「第四次哈達河《ハタホウ》開拓団」が、やはりソ連軍の空襲や戦車隊の攻撃を受け、麻山の谷間で四二五人が集団で自殺したことを描く。このほかに、飢えと疲労の「逃避行」のなかで、困難のあまり「子供を手放す」人びとがでた開拓団の様相を始め、「逃避行者」の集団となった開拓団の「移動」を書き留めたのである。

「暴民」「匪賊」という語が、敗戦後の一九五三年になっても使用され、開拓団民の「悲劇」にのみ焦点が絞られるなど、麻田には「満州国」が有していた歴史認識は見て取れない。だが、ここで論点としたいのは、麻田が開拓民の経験を代理・代位し綴っていることである。換言すれば、「満州」からの引揚げの大多数を占める開拓民(=「避難民」——「逃避行者」)自身の手による体験記は、一九五〇年前後には存在せず、第三者の記述によっており、そのなかに開拓民の姿が記されるにとどまった。

このように、引揚げにかかわる女性の手記の多くは、しばしば「避難民」となり「家族」を率いて「日本」に帰りつくというものであった。これに対して、男性の手記の大半は現地の居住者たちが書いている。男性は「居住者」、女性は「避難民」が(その意識で)書いているものが多い。

そもそも男性の手記の刊行は多くはなく、女性の記述が目立つことは、集団のなかに男性が少なかったということ、「引揚げ」後の男性は生活に翻弄されたことなどが、とりあえずの理由として考えられよう。また、男性の記述は職場の「引揚げ」となり、発表当時には、引揚げ像の典型とはなりにくかった。

一九五〇年前後に、引揚げの経験を公刊できた人びとは、何よりも、時間的・経済的にゆとりのある階層である。また、「書く」という行為に抵抗が少ない階層でもある。したがって、筆を執りえない(執りえなかった)階層の人びととの経験の記述は、後年に持ち越されることとなる。このこと自体が「引揚げ」の問題系を構成しているが、帝国―植民地の問題系は被害者の立場から語られることになり、「引揚げ」のなかで帝国の傷を体現した人たちが、かえって帝国を擁護し代弁する記述を行うというものとなった。

「抑留」の経験

敗戦にともなう人流には、移動をとどめる「抑留」もある。「満州」に始まる、東アジアでの人流(移動)の例として、北方向に移動させられ(シベリアをはじめとする)ソ連全土に「抑

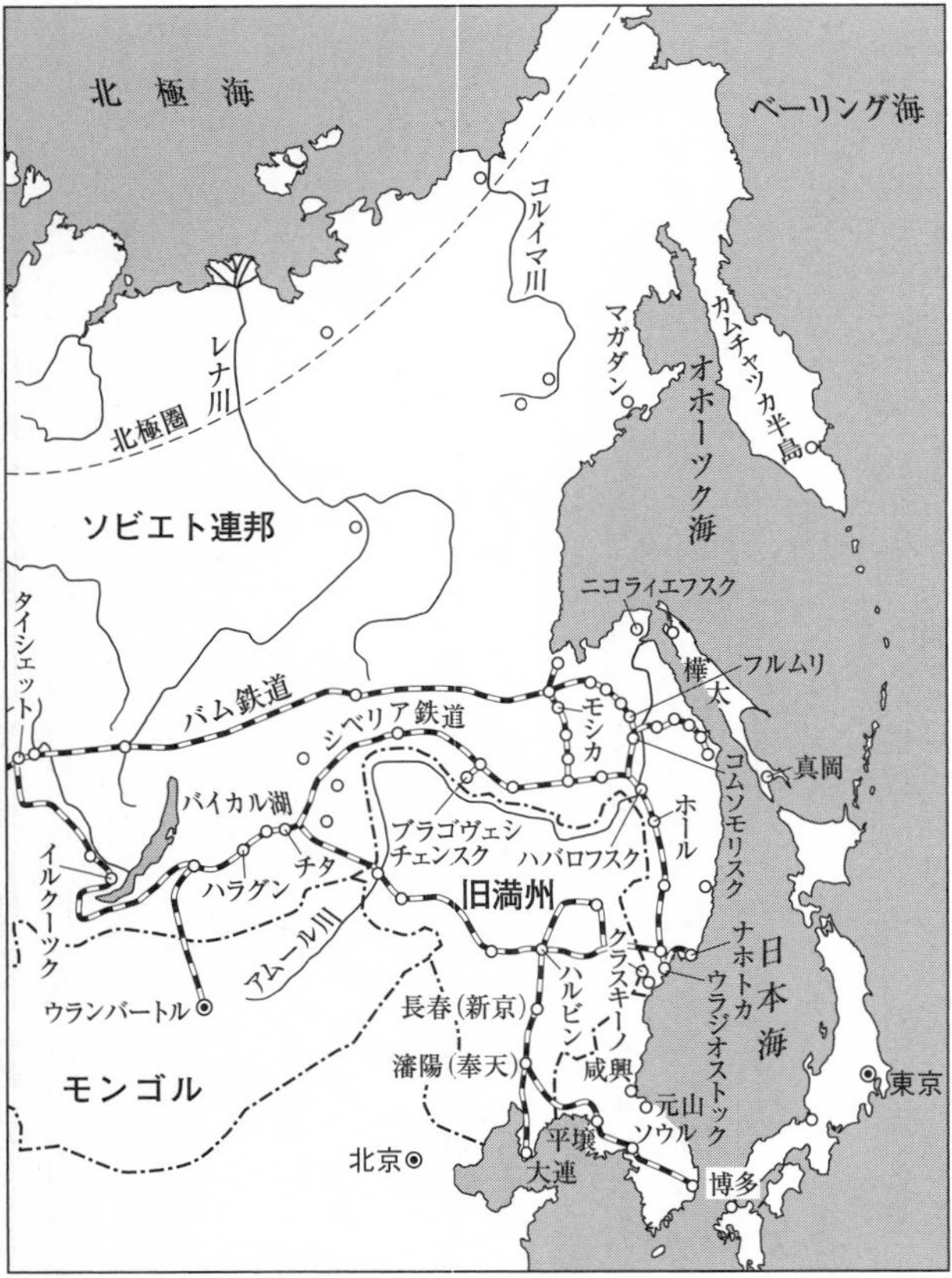

図７　シベリア抑留関係地図(○印は主な捕虜収容所を示す)
栗原俊雄『シベリア抑留』(岩波書店，2009 年)中の地図をもとに作成

留」された人びとの体験記(D)をとり上げて見よう。「抑留」は、人びとを留め置いた国家(ソ連)による暴力であり、それを不問にした国家(日本)によってその暴力が相乗されている。[17]

抑留記の刊行は、「引揚げ」を含む他の戦争体験記と同様に、一九五〇年前後と一九七〇年前後にヤマを持ち、一九八〇年代以降、とくに一九九〇年代にはその刊行数を大きく増やす。抑留記の数は膨大で、私家版を含め、二〇〇〇点を超えるとされている。[18]

抑留記の基本的な記述の要素には大きな差は見られず、たとえば津島岳雄『生きて来た』(東山閣、一九四八年)は、抑留記のひとつの典型をなしている。一九二三年生まれの津島は開原の部隊で敗戦を迎え「目的と存在の意味」を失い、「軍規」が一夜にして滅びる光景を見ながら、ソ連軍の武装解除に応じる。その後、しばらく公園で生活を送っていた津島は、「突然」北上の命を受け、「無蓋貨車」で長春の収容所に送られ「捕虜」となる。

日本軍は「満州」各地で武装解除のうえ、あらたに作業大隊を結成し、「満州」内の大都市へ集められ、そこから鉄道(貨車)に乗せられソ連へ入るが、津島は長春から今度は「有蓋貨車」で北に向かい、「用便も足せない」「窮屈でみじめな」二週間に及ぶ旅程の結果、国境を越えソ連領に入る。チタからさらに奥の山村で寒さに震えながら、津島は伐採作業に従事した。『生きて来た』では点呼から始まり「清潔検査」や「私物検査」が繰り返される厳しい管理下におかれた収容所の日々や、作業中の事故、あるいは「帰国」(ダモイ)を思いながら労働に明け暮れる毎日の様相が綴られる。

チタの漬物工場へ移されてからは街での生活になり、ロシア人との接触もあるが、津島はさらに煉瓦工場で働くこととなる。『生きて来た』は、抑留中に日本軍旧将校との対立があったり、収容所内でソ連の指導による民主運動が展開されたこと、そのなかでの抑留者たちの行動が記されるなか、ナホトカからついに「日本」へ帰国するという構成を持つ。

だが、おおむね同型というものの、内容に立ち入るときには、抑留の体験記は、日本軍国主義とソ連(スターリン体制)に対しいかに対応したかという軸によって、四つの型をもつ。親ソ型(α型)、反社会主義的反ソ型(β型)、と親社会主義的反ソ型(γ型)、そしてイデオロギーへの忌避的ソ連批判型(δ型)である。

α型の例としては、ソ連帰還者生活擁護同盟文化部編『われらソ連に生きて』(一九四八年)や同編『真実を訴える』(ともに八月書房、一九四九年)があげられる。『真実を訴える』の副題は、「帰還者の声1」とされ、旧日本軍将校たちに対する痛烈な批判を展開している。旧将校たちが「自己の特権的地位」を保持するために、すでに旧軍秩序はなくなっているはずなのに、かつての兵隊たちに「過度の労働を強要」したこと、自らは決して労働をせず食料を横取りし、身の回りの世話をさせたことなどを述べる。

他方、ソ連への手放しの讃美をおこない、「われわれは抑留生活を通じて、ただの一ぺんもわれわれを俘虜だとか、日本人だとかいつて軽蔑したり馬鹿にしたりしたソ同盟の人にはあわなかつた」「帰還者たちのまるまるふとつた、元気な姿」を強調し「無理な労働をやらされていない」という。「ソヴエ《ママ》ト人にひどい目にあわされたことは一度もない。われわれをひどい目にあわせたものは日本の将校どもであり、おそるべき天皇制軍隊制度であつた」

と、日本軍国主義の暴力を批判し、収容所内の「民主運動の進展」を無批判に全面的に評価する著作であった。

石川正雄『闘う捕虜――ソヴェト帰還者の手記』(ナウカ社、一九四八年)も同様の認識をもつ、新聞記者の手記である。「同じ引揚船」が、「まつたく対蹠的な印象と意見をソヴエ《ママ》トに対して持つ」人びとを運ぶと言い、石川は収容所内で「たたかわれた「二つの日本」とそこから生まれた「二つのソ連観」」を指摘する。そして石川は収容所内に旧日本軍の秩序が残存していることを言い、設置された「反ファシスト本部」の力を評価し、彼らによってロシア人監督の「不正行為」が摘発されたことをあわせ指摘する。

こうした親ソの刊行物に対し、ソ連への批判の意を前面に出した著作も刊行される。この社会主義に反発するβ型としては、樋口欣一編『ウラルを越えて』(乾元社、一九四九年)や、関東軍将校で戦犯となった、木下秀明『抑留生活十一年』(日刊工業新聞社、一九五七年)、菅原道太郎『赤い牢獄』(川崎書店、一九四九年)など、これまた数が多い。

『赤い牢獄』の題辞には「この一篇を日本を愛し、日本を信ずる人々に捧ぐ」と書き付けられるが、菅原道太郎(一八九九年生まれ)は、「南樺太」で「反ソ政治経済謀略首犯」として逮捕され、「重懲役一五年の仮宣告」を受け、「赤い牢獄の生活」を送る。のち、ハバロフスク市内の収容所で生活し、「この間ソ連当局による占領地工作、反ソ分子の粛清、親ソ分子の利用、検察及び懲治制度の実態、俘虜抑留就労監視教化の手段等に就き身を以て体験」したと言い、「ソ連牢獄の実相と、その中に幽閉された日本人の実情を記録」したとする。

「今やわれ〳〵日本人にとつて必要なのは敗戦で拾つた不必要なインフイリヤー・コムプレツクスを止揚することである。軍艦や武器を失つたから劣等国になつた等という錯覚から覚めることである」と、菅原は日本のナショナリズムに立脚しながらソ連の体制を告発する。

社会主義には共感しながら、スターリン体制に反対するγ型は、高杉一郎『極光のかげに』(目黒書店、一九五〇年)がその代表であろう。一九〇八年生まれの高杉は改造社編集部にいたが、一九四四年に応召する。ロシア語を解すエスペランチストであり、妻と子ども三人がいた高杉は「満州」で敗戦を迎えたあと、貨車でソ連領に運ばれ、イルクーツクをはじめ六つの俘虜収容所をへて、一九四九年九月に帰還する。この経験を雑誌『人間』(一九五〇年八月—一二月)に連載し、単行本としたのが『極光のかげに』である。

高杉は、抑留中に事務所の書記として書類作成の任務にあたっていたが、ソ連軍将校から「訊問」をうける——「私たちは有刺鉄線で取り囲まれているばかりでなく、精神の警察的な管理を厳重に受けている」ことを自覚させられ、「ソヴェートの国家権力に面と向つて立たされたのだ」が、ことは「日本人」による「中傷」に起因していた。高杉は、そのソ連の手先となった日本人の「犬」たちを批判し、「学校出の者に対する不信と警戒の念を抱く」。そして、「日本人」という共同性に疑念を持つ高杉は、彼らをイデオロギー的には「「短歌」と「祝詞」と「高坂正顕」と、そして「日本新聞」との雑炊」と言い、軍国主義の日本と社会主義の上滑りの結合と喝破する。「短歌」と「祝詞」と「高坂正顕(戦時中「近代の超克」を説いた京都学派の哲学者)」は戦時の日本を指し、『日本新聞』は収容所内で発行されている公式の新聞であり、ソ連のお墨付きを指している。

「かつて」と「いま」の権威に基づき行動する「日本人」を、高杉は批判した。旧秩序とソ連がもたらす秩序の双方に向けた高杉の批判は、さらに展開される。すなわち、旧秩序である戦時日本への批判は「シベリアにいる日本の軍隊は、ちようど溜り水のように、精神的に腐り切つている」と、収容所内の日本軍国主義そのものへの批判となり、旧日本軍の将校たちが「精神的頽廃」におちこみ、「無気力と無秩序」となり、その「関東軍の「生ける屍」が放つ堪えがたい腐臭」を指摘する。そして、新しい秩序と規律は「シベリアでの生活そのもののなかから生み出さなければ」ならない、そのためには「古い形骸と化した軍隊的秩序を御破算にする必要がある」とした。

高杉は、いったんは収容所内の民主運動にその可能性を求める――たしかに民主運動は「あぶくに近い」ものであるが、しかし「あぶくの底に流れているものがあつて、そいつに目をつぶることはできない」と述べる。だが、すぐに高杉は幻滅する。高杉の批判はソ連の体制にも向けられ、「ソヴェート権力の触手が、蜘蛛の巣のように私の小さい身体の上に蔽いかぶさつている」ことを言い、「その権力に対しては、どんな真実も、釈明も、役に立たない」とした。

こうして高杉は、抑留の暴力を日本軍国主義とスターリン体制の双方に見出す。信頼しうるのは、「ソヴェートの民衆」である。彼らに共感しつつ、高杉は軍国主義とスターリン体制の発動する暴力を「俘虜として下から見上げ」ながら告発した――「私は囚人や労働する貧しい人たちのなかで、ロシアの民衆とともに働きながら、彼らとはげしく抱きあったり、どろんこになつて争つたりしながら、ソヴェートをつかんだ」[19]。

さらに、あえてソ連社会への批評を避けるδ型として、堀清『愛情にくずれゆく魂』(新胎社、一九四九年。『白きラーゲルに叫ぶ』と改題し、国書刊行会、一九八二年)があり、イデオロギーに還元せずに事態を記す、小池照彦『赤い星の下に陽を求めて』(永和書館、一九四七年)のような作品もある。

小池は一九二四年に大連に生まれ、製鉄所に勤務中応召し、抑留ののち一九四七年八月に日本に帰還している。ロシア語を解する小池は、抑留中には班長として自らは労働せず、「兵隊」の人員配置と監督に当たっていた。ロシア人の監督者たちとのやり取りをおこなうなか、「全くロスケのやる事はその時にならなければ解らんのだから」とロシア人の計画性のなさを愚痴り、他方で旧日本軍の秩序の残存に不満をもつ——「古年兵の食事の世話から班内の掃除、飯盒の洗い方が悪いといつては殴ぐられ、返事が遅いといつては殴ぐられ、初年兵は始終ビク〳〵している。俘虜に迄なつて、日本人同士でこんな目に合わされたくない」。ただ、双方への強い批判はなされず、忌避感のみがうかがわれる。

隠蔽される帝国

こうして、対立の軸は共産主義イデオロギーと旧日本軍の階級(将校と兵士)にかかわり、さらにソ連およびソ連の手先となったグループと、それに抵抗する勢力という軸が加わる。

どこに暴力を見出すか、という対立が抑留記には書き込まれることとなり、帝国の残滓としての日本軍国主義と、帝国と対極のイデオロギーを持つソ連社会との双方への対応に基づく対立の構図が、手記群に顕著である。抑留の手記は、経験が政治化され、政治が身体化されて綴られた。

『極光のかげに』で高杉が言うように、ソ連抑留とは、「六〇万の日本人」が「社会主義を体験した」ことである。膨大な数の人びとが「例外なく、社会主義をパンフレットのなかにではなく、生活のなかに体験したという事実」が生起したのであり、ここに抑留経験を形づくる論点が提示されている。

とともに、各人は、自らの抑留に際し被害意識を強烈にもつが、(高杉も含めて)それに先立っての自らの経験――加害の意識に結びつくような出来事は、一九五〇年前後の体験記においては書かれることが少ない。一九四五年八月以前の経験が切断され、敗戦の意識も前面に出されず、かつての「満州国」の理念は一顧だにされない。帰還後の記述からは、帝国が崩壊したという意識を見ることは抑留記においてもむずかしい。収容所内の民主運動を介して階級への関心は見られるが、多民族社会としてのソ連―ロシアへの観察はなく、「国境の越え方」(西川長夫)は学習されていない。抑留記には、依然として「満人」という表記がみられたり、ロシア人の記述はたっぷりあるものの、朝鮮人や中国人との接触の記述や批評は少ない。また、ソ連への帰化を含む残留には言及されていない。これは、親ソの手記(α型)においても同様である。

一九五〇年前後に提供された抑留記においては、抑留の辛苦の記述が、帝国の一員としての加害者意識を生み出す回路と契機を封印してしまっている。暴力の発動に対応した自らの経験を記してはいるが、暴力が発動されるに至る過程への言及は見られない。イデオロギーに基づく「日本人」相互の対立が先行し、政治化されたなかでの出来事が記されており、換言すれば、抑留記には一九五〇年前後の日本社会と国際社会の構図の対抗が投影されている。

と同時に、抑留記には「家族」と「故郷」が持ち出される。さきの『真実を訴える』は、「抑留」されている人びとの「留守家族」は「ひたすら肉親の帰りを待ちわび」、「遠い異郷にある夫の、父の、子」の「安否」と「生活ぶり」を気遣うと言い、抑留者自身も「抑留の二年間、三年間、夢にまでなつかしの祖国をしのび、一日として帰郷の日を待ちわびぬ日はなかった」と記している。ここでは、国家暴力としての「抑留」は、夫、父、子という「家族」との関係で把握され、「故郷」「祖国」と「異郷」との対比で論じられている。

「故郷」と「家族」が抑留者自身にとり支えとなっていたことが、抑留記にはさまざまなことばで記される。たとえば、小池『赤い星の下に陽を求めて』は、獄中では「日本に対する関心だけ」があり、多くの人びとが「的のない拘禁労働の明け暮れを、煙の様な郷愁に咽びつゝ送り迎えていた」と記す。この点ではイデオロギーに基づく差異はなく、α型の石川『闘う捕虜』も「内地帰還」を支えとし、「日本へ帰れる。妻子に会える」ことと「なつかしさ」とを重ねて、「日本人自らを再建」する覚悟――「個々の人間の改革と、日本の内部の変革」を語る。「故郷」と「家族」が、抑留経験から時間を経た帰還後においても自らの根拠となっており、γ型の高杉の手記でさえも「望郷の念」を記し、「郷愁」と「食事」にのみ関心を持つ「軍事俘虜」として自己を表現している。

「日本人」の分裂と統合

兵士を虐待した士官を告発する有賀藤市『暁に祈る』(蒼生社、一九四九年)のように、「日本人の敵がやはり日本人であつた」とまで書き付けるかの差異はあるにせよ、抑留記が記すことはイデオロギーの対抗に基づく「日本人」の「分裂」である。抑留記の四つの型の存在は、「日本人」の分裂をどこに見出すかの相違でもあった。

しかも、その分裂は帰国時の動向にまで継続し、一九四九年には引揚船・信洋丸のなかで、乾パンに虫が入っていると抗議が出された。「赤い引揚者」と言われた彼らは、当局への謝罪を求め、さらに上陸後にはデモを行い、政令三〇〇号(「引揚者の秩序保持に関する政令」)を発令させるきっかけとなった。あるいは、別の引揚船で帰還した抑留者が京都駅前で「帰還者歓迎大会」に臨んだとき、警官隊と衝突する、いわゆる京都事件(一九四九年)がおこり、また、逆に「日の丸梯団旭光会」を組織し「日本帝国万歳」を三唱する「日の丸組」(一九五〇年)事件もみられた。抑留者たちは、引揚げの段階でも対立し、分裂を見せていた。

だが、大半の抑留記では、日本の地を踏んでからのことは触れられない。「引揚げ」の体験記と同様に、「日本」にたどり着くことによって(あるいは、その目処がつくことによって)記述の目的が果たせたとするのであろうが、そのことにより「日本」における「日本人」の分裂は記されず、分裂はソ連の地における出来事とされ、イデオロギー的な対抗の空間(場所)としてソ連を描くに留まってしまっている。

ソ連における抑留を「家族」「故郷」を根拠として乗り切る経験が、帰還後にたどりなおされるとき、(1)「家族」や「故郷」はそのまま保持され、(2)「日本人」の分裂は、イデオロギーの相違となり、「日本人」の概念そのものもまた温存されている。収容所での労働生活の記述と、イデオロギー的な対立の指摘は、「日本人」同士の経験にほかならないが、あわせて抑留記の読者対象として想定されているのが、「家族」およびイデオロギーの共有者の双方であることに対応している。別言すれば、抑留者とともに、抑留記の読者である「日本人」にも分裂がみられたのである。

他方、ソ連での抑留記には、女性に関する記述も見られる[20]。多くは収容所で接したソ連軍人の女性と、労働を共にしたり、町で出会ったりしたロシア人女性への言及である。前者に対しては、そのいかめしさや(ソ連における)女性の地位の高さの例として記され、後者では、彼女たちの庶民性や逞しさ(しばしば、女性性を感じさせない、という表現をともなう)、包容力の大きさが書かれる。ともに、男性社会である収容所のまなざしのもとで、女性を他者としてながめており、その視線に対する批評をともなってはいない。

「引揚げ」と同様に、ソ連での「抑留」においても、階層(旧軍の階級)と帰国の時期、送られた収容所などによって、経験の内容や記述の様相が異なる。抑留の体験記は、引揚げの記述と同様に、基本的にはどの手記も同型の構造をもち、「移動」と「収容」の記述が主たる内容となっている。収容に関しては、自然環境の厳しさと人為的な劣悪、強制される労働の負荷がこもごも描かれる。

また、収容所内には民主運動が存在し、それに対する態度の取り方と評価の記述が大きな意味を持つ。ことばを換えれば、抑留はソ連と日本による国家暴力であるために、抑留記にはイデオロギー的な対抗の存在が自覚され明示される点が、引揚げの記述に比べてはっきりしている。

抑留者はリテラシーを持つものが多く、「書く」ことに慣れているものが少なくないために、出版を介してその対立をいっそう激化させた。さらに、抑留は長期に及んでいるため、人間関係の記述が中核をなす。加えて、収容所ではロシア人の所長や医者、官吏らに接し、労働においては囚人や民間人と接しているために、抑留の体験記はしばしばソ連社会論やロシア人論となり、ソ連観察記となっている点にも特徴がみられる。

3　「公刊戦史」と「通史戦史」

「全体」への志向

時間と空間という観点からみるとき、一九四九年前後に、戦争の記述にとってひとつの転換がある。「全体」への志向の現れという特徴である。それぞれにとっての戦場や戦局が重視されていた状況から、自らが置かれていた状況の「全体像」が希求されるようになる。ここには敗戦からしばらくの時間が経過し、あらたな生活や社会秩序に慣れたことや、個々の「体験」を越えた経験の総体に関心が向けられたことがうかがわれる。占領政策が変化をみせ「逆コース」とよばれる状況になってきたこともまた、アジア・太平洋戦争を「全体」として考察することを促してもいよう。このとき「全体」への志向は、「戦史」と「戦記」の相違を形づくる点ともなり、戦史は作戦の連なりにより個々の戦闘を位置づけ、戦争の全体像を描こうとする営みとして提供される。

こうしたなか、「特集 太平洋戦争の全貌」と題して刊行された『別冊 知性』(一九五六年七月)は、当時の司令官や参謀長たちによる作戦の概要、戦線の様相の記述を戦争の時間経過に即して並べ、いわば作戦立案者や戦闘指揮者の言辞の集成によって戦争を再構成しようとする。「編集後記」では、当事者の執筆した「正しい記録」によって、「正しい事実」を知るとされている。生き残った高官たちの目線での述懐や回顧、秘話によって、戦争の「全体像」(=「全貌」)を提示しようとした。

この別冊は、一九五六年一二月号の『別冊 知性』「特集 秘められた昭和史」の秘話とセットになっている。これまであきらかにされていない「全貌」を「秘史」の連なりで提示しようとの発想である。そのため「特集 太平洋戦争の全貌」では、インパール作戦の記述に、南方軍参謀であった藤原岩市が当たることに象徴されるように、後述する「公刊戦史」と同様の人選をしている(高木俊朗は、のちにこの点に対する批判を行う)。

こうした全体像—戦史への志向として生み出されたのが、服部卓四郎『大東亜戦争全史』

（全四冊、鱒書房、一九五三年。のち全八冊本として一九五六年に刊行。さらに、改訂増補し合冊本として、原書房より一九六五年に刊行）である。『大東亜戦争全史』は、戦後における初めての本格的な戦史であり、その代表―要としての位置を持ち「公刊戦史」と称されている。一九〇一年生まれの服部は東条英機の陸相秘書官を務め、大本営参謀本部作戦課長（大佐）で敗戦を迎え、戦後はGHQ／SCAPの歴史部にかかわり、朝鮮戦争にも関与したとされる。服部は、『物語太平洋戦争』（全四巻、鱒書房、一九五六年）を秋永芳郎と執筆するなど、多くの戦争に関する著作をものすが、公的な立場を利用し「大本営政府連絡会議」の資料を始めとする根幹の公的記録を用い、さらに「当時それぞれの主任者」の協力と資料の提供（「自序」）によって『大東亜戦争全史』を執筆した。

『大東亜戦争全史』は、宇垣一成（元陸軍大将）、野村吉三郎（元海軍大将・駐米大使）の「序」をもち、「飽くまで史実の真相を探求をするに公正、客観的態度」を取ったことを標榜し、「戦争指導」「最高統帥」「重要なる各方面の作戦及び戦闘」――すなわち「政略全般の史実解明」をおこなったと自らいう。冒頭の文章には、一九四一年一二月の真珠湾への「戦略的奇襲」が記されているが、全体の構成としては「開戦」にいたるまでの「歴史的展望」から説き起こされている。

そこでは「明治維新」の富国強兵政策から、日本とアジア大陸との関係や「列強の対日圧迫」を記し、「満州事変」「支那事変」の過程が叙述される。第二次近衛文麿内閣の施策やそのときの国際情勢を説明し、日米交渉などの外交過程が、「御前会議」でのやり取りを含む多くの資料の提示によって記述される。また、統帥権や戦争指導機構などの機構、国防方針や用兵計画にも歴史的に遡及しながら、開戦の時期の説明を行い、陸海軍と政府による「戦争指導計画」が描かれる。

『大東亜戦争全史』は、こうして外交政策のレベルから、日米開戦を想定した作戦レベル、さらに陸軍・海軍の部隊編成をふくむ兵備レベルまでの説明を行いながら、「開戦の経緯」を記すこととなる。日米関係に比重が置かれているが、政府と軍部の関係(機構)、双方の思惑(作戦計画)、実施のための準備(兵備)とその様相の「全容」を把握しようと試みる著作であった。

こうした叙述は「進攻作戦」以降も貫かれる。『大東亜戦争全史』では「南方攻略作戦」「中南部太平洋方面攻略作戦」など、(大本営での)「作戦計画」→「機動」→(戦線における各部隊の)「進展」として、作戦レベルからその実施・展開、戦闘の過程が記される。たとえば、ガダルカナル戦は、大本営のガダルカナル島「奪回」指示(一九四二年八月一三日)→第一七軍司令官による、部隊への任務の指示→先遣隊の上陸、およびその攻撃と失敗(八月一九日―)というかたちで叙された。また、アメリカ軍の行動や兵力についても目を配り、言及がなされる。

言い換えれば、個々の戦闘とあわせ、「方面」の作戦と戦略のレベルがすべて視野に収められ、戦闘を取巻く大きな見取り図が提示されるとともに、その日時や兵力、「損害」が書きつけられ、対峙した相手の戦力についても記される。『大東亜戦争全史』では、むろん

「中国方面」の作戦とその展開も書き留められており、雲南の作戦、「大陸打通作戦」など、これまで戦記が提供されず、知られることが少なかった作戦と戦闘も記されることとなった。

時間的には、緒戦の「進攻」から、アメリカ軍の「反攻」が開始され、次第に日本軍が「絶対国防圏」に退却し、「比島決戦」「本土決戦」へと作戦計画が作成されなおしてゆく過程がたどられ、それぞれの作戦内容と展開の日時、具体的な兵力が記される。注目すべきは、「終戦」にも紙数を割いていることで、「停戦」と「降伏」が分けて記述され、「復員」や連合国軍の「進駐」すなわち「占領」の開始までが記述の範囲とされた。また、中国やフィリピン、ビルマなど各地の部隊の「終戦」が記され、敗戦後の空間的な広がりを示す。『大東亜戦争全史』は、こうして時間的には「降伏」、空間的には「外地」を含む戦史となっている。

この公刊戦史は政府と軍部、大本営といった大局から説明を始めるとともに、日時や兵力などを作戦計画に基づいて記し、公的な体系を作りあげ叙述したことによって「正史」として機能することが見逃せない。

戦闘に参加した兵士たちは、自ら参加する戦闘の目標は説明されたが、作戦の目的とそれを取巻く戦略については知らされていなかったであろう。その兵士たちが自ら経験した戦闘の位置(作戦と戦略)と結果、対戦した相手の様子を知る著作として、『大東亜戦争全史』は存在している。個々人の経験にもとづく戦記は「全体」が見えないために周囲の記述に止まっていたが、公刊戦史の出現によってその位置づけがなされることとなった。個々の戦記が参照し依拠する「正史」として、この『大東亜戦争全史』は大きな役割を果たすこととなる。執筆には、服部のほかに、かつての参謀たちが加わっている。(21)

作戦の連なりとしての戦史

服部の作業を、現地の方面軍の作戦とその実施を軸とした叙述として提示したのが、伊藤正徳(一八八九年生まれ)の戦史―通史である。伊藤正徳『帝国陸軍の最後』(全五冊、文藝春秋新社、一九五九―六一年)は、それぞれ「進攻篇」「決戦篇」「死闘篇」「特攻篇」「終末篇」とされている。すでに『連合艦隊の最後』(文藝春秋新社、一九五六年)を著していた伊藤は、陸軍・海軍の作戦と戦闘を記すことにより、戦争を描こうとする。「進攻篇」の書き出しは、

一七年前の今日――昭和一六年一二月八日――午前一時三〇分、即ち真珠湾攻撃に先立つこと約二時間前に、佗美《たくみ》浩少将の兵団は英領マレー半島のコタバルに強行上陸戦の火蓋を切った。大東亜戦争(世界名、太平洋戦争)が始まったのである。

となっている。ここでは、「大東亜戦争」が、対英米開戦後に大本営により「支那事変」にさかのぼって再定義されたことには言及していない。このあと、『帝国陸軍の最後』はシンガポール、インドネシア、フィリピン、ビルマへの陸軍の「進攻」を描く。部隊の行動と戦闘を軸に概観を試みるが、ここでも扱われるのは一九四一年一二月以降の時期である。しか

し、『帝国陸軍の最後』では中国戦線が要所で触れられる。陸軍に視点をすえたために、「支那大陸戦一瞥」(「進攻篇」)、「大陸打通作戦」(「決戦篇」)、「大陸の二つの玉砕」(「死闘篇」)、「我軍最後の二大退却戦」「関東軍盛衰記」「南方に戦い北辺に潰ゆ」(「終末篇」)などと、太平洋に止まらない空間の視野をもちえている。雲南、徐州などの戦線も叙述される。

「支那の戦場に於いてのみは「会戦」が幾つも戦われた」「そうして悉く《ことごと》日本の勝利に終っている」(「終末篇」)というのが伊藤の認識であった。上陸戦では「孤立応戦」し苦戦したが、会戦ならば負けてはいないという陸軍の主張に沿う認識を記してもいる。

『帝国陸軍の最後』「決戦篇」では、ガダルカナル戦、ニューギニア戦、ビルマ戦や大陸打通作戦が扱われているが、章のタイトルは「噫ガダルカナル島」「苦闘ニューギニア戦」「ビルマ戦は勝ちつつあり」などとされ、「敵」などの表現を避け、「日本軍」「アメリカ軍」と表記しているものの、叙述は日本軍の立場に同化している。大局的な観点から、各戦地における作戦とその展開をたどり、各師団や部隊の行動を追い、戦闘の様相をエピソードを盛り込みながら記す。

たとえばニューギニア戦の場合、兵力の配置とその規模を日本軍、アメリカ軍ともに記し(「日本が十分の一の兵力」)、ブナ地区を「重要な作戦目標」とするアメリカの作戦により、ブナで戦闘がなされた結果、日本軍は「玉砕」し、この地区を「放棄」したと伊藤は記していった。一九四二年の暮れから翌年の正月にかけてのことであるが、伊藤は月日を追いながら動きを記し、それぞれ(オーストラリア軍も含む)の「損害」を書きあげた。

伊藤は、一つひとつの作戦―戦闘を記し、次の作戦―戦闘へと至り、これらを連ねてニューギニア作戦を描く手法をとる――「一月二日、ブナ陣地は米軍の歓声裡に陥ったが、未だ頑として退かない日本の陣地があった。それはギルワであった」と、ブナ陣地の次にギルワ陣地の攻防を記すというごとくである。そして、この時期(一九四三年一月)から大本営の方針が、ニューギニアを「攻勢的に防衛」することに転じ、三個師団を送り込み「第一八号作戦」が発令されたことを伊藤は言う。

またマッカーサー将軍も、ブナに続きサラモア地区を狙う。このとき、日本の第一八軍は、ラエ、サラモア地区に集結するはずであった。だが、師団の上陸は飛行機と潜水艦の攻撃を受け、それぞれ別の地域に「三軍孤立分散を余儀なくされ」、「五千名足らずの兵力が、米豪軍約三万と対決」することになったと伊藤は記し、ラエに到着した支隊は、奥地の山岳地帯を攻略する任務を受け、他方、サラモアの戦闘は……とつづけられるのである。

作戦の目的と、実際の展開が公式の記録によって跡付けられ、伊藤の著作―通史も、正史としての骨格をもつことになる。あわせて『帝国陸軍の最後』は戦後における戦史として、アジア・太平洋戦争の敗北を踏まえての叙述となっている。

「決戦篇」の冒頭は「ガダルカナルは単なる島の名ではない。それは帝国陸軍の墓地の名である」と始まり、「帝国陸軍」の「最後」という認識から出発している。『帝国陸軍の最後』の構成で「進攻」がただちに「決戦」となり、さらに「死闘」「特攻」から「終末」にいたるのは、「大義名分」を欠くことに加え、軍人が戦争を起こしたこと、さらにその戦争に対し政治家による指導が出来なかったことが投影しているとする。

そして、伊藤は、陸軍が「攻勢終末点」を越えてしまったことを繰り返す(「国力の相違」「科学力の相違」「多正面作戦」の失敗、「驕慢」や「孤立」もあわせてあげている)。一九四五年八月一五日のあとの「復員」にもいくらか触れるが、『帝国陸軍の最後』は一九四一年一二月からの時間の幅のなかで、太平洋と中国大陸、インドシナ半島に空間を拡大した陸軍の作戦・戦闘の通史となっている。

非軍人による戦史の登場

一九六五―六六年に刊行された、児島襄『太平洋戦争』(上下、中央公論社)は、旧軍人以外のものの手による、はじめての本格的な通史となった。児島(一九二七年生まれ)は、従来の戦史のほとんどが「旧軍人の作」であることを指摘し、そのために「重要な事実が見過され、評価の軽重に偏りが生ずる傾向」があったとする。そして日本とともに連合国の双方の資料を「照合」することによって「太平洋戦争」を語る「消極的」な姿勢を脱し「戦争の実相」を明らかにしようとした。

『太平洋戦争』では、日本軍・アメリカ軍の戦略や戦力の配置を書き分け、従来の戦記に頻出した「敵」という表記はほとんどなく数箇所に止まり、双方の様相を記しながら戦闘の推移が叙述された。児島は「会話に至るまですべて文書記録」に拠ったと言うが、叙述の流れは「戦略」「戦闘」の経過をたどり、戦線の移行を描くという手法であり、狭義のアジア・太平洋戦争の通史となっている。

参謀本部第二〇班(戦争指導)の『機密戦争日誌』を縦糸にしながらの叙述は、「昭和十六年秋、参謀本部」の章から書き出され、参謀本部の動向、陸軍・海軍の思惑を記し、「真珠湾空襲」や「マレー沖海戦」から、フィリピン、シンガポール、香港、「蘭印」(インドネシア)などの「南方作戦」の様相が詳しく書かれる一方、ミッドウェー海戦における「米国側の大勝利」も記される。「ガダルカナル島の死闘」をへて、ニューギニア・ソロモン海やアリューシャン列島での日本の敗色が濃くなる一九四三年の「転機」を記し、以下、タラワ環礁やトラック諸島など中部太平洋の戦線から、インパール作戦、サイパン島の攻防、フィリピンでの戦闘を叙し、『太平洋戦争』は「最後の戦闘」で締めくくられる。

「最後の戦闘」の章では硫黄島や沖縄での戦闘が記されるが、沖縄戦の記述は他の戦場の戦闘の記述に比して、かなり短縮されている。通史を描く立場として、児島は一つの戦場にこだわりを見せることはない。戦記の多くが自らが経験した戦場と戦闘から出発し、そこに拘泥するのに対し、児島の姿勢は対極に位置する。むろん、『太平洋戦争』には戦場の軽重が章立てにあらわれているが、それは児島が判断する戦局と戦略の理解から選択されている。また、一九四三年に焦点を当てているところに、児島の戦史―通史の時間的な特徴が見られよう。

児島の叙述は、日本側と連合国側を、双方ともに併行して描く叙法となっている。

南雲忠一中将は、北太平洋を進む機動部隊の旗艦「赤城」の艦橋で、山本〔五十六―註〕長官からの開戦命令の飛電を受取った。
南雲中将がハワイに近づいているころ、米国海軍のウィリアム・ハルゼー中将も、ハワイに向っていた。（児島『太平洋戦争』上）

南雲とハルゼーを主人公とした叙述がなされているが、他の戦場でも日本軍と連合国軍の将校のみが固有名詞で描かれ、そのもとで兵士たちの戦闘の様相が記される。記述者としての児島はこうした描写の背後にいるが、心情的には日本軍の側に傾いている。また、基準となっているのは、軍事的な作戦とその結果であり、そのことが戦局にもたらす影響である。

こうした児島『太平洋戦争』は、中国戦線には言及せずに、文字通りの「太平洋戦争」における戦闘を描く。時間的にも空間的にも「太平洋戦争」の時空間を扱っているが、これまでの戦記が描いてきた個別の戦闘は一つの流れにまとめられ、日本とアメリカを中心とする連合国側との戦略と戦闘を通じての戦争の様相が綴られる。アメリカ軍内部での対立や、連合国軍がグルカ兵や日系兵士を動員していることも書き留められるが、戦地における民間の人びとの惨状は簡単に触れられるに止まる。

本土の空襲についてアメリカ軍の作戦という位置づけで言及し、沖縄戦にも「本土防衛」の流れで言及する一方、植民地から動員された日本軍の構成についての言及はない。また、東条英機の内閣総辞職に「重臣」が動いたことも記される。

山本五十六連合艦隊司令長官が撃墜される状況、「神風隊」(神風特別攻撃隊)が編成される事情など、現在ではよく知られているエピソードを叙述のあちこちに盛り込みながら、戦闘が活写される。たとえば、タラワ環礁(ベチオ島)に上陸するアメリカ軍の様子――「砲弾、機銃弾をかいくぐってたどりついた小隊は、壁の下の砂に顔をうずめた。だが、息つく間もなく手榴弾が飛んできた。誰もいないと思った桟橋の先端近くの便所から機銃弾が束になって降り注ぎ、桟橋にならんだドラム缶が炸裂した」(児島『太平洋戦争』下)。

「日本軍の一糸乱れぬ統率」が記され「日本兵は、戦友が倒れても、軍刀をふりかざす指揮官が倒れても、いや自分に弾丸が命中してさえも進んできた」と書き付けるなど、日本軍の果敢な戦闘に心情が傾き、日本軍隊内部の対立や亀裂は児島の目には入っていない。

この点と関連し、児島はミッドウェー海戦やガダルカナル戦を「冷静な計算を忘れ、一念にかられて突進」したとして批判する一方、インパール作戦については司令官としての牟田口廉也を擁護し、したがって司令官と対立した師団長(柳田元三ら)の側を批判する。しばしば疑問視される、レイテ沖海戦(一九四四年一〇月)で栗田健男が率いる第二艦隊がレイテ湾に突入せずに「反転」したことに対しても、栗田は「明確な目標と任務の認識」を欠いており「むしろ当然」の行為であったという。

子どものための戦史

通史として、少年向けの作品も刊行される。『ジュニア版 太平洋戦史』(全六巻、集英社、一九六二―六四年)は、「戦史」と銘打たれるように、上記の戦史によって整えられてきた戦闘の推移・整序の簡約となっている。宣伝文は「太平洋戦争を正しく伝える歴史書の決定版」と言いつつ、あわせて「はなばなしい開戦から無念の敗戦まで」「祖国のために血みどろの死闘に身を投じた勇将たち、兵士たち」を描くとされている。「民族の生死を争う大戦」(高木惣吉「あとがき」第三巻)という観点が前面に出され、第二巻の「あとがき」(高木)では、緒戦を「まさに血わき肉おどる感があり、花々しい半年間の戦績であった」という。通史的に戦争の過程をたどる第一巻から第四巻まででも、巻の区分は、ガダルカナル戦やアメリカ軍のフィリピン上陸など戦局と作戦によっており、四巻では空襲や原爆について若干触れてはいるが、概して国内の人びとへの関心は見られない。

また、第五巻・第六巻は「人物編」として、「撃墜王」や戦場の英雄、あるいは山本五十六や山下奉文、さらには回天(有人魚雷)に乗り組んだ特攻隊員たちなど「日本陸海軍軍人の模範となる武将や将兵」(「本巻を読む前に」第六巻)がとりあげられた。巻頭の小松崎茂によるカラー口絵には勇壮な戦闘場面が選ばれ、各巻の巻末には軍艦や戦闘機、兵器の図解が掲載され、伊藤正徳・高木惣吉の監修のもと、執筆には秋永芳郎と棟田博が当たっており、これまでの通史と構成・認識も執筆者も変わらない。書き出しは真珠湾攻撃の前夜からで、中国戦線は簡単な言及しかなされず、この『ジュニア版 太平洋戦史』もまた、「太平洋戦争」史観によっている。一九六〇年代の少年文化の軍国的傾向の風潮(高橋三郎・中久郎編『戦後日本のなかの「戦争」』世界思想社、二〇〇四年)の一翼を形づくっている。

アンソロジーによる全体叙述の試み

アンソロジーの試みがなされることも、「体験」の時期の特徴である。戦記ものは一九五〇年代半ばにとくに点数を増やすというが(吉田裕『日本人の戦争観』)、「正史」―「公刊戦史」の刊行をうけて、一九五〇年代から六〇年代の時期には戦記の立場からも、戦争の全容を見ようとする意識がみられた。

『実録 太平洋戦争』(全七巻、中央公論社、一九六〇年)や、『秘録 大東亜戦史』(全一二巻、富士書苑、一九五三年)は、戦記(の抜粋)により、戦局を軸にした通史的把握をおこない、戦争の全体的な見取り図を提示する作品集成《アンソロジー》である。戦記の個別性を越えた戦争の流れを形づくろうとする試みとなるため、本書では「通史戦史」として特徴づけておきたい。いずれも、当事者たちの手記や新聞記者たちによる状況説明の文章を収録している。

前者『実録 太平洋戦争』は作戦の時間順、後者『秘録 大東亜戦史』は地域ごとの編成を柱とし(表3、4)、前者が時間、後者が空間に沿った編成をしている。前者の中心は、これまでに書かれた戦記(雑誌に書かれたものを含む)や陣中日誌・戦闘日誌の収録(抄録を含む)である。監修者として伊藤正徳、稲田正純(もと陸軍中将)、富岡定俊の名前が挙げられ、作戦ごとに手記による構成がなされた。(22)

引揚げの箇所でもふれた、後者の『秘録 大東亜戦史』は、かつて当該地に派遣されていた従軍記者によって書かれた文章が中心である。版元(富士書苑)の社長(森高繁雄)による「秘

録 大東亜戦史刊行の言葉」は、「正統な戦史によらないで、数多ジャーナリストの良心に訴え、敢て秘録を集大成した」(『秘録 大東亜戦史』「満洲篇上」)と謳う。記者以外の執筆者もごく少数みられ、巻ごとにトーンはいくぶん異なっており、編集の方針も明示されている巻とそうでない巻がある。

たとえば現在のミャンマーを扱った「ビルマ篇」には、「軍の要請によって」二年間ビルマ地区にいた務台光雄(読売新聞社)による「ビルマ篇に寄せて」が付されている。務台は

表3 『実録 太平洋戦争』

第1巻	真珠湾奇襲から珊瑚海海戦まで
第2巻	ミッドウェー海空戦からガダルカナル撤退まで
第3巻	アッツ島玉砕からインパール壊滅まで
第4巻	マリアナ沖海戦からレイテ特攻まで
第5巻	硫黄島血戦から沖縄玉砕まで
第6巻	銃後篇
第7巻	開戦前夜と敗戦秘話

表4 『秘録 大東亜戦史』

第1巻	満洲篇(上)
第2巻	満洲篇(下)
第3巻	ビルマ篇
第4巻	比島篇
第5巻	朝鮮篇
第6巻	マレー・太平洋島嶼篇
第7巻	蘭印篇
第8巻	大陸篇
第9巻	原爆国内篇
第10巻	東京裁判篇
第11巻	開戦篇
第12巻	海軍篇

「西太平洋」を「花道での戦い」とし、「ビルマ地区の戦い」は、「大東亜戦争という大きな規模の中で、徹頭徹尾、犠牲的な戦いでしかなかった」とし、「脇道の戦い」としてビルマ地区の戦闘を把握する。そして務台は、ビルマで行われたことは、政治も戦闘も「暗くて、腹立たしく」「物悲しいものであった」と続ける。

「官製(の戦史—註)では得られない」という務台の言は、ビルマ地区の戦線の厳しさと対応していよう。「ビルマ篇」に収められた二五編(執筆は、一四人)の文章は、敗走する日本軍の記述に多くを割いている。

これに対し、現在のインドネシアを対象とした「蘭印篇」では、その独立が記される。しかし、「跣《はだし》で無知で無気力なインドネシア人」というリード文が見られるなど(「吾等に光を」)、帝国意識が払拭されたとは言いがたい記述がみられる。また、「大陸篇」が設けられたことは、中国戦線が忘れ去られていないことを示している。

『秘録 大東亜戦史』における異色の巻は「原爆国内篇」である。本土からは離れたアッツ島、キスカ島や「樺太」での戦闘、「北千島戦線」「北海道戦争」とよぶ北方の戦闘から沖縄戦との南北の地域の戦闘と、空襲(東京、大阪、名古屋など)および広島・長崎の原爆の記録が記されている。さらには、この「原爆国内篇」では戦争末期の「女子挺身隊」も言及されている。

この『秘録 大東亜戦史』は、空間的(＝地域的)な把握を基本としている。「満州」をシリーズの最初にもってきているとともに二巻を充て重きを置くが、上下あわせ三二編の手記が収められるその「満洲篇」ではソ連兵の侵入や引揚げ時の苦難が記された[23]。また『秘録 大東亜戦史』では「支那《マ》戦争《マ》」が論じられ、太平洋にとどまらずアジア戦線にも目を配り、「大東亜戦争」としての時空間を守備範囲として認識し(ただし、台湾は扱われていない)、すでに指摘したように「国内」における戦争も扱った。他方、時間的な観点としては、始点として「開戦篇」、終結として「東京裁判篇」が置かれている。秋定鶴三(毎日新聞記者)の手による「開戦篇」(一部分、新名丈夫・毎日新聞記者が書いている)は、「満州事変」から書き起こされ、東京裁判での認識と一致したものとなっている。

「戦後」から「戦時」を読む

他と異なる工夫を凝らしたものとしては、『昭和戦争文学全集』(全一五巻・別巻一、集英社、一九六四―六五年)がある(表5)。「満州事変」直後の林芙美子のルポルタージュから、日中戦争下での中国戦線の広がり、一九四一年一二月八日の対英米戦の開始の様子を経て、太平洋での海陸の戦線の展開など時系列に沿った編集が軸であるが、『軍隊の生活』、従軍看護婦や従軍カメラマンら非戦闘員の記録、日本国内での人びとの記録としての『市民の日記』、引揚げにかかわる『流離の日日』などを入れ、戦時・戦後におよぶ兵士・民間人の生活と集団を描く作品を集成している。

「学徒出陣の特攻隊員」や青年将校に着目し、「当時二〇歳未満であった青少年たちが大戦下戦争をどのように受けとめ、対処したか」という関心から編まれた『戦時下のハイティー

表5　『昭和戦争文学全集』

第1巻	戦火満州に挙がる
第2巻	中国への進撃
第3巻	果てしなき中国戦線
第4巻	太平洋開戦——12月8日
第5巻	海ゆかば
第6巻	南海の死闘
第7巻	軍隊の生活
第8巻	連合艦隊かく戦えり
第9巻	武器なき戦い
第10巻	青年士官の戦史
第11巻	戦時下のハイティーン
第12巻	流離の日日
第13巻	原子爆弾投下さる
第14巻	市民の日記
第15巻	死者の声
別　巻	知られざる記録

ン』(奥野健男の「解説」)など世代に着目したり、政治史レベルにも目を配り(別巻)、捕虜や引揚げ(第一二巻)、原爆の記録に一巻を立てるなど、編集に妙味がある。

『俘虜記』(大岡昇平)、『雲の墓標』(阿川弘之)など戦争文学を基調としながら、『流れる星は生きている』(藤原てい)や加東大介「南の島に雪が降る」など文学者以外の手による手記、書簡、ルポルタージュやあるいは遺書にまで目配りがなされ、執筆時期も戦時・戦後にまたがる作品が対象とされている。戦争の全体像を構成するに当たって、戦時の記述とともに戦後から考察した作品に目配りがなされ、フィクション／ノンフィクションのジャンルを横断して収められている。

『昭和戦争文学全集』は、こうして「アジア・太平洋戦争」の時間経過的な様相と空間的拡大の様相を、戦時・戦後、およびジャンルを越境しながらうかがうことが出来るアンソロジーとなっている。時間と空間が、世代の相違を含みこんで収録されるというこの特徴を生んだ要因として、戦中派による編集(編集委員は、阿川弘之[一九二〇年生まれ]、大岡昇平[一九〇九年生まれ]、奥野健男[一九二六年生まれ]、橋川文三[一九二二年生まれ]、村上兵衛[一九二三年生まれ]」。解説には、鶴見俊輔[一九二二年生まれ]と安田武[一九二二年生まれ]が加わっている)となっている点が見逃せない。

彼らは(大岡を除き)いずれも青春の時代を戦争とともにおくり、敗戦を二〇歳前後で迎えており、『昭和戦争文学全集』は戦中派による「戦時」を読むという行為となっていった。彼ら戦中派が発言しアンソロジーを編む、すなわち戦争の全容を見ようとしたことはアジア・太平洋戦争の時空間認識にとって大きな意味を持つ。彼ら戦中派には、戦後の時間は戦時を簡単に捨象したと見えており、そうした「戦後」の時空間への苛立ちを背景にこの『昭和戦争文学全集』は編まれている。

一般に、戦争を描いた作品のアンソロジーは、(1)個別の戦記や各戦線を一段高い立場から整理し、秩序立てる——手記・戦記による戦争像の再構成の試みとなっている。(2)したがって、抄録の場合はむろん、全編が収録される場合でも、手記と戦記とが編集者のもつアジア・太平洋戦争の解釈の筋道に従って位置づけられる。体験者たちの持つ固有のそれぞれの時間と空間が、編集者たちの「太平洋戦争」「大東亜戦争」の時間と空間のなかに制御され整理されたものとして提供されるのである。

戦中派の発言

一九五〇年代に声を上げ始めた戦中派について、『昭和戦争文学全集』に携わった安田武の議論を軸にいま少し触れておこう。そもそも戦中派登場のきっかけのひとつは、安田武による『朝日新聞』(一九五三年一一月五日)への投書であった。

安田はのちに評論家となるが、その著作には「怨み」「憤り」「憎悪」あるいは「無力感」などの語句が頻出する。安田の戦争経験の核は学徒出陣であり、[24]そのことを「われわれの不幸」といい「ぬぐいがたい汚点」としつつ「生き残った」ことを「感謝」しなければならないという屈折を持つのである。

同時に、安田はマルクス主義の文献に触れることがなく、小林多喜二の存在も知らず、先行する世代と切れているのみならず(「一世代前のぼくたちの先輩に対する限りない羨望と劣等感」)、後続の世代(「戦後派」)の双方との「断絶」ももつ。「戦中派」(「わだつみの世代」と呼ばれるともいう)は、双方からそれぞれに異なる世代として言及され「右往左往」してきたが、「自分たち自身」について語ることには無力感と疲労感を持つことを隠さない(「「戦後」はまだ終っていない」『貌』一九五八年六月。『戦争体験』所収)――「ぼくたちは、ぼくたちがたくさん経験した数々のことを、うまく言い表わすことが出来なくてもどかしがり、くやしがり」したが、「敗戦後の日本は、日に月に姿を改め……人々は戦争の記憶を失い、いやそれどころか、戦争の記憶すらもたぬ人々がすくすくと育ち、もどかしさに歯ぎしりしていた」。安田が、固有名(徳澄正)をあげて文章を綴ることは、「戦後」の議論のなかでしばしば死者を一般化することへの拒絶の精神でもあろう。

こうした安田は、戦争像にかかわっては、『きけわだつみのこえ』に対し「いまもぼくの心を実に名状し難い嘆きと憤りの渦のなかに突き放す」と複雑な心情を記すとともに、戦争文学の代表とされた『真空地帯』(野間宏、河出書房、一九五二年)や『雲の墓標』(阿川弘之、新潮社、一九五六年)についても「比類ない作品」としつつ、違和感を表明する――これらの作中では「対話」が行われるが「実際には、軍隊では、「対話」ということが存在しなかった」(同)。

自らの「体験」に固執し、そこを絶対的な規準とする安田＝戦中派の姿勢は、『戦没農民兵士の手紙』(岩手県農村文化懇談会編、岩波書店、一九六一年)への「知識人たちの異常な反響と、教訓過剰な読後感の氾濫」(「知識人の善意主義」『思想の科学』一九六二年四月)という批判にもうかがうことができる。(25) 若くして進級した兵士、憲兵に「志願」し昇進していった学徒出陣組のエリートたちが「敵国人に対してのみならず、国民同胞」にとってどんな存在であったかに目をつぶり、彼らの遺書をもちあげる戦後の知識人たちへの苛立ちである。

また、専門学校や私立大学の戦没学生たちの手記で、川柳の合作をも収録した『雲ながるる果てに』(白鷗遺族会編、日本出版協同、一九五二年)を安田は評価し、「抵抗派学生」の手記の「「秀才」的発想」「抵抗ぶり」への違和感をも隠さない。『雲ながるる果てに』は、『きけわだつみのこえ』への反発から編まれたが、安田は政治的な立場の相違にもかかわらず、この手記を重視するのである。

安田にとっては、圧倒的少数の『きけわだつみのこえ』のなかの学生と、圧倒的多数であった『雲ながるる果てに』の学生たちについての「戦後の評価」が量的に逆となり、その少数者の規準で「一方的に、多数の若者の決意及び死が、バカ者扱いの評価を受けるという逆転」を許すことができず、双方を「ワン・セット」で把握することを主張した。

安田に一貫しているのは、「戦後」が解釈する学徒出陣像の内容・評価への違和感であり、「過度な「政治主義」」「「死者」の政治的な「利用」」への反発にほかならない(「再評価『雲ながるる果てに』」『わだつみのこえ』第一四号、一九六二年。『戦争体験』所収)。それぞれの論者は「戦後」社会の指針のための議論というが、安田は、「戦後」のなかで死者たちの心情が捻じ曲げられるような心痛を有しており、死者と自らの立場を重ねあわせて彼らに対する批判を展開する。

4　帝国―植民地と銃後

帝国認識の切開

帝国―植民地の問題系においても、あらたな心情が綴り出される。小説の形式を取った帝国認識の切開が、中国に滞在した経験を持つ、武田泰淳(「風媒花」一九五二年)、堀田善衛(「時間」一九五五年)や五味川純平『人間の条件』(一九五六―五八年)などをはじめとして、少なからずみられた。いずれも、「体験」の語り出し方とその位置に敏感であり、屈曲した心情を自己解析しようと試みている。自分が中国に滞在した理由が決して肯定できるものではなく、大きな枠組みで帝国の一員であったことを強く意識している。

一九五〇年代に書かれた中薗英助(一九二〇年生まれ)の小説集『彷徨のとき』もまた、植民地主義を早い段階で問題にしている。中薗は、自らの中国体験を総括しようと連作短編を書き継ぎ、『彷徨のとき』(森脇文庫、一九五七年)として刊行した。「満蒙」を舞台に、「日本人」「中国人」「朝鮮人」や「ロシア人」の捕虜たちを登場させながら、その地における「恐怖」と「欲望」を、一九五〇年代の時間と往復させて描く。

ぼくはその小さな胡同《フートン》を日本人と日本語が滅び果てた世界になぞらえてもみようという奇妙な妄想に駆られるのである。と、ともかくも自分が孤独の果てで、この小さな胡同の民衆にしっかりと抱かれているというふうな想いにさそわれる。その隠微な想念によって、うつけた面をついにほころばせ、ニヤニヤと満足気にパイカルの盃を重ねるのだ。
(「烙印」)

いまひとつ、ベストセラーとなり映画化もされた、五味川純平(一九一六年生まれ)の『人間の条件』(全六巻、三一書房)もみておこう。

『人間の条件』は、「満州」を舞台とする長編小説として提供された。物語時間は一九四三年三月から開始され、磁鉄鉱を発掘する「南満州」の老虎領《ろうこれい》の採掘現場へ赴任した梶(名前は、記されない)が主人公とされる。梶は製鉄会社の労務担当者として、中国人の労務者の酷使を改革するが、この「改革」は増産にもつながり、皮肉なことに、梶は会社から「表彰」される。梶には、たえず現場の日本人管理者との確執がある一方、他方では、逃亡を図る中国人捕虜（「特殊工人」）にも直面する。双方からの視線にさらされ、梶は「人間であること」を追求し、悩みながら信念を貫こうとするが、そうしたなか、梶は「逃亡」を図った（とされた）中国人の「処刑」に反対し、憲兵隊に逮捕される。

「召集免除」の特権を奪われ、関東軍に召集された梶は、幹部候補生を志願せず、二等兵として入隊し、古参兵の横暴など、軍隊内部の不条理に直面するが、病気となり野戦病院に入る。退院後にソ連と「満州」の「国境の町」に転属され、やがて「国境地域」の青雲台・観天山陣地に送られるなか、上等兵となった梶は、初年兵の教育に当たり、ここでも古参兵と衝突する。

（物語中には、日付は記されないが）一九四五年八月九日未明にソ連軍が侵攻し、梶は分隊長として出動する。激しい戦闘のなかでかろうじて生き残った梶は、負傷した初年兵、古参兵たちと敗走する。ときには、民間の日本人・難民たちと遭遇し、小さな集団をつくり、内部の対立を抱え込みつつ、「助かろう、……決して死ぬまい。殺されまい。絶対に捕虜にもなるまい」（第六部）との信念で、中国人からの「掠奪」を繰り返しながら逃避行を続ける。

「民兵」やソ連兵との銃撃戦も経て、そのあげく、梶はソ連軍に捕らえられ、捕虜収容所に収容される。ここも不条理のはびこる場所であったが、梶は収容所を脱走し、妻・美千子のもとを目指すところで、梶の死を示唆して長い物語が閉じる。

この作品で扱われる時間は、日米開戦以降、ソ連の「満州」への侵攻を経て、敗戦後しばらくまでである。物語の要所要所に、さまざまな叙法で戦況が記されるが、第一部の冒頭には「対米戦争の実感は希薄である。満州には蜿々として長いソ満国境がある。だから、ソ連がどう出るか？　この方がよほどに切実なのだ」という(梶の)同僚に託した認識が記される。アッツ島の「玉砕」(一九四三年五月)のとき、製鉄会社の作業所内では「戦争談義」がなされ、所長による「全山総突撃」の訓辞がされるが、そのあと「アッツの何百倍もの悲劇を中国人が経験していることなど、〔所内の者は—註〕なおのこと考えてみもしないだろう」と梶の内面が書き加えられる(第一部)。

物語の場所が、ソ連との「国境」が気にかかる「南満州」であることが『人間の条件』では繰り返し記される。とくに物語時間が一九四四年以降となる第四部では、そのことが戦況とあわせながら具体的に記される——第四部は、野戦病院に送られた梶が、同室者からサイパン島が陥ちたこと(六月)を知らされ「戦争が大幅に迫って来た感じ」をもつことから始まる。東条英機内閣の総辞職(七月)、インパール作戦の中止(七月)、レイテ島の「決戦」の「終了」(一〇月)、硫黄島の激戦(一九四五年二—三月)、沖縄戦(四月)、ドイツの降伏(五月)などが書き込まれる。

ただ、こうした戦局は、一九四四年暮れを「関東軍国境部隊はまだ無事であった」と記すなど、たえず中国大陸にいる者の感覚で捉え返され、解釈されて叙述されることになる——一九四五年「正月、南方では山野に肉が飛び血が流れ、北方〔梶のいる地—註〕ではペーチカのそばで酒がこぼれ、へどが散った」。また、太平洋地域の戦局の推移により、ソ満国境守備隊に新設師団を充当し、既存の兵力を「内地」に転用し「本土防衛」に当たらせる「満州兵備の大改編」を行うことも書かれる。対ソ戦への推測が、第四部の柱の一つとなっている。一九四五年四月のソ連による、日ソ中立条約の不延長の通告が将校の訓話のかたちで記され、読者に提供される。

ヤルタ会談(一九四五年二月)の内容も将校同士の会話として記され、沖縄戦の日本軍の苦境をうわさする下士官たちは「沖縄が玉砕したら、こっちはどうなるんですか?」と仲間に「不安そうに」尋ねる。そして、「沖縄は陥ちた」と記したあと、すぐに「ソ満国境は全線に亙って連日異常なしである。……嵐の前の静けさ、誰もがそう感じている。このままでは済むまい。いつか来る」と、「満州」からの戦況の認識が書き留められる。「国境の平穏が破れるのは、その前か、それと時を同じくするか?」——たえず、「満州」(大陸)の側から戦況が解釈される。

また『人間の条件』では、一九三九年のノモンハンでの日本軍とソ連軍との戦闘が、棘のように記される。一九四五年初頭にフィリピン戦での日本軍の敗色が濃くなったとき、関東軍の存在を誇示した中尉がノモンハンの一件を指摘され「にがい顔」となるのはその一例である。(26)

ソ連が実際に侵攻してきたとき、梶の所属する部隊が全滅し(一九四五年八月一三日)、敗残した梶は数名の兵士たちと逃避行をおこなうこととなり、物語はあらたな展開をみせる。餓えに苦しみながら、集団内部の対立を抱え込む梶は、中国人(五味川は、「満人」と記す)の集落での掠奪を決行せざるを得ない。こうした逃避行のなかで、中国人が、豚と鶏を囮に用い日本人集団(五人の兵士と一人の女性)を襲ったことに対し、梶は怒りを隠さない。「奪い去られた食料の代りを調達するという口実で、民族的な復讐を無心な鶏の上に加えている」――鶏を絞め殺すという場面を、五味川は設定する(第五部)。

敗戦後も、中国(「満州」)をさまよう集団がおり、戦争が決して終了していないことを、五味川は描くとともに、敗残兵の醜さをたっぷりと記すのである――「日本人の一人一人にいつの間にか沁みついていた「東亜の盟主」の誇りは、全く地に堕ちている。それでも中国人に敗けたとは決して思っていないのだ。だから、彼らを狩り立てる部落民が、虎の威を借りた狐の空威張りのように小ヅラ憎くてたまらないようである」(第五部)。敗残兵となってからの数十日間は、「無辜の(中国の―註)住民にたびたび危害を加えたことも、必要の有無にかかわらず、彼の名を無形の犯罪記録簿に、幾箇所も、幾十箇所も、書き入れたはずであった」(第六部)。「こっちは紳士のつもりでも、向うにとっては匪賊なんだな」とは、梶の言葉である(第五部)。

かつて梶は日本の敗戦を信じつつ、中国人に同情しており、矛盾を抱えながら宗主国の一員として生きてきたが、そのことが敗戦後の逃避行のなかで、中国人からあらためて理解し得ないとして追及される――「あなた方は、当時、近い将来に日本が負けることを信じて、増産に励んだのですか？　それは不自然です。あり得ないことです」(第六部)。

さらに、梶たち旧日本兵が、「日本人」たる民間の避難民たちから突き上げられる局面もある。

『人間の条件』は、こうして一九五〇年代後半に、中国を舞台にした物語のなかで、日本人と中国人という非対称的な関係が戦時／敗戦後に逆転することを軸に民族間のありようを描き出そうとした作品といえよう。五味川は帝国―植民地に関わる問題系に接近していたのである。同時に五味川は、「解放だの、平和だのって、立派な表看板の裏側が、こんなに汚くていいもんだとは思いません」と、梶の妻の美千子にいわせている(第六部)。ソ連兵の暴行を記すなかでの発言だが、『人間の条件』がスターリン批判の一九五〇年代後半以降に綴られた作品であることもここからうかがえる。[27] 中国人、朝鮮人、さらにソ連軍兵士を書き込み、膨大な人物を登場させたこの『人間の条件』は、さらに小林正樹監督により映画化され(一九五九―六一年)、多くの観客を集めたが、この物語は基本的には一九四一年一二月以降の日中間(および、日ソ間)の戦争を描く作品であった。

問い直される「日本近代」

一九五〇年前後に、こうした帝国―植民地をめぐる問題系について積極的に発言したのは、一九一〇年生まれの中国文学者・竹内好である。竹内は、中国文学の研究者として戦時の中国に留学するが、中国に侵略を行った大日本帝国への悔恨を生涯持ち続け、日本と中国の関係のありようを考えることを課題としていた。「中国の近代と日本の近代」(一九四八年)の発言を見てみよう。

近代の総過程から、竹内は日本と中国を対比的に考察するが、その前提として「ヨーロッパ」と「東洋」の関係から説き起こす――「東洋の近代は、ヨーロッパの強制の結果である」。ヨーロッパの「侵入」と「東洋の抵抗」の対の関係が作り出され、「東洋」は抵抗を持続することによって、ヨーロッパ的なものに媒介されながら、それを越えた非ヨーロッパ的なものを生み出しつつあると、竹内は言う。

竹内は、「侵入」によって「近代」が形成された地域である「東洋」においても、基準としてのヨーロッパが存在しているとする。そのことは「抵抗」によって「東洋」があるということであり、かつ「東洋」は、ヨーロッパに敗北して「前進＝後退の東洋」となったとも竹内は言う。

一九五〇年前後の竹内の思考は、(1)「抵抗」(「自己自身であろうとする欲求」＝「主体」)を核とし、その観点から「近代」を(ヨーロッパ、中国、日本という)三者の関係のなかで再考することにあった。これは、大日本帝国の破綻を「近代」と「東洋」という関数のもとで考察することと表裏をなしている。また、(2)「抵抗」(＝「主体」)を保持する「中国」と、それを放棄した「日本」を近代の文化構造の相違として把握する。(3)「中国」(＝魯迅)の「絶望」とそれに無縁な「日本」を対比し、「中国」はより深い「絶望」を持つが故に「賢者」(優等生)を憎み、「呼び醒まされた苦痛の状態」に堪えているが、これに反して、「日本」は「優等生文化」(＝「ドレイ的構造」を持つ文化)であり、「主体性」の欠如＝「抵抗」を放棄していると指摘した。

したがって、(4)(一見すれば、後進国に見えかねない)「中国」と対比し、「日本」の「近代」

を大日本帝国の破綻に行き着くものとして、竹内は厳しく批判する。竹内にとっての課題は、「抵抗」のなかで手探りされる、ヨーロッパの概念ではない自前の「近代」と「解放」の追求ということになる。文明をもつ帝国と、未開・野蛮である植民地という図式に対する批判を、ヨーロッパ批判も含めて展開した議論であり、背後に朝鮮戦争やアルジェリア独立運動の様相を見ていたことは疑いない。

多くの兵士たちが中国大陸で経験した文明の「落差」の実感を、竹内は逆手にとって、中国こそが可能性を持つと読み替えてみせる。「体験」の時代ならではの議論を、竹内は展開していった。

女性たちの「戦時」の記述

男性が語り出すなかで、女性たちも語り始める。男性たちの戦記に対して、女性たちの記録は、当初は従軍看護婦の記述が目立った。だが、次第に「主婦」たちが語り始める。

女性たちの「銃後」に関する記録としては、鶴見和子・牧瀬菊枝編『ひき裂かれて』(筑摩書房、一九五九年)がある。生活記録運動のグループである「生活をつづる会」のメンバーたちによる論集で、「戦争中のくらし」「ゆがめられた青春」「戦火に追われて」「家族と別れて」のパートにわかれ、一五編の「体験」が記されている。年齢、職業、家族構成を記し、私的な状況をあきらかにしているが、彼女たちによって扱われる経験の時間と空間はさまざまである。

親戚を頼った疎開先での諍いを記す手記(高橋やえ子「八月十五日まで」、四二歳)は、一九四五年五月から八月ころにかけて、富士川ちかくの山村での出来事を中心に綴る。あるいは、東京中央電話局の交換手の職場での体験を綴る手記(加生富美子「天皇の官吏」、四〇歳)は、一九四三年三月からの「錬成会」を主軸に描く。三月一〇日の東京大空襲を書き留めたものもみられる(増田信子「三月十日」)。男性の時間・空間が「戦場」で括り上げられるとき、女性たちの「銃後」の時間・空間は多岐に亘っている。

このとき、『ひき裂かれて』では、自らの経験をそのまま素朴に書きとめるものもあるが、多くは「戦時」と「戦後」との落差を意識しながら、あらたな文脈で経験を検証しながらの手記が多い。彼女たちの経験の核になるのは、人間関係のこじれ、生活環境の悪化、生活の不安、離れた家族との「面会」などであるが、それらを一般的な時間に還元せずに「戦時」の文脈のなかでの出来事として描く。「戦時」の経験を対象としながら、「戦後」の時間を意識的に入れ込んでいく記述である。

たとえば、津村しの(「無知の責任」、三九歳)は、(戦時に)「自分を投げ出して」尽くした隣組の組長より、「エゴイズムで、国へ協力しなかった」者のほうが、(戦後の)「結果から見ると正しかったとされてしまう事実」の前で悩む。この思いは、特攻隊に対し「あの痛ましい人々をいけなかった」とはむごくて言えないことにも通ずるが、津村はその地点から「無知」が往々にして「悪につながっている」という認識へといたる。津村は「戦後」の時間のなかで、自らとともに母親の「戦時」の精神史をたどりなおし「〔戦争の―註〕時代は最上の倫理として忠節をかかげていた」と、結論づけた。

こうして、女性たちの手記は具体的な事象を扱っていても、「戦時」の時間と空間の総体を射程に入れ、「戦時」と「戦後」をいったん切断する。そのうえで、あらためて「戦後」の文脈で「戦時」の出来事を把握しなおしてみせるのである。そして、先の増田「三月十日」に、「教えられたとおりを信じて疑わなかったのです」「信じきっていたのです」「今から思えば」という語が頻出しているのはこうした認識と作法の結果である。

この認識と作法を意識化して記すのは、編者たちである。『ひき裂かれて』では、編者である牧瀬と鶴見により総論的な位置をもつ「戦争の体験から」が書かれた。すでに牧瀬菊枝を中心とする(「生活をつづる会」に連なる「ひなたグループ」の)女性たちが、ガリ版刷りの文集「母の戦争体験」を出しており、この執筆経験をもとにした考察がなされている。

「ひなたグループ」の面々は、(28)体験記(「母の戦争体験」)を当初は「自分の子供に残すつもりで」書いたが、「自分たちの「家」という小さな殻」から外へ出て、「自分たちの生涯の一ばん苦しい体験である戦争」を綴るようになったという。互いの文章を相互に批評しあうところに、生活記録運動の特徴があるが、このとき、少女期に戦争を経験した「若いグループ」から批判を受け「わたしたちの戦争体験は、今のような書き方では、若い世代に理解されない」と述べている(牧瀬菊枝「ひなたグループの歩み」、四八歳)。また、「ひなたグループ」では新聞の縮刷版を繰り「世相史年表」を作り、周囲の人びとに盧溝橋事件や敗戦についてどのように感じたかなどの「質問表」によるアンケートを行って「個人体験」をつきあわせ、史へのこころみ」、四一歳)。

「個人記録から、庶民の戦争史」に行き着こうとの工夫を行っている(鶴見和子「戦争体験年代史へのこころみ」、四一歳)。

こうした討論と試みを行って、鶴見は「戦後体験の中で戦争体験のイミを考え直すことによって」戦争の把握が変わってきているとする――「わたしたちは、戦争体験を、戦争中のできごとだけに時間を限って書き終えたのだけれども、戦争体験のイミは、まだ書き終わっていないことになる」。そして、「自分がほんとうに考えていること」と「そう考えていると考えさせられていること」とのあいだに「裂け目」があることを指摘する。戦後体験のなかで、この「ひき裂かれ」を認めることができたと鶴見は付け加える。

書名となった「ひき裂かれ」は、夫や子どもとのあいだに止まらず、自らの内部にも及んでいるというのが、鶴見の認識となっている。ここには、「戦争体験のイミ」に着目することによって、戦争の時間と空間を「戦後」に持ち越す思考がある。「戦後」の経験を媒介させながら「戦争」を語りなおす試みがなされているといえよう(29)。

5　歴史学の「太平洋戦争」

歴史学者による戦争通史

これまで述べてきた広義の戦記が戦局の推移に重点を置くのに対し、歴史学の戦争記述は外交関係や、政府と軍部の関係(現在では、政軍関係とされている)の観点から戦争に接近する点において一線を画している。これまで叙述の中核をなしていた戦闘の様相は、歴史学の作品ではほとんど触れられず、触れられても数量的な記述に止まった。代わって、歴史学の作品では、戦争の全体的・総体的な把握がめざされている。

刊行とともにベストセラーとなり、歴史叙述をめぐって論争を引き起こした遠山茂樹・今井清一・藤原彰『昭和史』(岩波書店、一九五五年)と、歴史学研究会編『太平洋戦争史』(全五分冊、東洋経済新報社、一九五三―五四年)は、一九五〇年代半ばに刊行された、歴史学者による代表的なアジア・太平洋戦争の通史的な記述である。歴史学研究会編『太平洋戦争史』は、タイトル自体が「大東亜戦争」に対しての挑戦となっている。Ⅰ巻「満洲事変」、Ⅱ巻「中日戦争」、Ⅲ巻「太平洋戦争前期」、Ⅳ巻「太平洋戦争後期」およびⅤ巻「講和條約」という各巻の表題からもあきらかなように、戦争を軸として時代像をまとめ上げるという構成と編成を持つ。宇佐美誠次郎、江口朴郎、遠山茂樹、野原四郎、松島栄一が編集委員となり、二十数回の共同研究を経て刊行したという。執筆者には井上清、斉藤孝、藤原彰、今井清一、小島晋治、高橋誠、藤田省三、大島太郎、原田勝正、紅野敏郎、伊豆利彦、中村義、川村善二郎ら当時の若手の第一線の政治史、経済史、国際関係史や中国史の面々が当たり分担執筆するスタイルをとる。

Ⅰ巻に付された「序にかえて」(井上清)では「日本軍国主義の性格」の副題のもとで、「圧迫される国から圧迫する国へ」「帝国主義の確立」「全般的危機」「破局」という流れにそって、明治維新以来の通時的な近代日本の歴史――「たえまない戦争の歴史」が概観される。

「戦争と侵略は、天皇制と資本主義日本の、生存と発展のもっとも主要な手段であった」という視角により、資本家・地主と労働者・農民の対抗、日本と列強帝国主義とコミンテルンとの対立、帝国主義の植民地支配などが指摘される。労働運動や農民運動、植民地における人びとの運動が詳細に取り上げられ、帝国主義への反対運動に力点を置いている。

そして、はじめは「一面従属、一面侵略」、すなわち欧米に「従属」しながら、アジアに「侵略」していた日本が、一九二〇年代後半以降には「侵略一方」となり「空前の敗北」にいたると近代日本の侵略の軌跡を論じてみせた。また、「敗戦の重荷」はすべて「国民大衆」に負わされたと『太平洋戦争史』はその基本的な姿勢を明示した。

I巻の「あとがき」が、シリーズ『太平洋戦争史』全体のねらいを論じている。ここでは「われわれ日本人が身近に経験した世界戦争、すなわち「太平洋戦争」の歴史」を描くとい い、世界情勢から叙述を開始している。「戦争の災禍の根源を歴史的に追究」し、「国際的なまた世界史的な視野の中で、日本の軍事的なファシズムがいかにして成立し、また崩壊して今日に及んだかを明らかにしようとした」という。そのために、このシリーズでは「単なる軍事史や外交史の観点からだけでなく、政治・経済・文化各方面からの綜合的かつ統一的な歴史」を図ったとした。

彼らは歴史家として、(1)戦争に関する著作や回顧録が出版されたことは「史実」を明らかにし、「資料」を豊富にしていると評価する一方で、これらの著作が「一面的な考察であったり、自己弁護的な誇張や追懐に陥ったり、あるいは最近の逆コース等ともいわれている風潮に迎合する意図」で書かれることもあるとした。そのため(2)それらを「正しく科学的に整理」する必要があり、「このような傾向」に対し「正しい歴史を刻明《ママ》にかつ平易に書くことによって、平和と自由と独立への礎石にしたい」とした。ここには戦後に歴史学研究会に参加した歴史家たちが持つ(戦前に体制に翼賛した歴史学とは異なるという)問題意識が宣言されている。この戦後の歴史家たちは、アジア・太平洋戦争にかかる姿勢で向きあった。

歴史学研究会に結集した歴史家たちをいくらか大きな視点でみるとき、彼らは「体験」の記述を受け、その戦時経験を取り巻く大状況を考察し、アジア・太平洋戦争の考察をしようという姿勢をもつといえよう。「体験」の時代に提供される戦記と戦史への批判を行う際に、それらを用いるのではなく、対抗的な(戦争像という以上に、それを包含する)歴史像を描き出そうとしてシリーズ『太平洋戦争史』を刊行したのである。

I巻「満洲事変」の前半は、第一次世界大戦後の「世界の変貌」から書き起こされ、「中国の民主主義革命」が「新しい段階」の革命であったこと――「中国革命が植民地での典型的な民族解放運動」となっていることが説明される。中国革命が「世界の資本主義の相対的安定期」をゆるがし、国際政局を「変貌」させるなか、「日本の支配者」による中国への積極的侵略が「英米両勢力」との軋轢を増したことや、「恐慌下の日本」の様相が描かれる。

後半は、若槻礼次郎内閣が「対華外交刷新」のために倒されることから始まり、内閣を時期区分の基準にしながら政治過程を追い、田中義一内閣、そして浜口雄幸内閣の井上(準之助)財政と幣原(喜重郎)外交がたどられ、一九三一年九月一八日の「柳条溝《ママ》の爆音」が記される。また、「満州」での朝鮮人と中国人の「紛争」である「万宝山事件」にも目が配られる。

労働者のストライキや小作争議、対支非干渉同盟の活動、コミンテルンによる日本資本主義と革命に関する分析である「二七年テーゼ」を叙述するとともに、「円本時代とプロレタリア文学・演劇」の節で文化面にも言及し、横光利一らの新感覚派の文学や徳永直、小林多喜二らのプロレタリア文学、築地小劇場の活動と分裂を記した。英米と中国、政党と軍部を、国民民衆と植民地民衆との対抗のもとに描くとともに、「満州事変を機とするファシズムの進展」を、「抵抗の力」の後退とあわせ指摘する。

読者が経験した時代を同時代史として書き記そうとしているが、ここで歴史家たちが試みているのは、国際関係の中での日本と東アジア、政治家と軍部、そして社会運動の動向を軸とする叙述である。

Ⅱ巻「中日戦争」の前半も同様に、ファシズムと人民戦線という「ヴェルサイユ体制の崩壊」からはじまり、二・二六事件(一九三六年)を経て、内閣ごとの政治過程を記すなか、「準戦時体制化」を「人民戦線運動」との緊張で描き、一九三七年七月七日の「中日戦争の勃発」へといたる。Ⅰ巻と同様に、ヨーロッパの状況――日本の政治過程――社会と文化の叙述という構成となっており、世界史レベル、日本史レベルの大状況主義から説き起こしたうえで、国際関係と国内政治を軸とし、経済の動向をおさえ、さらに中国の状勢および民族と階級の抵抗を書き込む手法である。また、文学や演劇などを中心とする文化史が添えられ、執筆分担もこれにあわせ「政治」「経済」「文化」「国際関係」とされている。世界史の優位が示され、認識的なありようがそのまま叙述に投影されたため、日本の動きが、全巻のなかでは従の位置になっている感が否めない。

戦闘は淡々と記される。一九四一年一二月八日のハワイ真珠湾攻撃も、それまでのアメリカとの外交交渉に多くの紙数が割かれ、「奇襲攻撃」の描写はわずか一一行にすぎない。また炎上する飛行場の写真が一枚、掲げられるにとどまる。代わって、戦争経済の進展が「矛盾拡大」の視点で記され、『米国戦略爆撃調査団報告書』や経済安定本部の調査資料、『日本経済年報』などを用いての分析が行われた。「体験」の時代においては、この歴史家たちの記述に対し、読者の側に距離感があったことも事実であろう。

「太平洋戦争」の叙述はⅢ・Ⅳ巻にわたるが、ここでも同様にヨーロッパ戦線に目配りし、そこから巻の叙述をはじめ、日本軍の動きにいたる。アジア・太平洋戦争というよりは、第二次世界大戦の構えの叙述となっている。戦局の推移が叙述の柱とされ、日本軍と米軍の動きを「ゲリラ」にも目を配りながら記していく。

「中国戦線」も要所で描かれ「日本陸軍の主力はいぜんとして中国戦線に釘づけされ」ていることが指摘されている。「中共軍の抗日戦の主体としての成長」や植民地・占領地の「支配の崩壊」、沖縄戦で島民が「犠牲」となったことや「ひめゆり部隊」についても記すが、いずれも冷静な筆致である。

鈴木貫太郎内閣に「天皇制ファシズム「方向転換」のテコ」となる要素を指摘するなど政治史と、戦争経済の構造が、戦争の遂行過程とあわせ書かれるが、総じて前二者が分析的であるのに対し、アジア・太平洋戦争の戦闘にかかわる局面は叙述にとどまっている。ここでも「体験」の時代からすれば、戦闘の分析が望まれるところであろう。このことを示すように、読者からは「戦闘の分析がもっとほしい」という要望が「多数」あったという(30)。

そのためもあったろう、Ⅳ巻「太平洋戦争後期」は「敗戦の軍事科学的分析」に「重点」をおいたという(編集部「第四分冊について」『月報』三。なお、『月報』は、Ⅱ巻から付されている)。「あとがき」でも、「敗戦の原因」が「物量の差」「偶然の累積」ではなく、「不正不義の侵略戦争の必然の結果であることを、軍事情勢の分析を通して立証することに努力した」と述べている。

学術書として、戦闘の考察は行わないとの姿勢(31)に、この時期の歴史学の戦争分析の特徴がよく示されている。この『太平洋戦争史』の叙法が、このあとながく、歴史学の戦争史叙述のスタイルとなった。自らを取り巻いていた国際関係の力学が解明されるとともに、感覚―経験との距離感がついて回ることとなる。

『太平洋戦争史』の時間的な特徴として、「太平洋戦争」の「前期」と「後期」が、ガダルカナル戦による「戦局の転換」で分けられている。また、「戦後」にまで叙述の射程を延ばしており、「太平洋戦争」を占領―講和までを含めて議論する構成をもつ。最終章は「朝鮮戦争とサンフランシスコ講和条約」であり、刊行時の現時の状勢までも叙述の対象としている。終期に関しては、Ⅴ巻で「いかなる形で講和が実現するか、そこに戦争の結末が集約して表現されると考え」たとしている(「あとがき」)。

理論的な点では、『太平洋戦争史』は、戦時体制を天皇制に特徴づけられた特殊日本的なファシズムと把握する「天皇制ファシズム論」に拠っていると読めるが、「理論的究明とそれにもとづく統一的な見解の樹立が不充分」（信夫清三郎、豊田四郎による書評を、遠山茂樹「第一分冊の反響にこたえて」が要約した表現。『月報』一）との意見も出された。遠山は「満洲侵略を遂行した勢力」が、「独占資本の暴力的支配の形態であるファシズム」か「明治維新以来の絶対主義的天皇制」と解すべきかは「学界ではげしく論争をよびおこしている問題」であり、この「論争の渦中」にはいり「ある一定の見解をうち出すことを避けた」とした。「本書の目的」は、「具体的な史実」を通して、「一歩一歩理論を深める糸口」を作り出す点にあり、必ずしも理論的な「結論」を出そうとは考えなかったと遠山はいう。

そして、つづけて「天皇制」「軍国主義」あるいは「ファシズム」などの「概念」を「それらの概念によって表現されている具体的事実に着目していただきたい」とし、

錯雑した現象を、戦争をおしすすめる力と、それを阻止しようとする力との対抗の筋途に沿って理解していただき、そこから今日の平和と自由と独立とを守る努力への教訓を学んで下さること、それをできるだけ多くの人々の、いわば常識的な共通知識にしていただくこと

を目標としたと語った。一九五〇年代初頭において、アジア・太平洋戦争に関する「史実」

の提供と、その文脈化が図られている。戦争の「推進」と「阻止」という把握はいささか単純であり、植民地に対する認識も希薄であるが、『太平洋戦争史』には同時代史としての叙述の豊かさを見るべきであろう。戦時に充分に人びとに提供されなかった戦争をめぐる事態を「共通知識」とすることに、歴史学の目的を設定している点も、戦後歴史学の特徴をよく見せている。

藤原彰は「この時期を総合的に扱った概説というのはこれがはじめて」と述べている(座談会「「太平洋戦争史」で解決された問題とあとに残された問題」『月報』四)が、同時に、「民衆の生活」「民衆の感情」――「民衆が戦争中何を考えていたか」(藤井松一)が分からず、その解明が必要ということが執筆者たちで強調されている(同)。

読者の関心も、『月報』一に掲載されている「読者からの批評」を見るかぎり、「暗黒時代の歴史を正確に詳しく知りたい」(会社員、二八歳)、「太平洋戦争の真実を知ると否とは今後の日本の運命に重大な帰趨を及ぼす」とし「怪し気な戦争史、逆コースの戦争史は本書の前に影をひそめるだろう」という(会社員、三六歳)点にある。やや年長の会社員(四四歳)は、服部卓四郎『大東亜戦争全史』と読み比べ、若手の会社員(二二歳)は「同名の類書が殆んど片寄った分野からの著者と視野から出版」されているのに対し、『太平洋戦争史』が「少し非情と思われる位の「歴史眼」」から描かれていることに賛意を示す。

敗戦時に二〇代はじめであった若い世代の読者からの投稿が多く掲げられ、なかには「正しい歴史を知るためにこの本を中心に読書会を開いている」(農業、二九歳)とするものもいる。

「事実」「真実」への希求が、一九五〇年代初頭の歴史学への大きな期待となっている。また、『太平洋戦争史』はその期待に応えるものであったろう。『太平洋戦争史』が、服部『大東亜戦争全史』について(『太平洋戦争全史』と誤記しているのはご愛嬌であるが)、「参謀本部作戦課の立場からする包括的な戦史」とし「再軍備の立場よりする評価」がなされていると批判したのも当然であった。

『太平洋戦争史』に「附録」として、「年表」「資料」(同時に、Ⅳ巻に「太平洋戦争による被害」、Ⅴ巻には「参考文献解題」)が付されることは、かかる点への配慮でもある。読者からも、参考文献を求める投書があった。基本的な資料の提示とその価値付け、歴史的な意味と筋道の提示がなされ、「参考文献解題」は一三ページに及ぶ。また「日本に関する文献」「国際関係の文献」「中国に関する文献」が、「文献目録」「史料」「参考書」(いくらか、分類の相違がある)ごとに解説される。注目すべきは、「太平洋戦争に関する史料の宝庫はなんといっても『極東国際軍事裁判速記録』」との認識を示すことで、それまで「厳秘」であった公文書、秘密条約、統計が「多くの関係者の証言」とともに公表され、研究の「礎石」となったとする。

せめぎあう「事実」とイデオロギー

他方、日本国際政治学会・太平洋戦争原因研究部編『太平洋戦争への道』(全七巻、別巻として「資料編」、朝日新聞社、一九六二―六三年)は、「開戦外交史」という副題を持ち、「満州事変前夜」からはじめ、「満州事変」「日中戦争」から、あいだに「三国同盟・日ソ中立条約」

「南方進出」を挟み、「日米開戦」の一九四一年までを考察する（「　」内は、各巻の表題）。タイトルが示すとおり、「太平洋戦争」の開戦原因を探る論文集となっている。外交史や国際関係論の研究者が集合し、角田順、臼井勝美、宇野重昭、小林幸男、斉藤孝、島田俊彦、関寛治、秦郁彦、細谷千博らが「共同研究者」として名前を連ねている。

第七巻の「あとがき」で、角田順は「太平洋戦争の開始に至るまでの日本の対外関係の具体的経緯」について、その「政策の決定と実施との面から正確な事実関係を確立すること」、そして「軍事・外交に亙る対外関係に限定すること」を方針としたことをいう。さらに「根本の観点」は「国際政治史的よりもむしろ日本を主体とする外交史的なところに置く」とも述べた。本文では、「外務省記録」「防衛庁戦史室資料」「法務省記録」から、関係者からの聞書き資料、さらに「旧海軍記録文書」や「極東国際軍事裁判」の記録にいたるまで、膨大な資料が用いられている。

ここには「事実を軽視しがちなイデオロギー的史論」「開戦以前の旧態依然たる独善論」「釈明的な自己弁護」に対し、「根本史料に厳密に立脚するところの一貫した史的叙述」への志向がある。「古典的な意味における外交史」とも言い換えているが、さきの歴史学研究会編『太平洋戦争史』や、遠山・今井・藤原『昭和史』などを念頭においての言ではあったろう。

『太平洋戦争への道』に対し、歴史学界は、歴史学研究会をはじめとして真っ向から批判を加えた。江口圭一は「日本現代史研究における帝国主義的歴史論」（『新しい歴史学のために』

第一〇六号、一九六五年六月)を記し、歴史学研究会も、今井清一・藤原彰・荒井信一・野沢豊による「太平洋戦争の歴史的意義」(『歴史学研究』第二八九号、一九六四年六月)により、全面的な批判を加えた。

ここでの論旨は、「未開拓の分野に実証的にメスをふるっているが、そのスポットのあて方に問題が残っている」というものである。後者は各巻の叙述に当たりながら具体的に批判を列挙するが、『太平洋戦争への道』には一九三〇年代の「軍部の満州支配」やこのかんの「軍備拡充の生み出す矛盾」への記述がなく、「日本帝国主義の従属面が表面に出た時期の記述にとぼしい」ことなどを指摘した。さらに「帝国主義と民族解放運動との対抗という視点が必ずしも重視されていない」ともした(引用は、今井清一)。

また藤原彰は、「この戦争が、どのような本質と性格をもっていたかということは、完全に無視されている」「天皇をはじめとする日本の支配層の主流は、戦争を避けようという善意をもって行動したのだが、国内一部の強硬論と、中国やアメリカの強硬態度に押し切られ、本意でない大戦争にまきこまれた被害者であるかにみえる」と厳しい批判を加えた。

さらに藤原は、『太平洋戦争への道』が「開戦の直接の原因」をハル・ノートに求めることに関して、「対米開戦を、中国侵略いらいの一貫した帝国主義戦争の発展としてとらえず」、「この戦争を日本の側からの侵略戦争とみず、追いつめられたやむをえない戦争とみ、それを肯定する立場をあらわしている」とも述べた。

ここに現出しているのは戦争観の相違であるが、『太平洋戦争への道』は後述する書き換えに連なるもの（β－Ⅰ型ということになろう）との批判が出されたのである。歴史学研究も、戦後の文脈のなかで行われていた。

こうした「体験」の時代に対し、さきの安田武は「体験という言葉」を「何らかの意味で、それを体験したもの自身の内側からの、主体的な統制や意味づけが前提されねばならぬもの」とし、「若しもこんにち、これらの体験が、正に体験として語られるようになったとすれば、戦後八年余り、私たちひとりひとりの努力が、いまやっと、それを体験として生きかえらすことに成功したのだ」とした（「喪われた世代」『群像』一九五四年一〇月）。主体的に戦争経験をとらえ返し、語り出し書きとめる営みが開始されていったのである。

第3章

「証言」としての戦争
(1965-1990)

『東京大空襲・戦災誌』(全5巻，東京空襲を記録する会，1973-74年)

「体験」の時代を経た一九六〇年代半ばころから、戦争をめぐる議論はあらたな様相を見せ、「証言」ということが言われるようになる。戦争や帝国―植民地の経験を、「証言」に力点を置いて語り始めるのである。それまでの経験を共有した人びとに向かい自らの「体験」を語るという姿勢から、その共有がない(「戦後」に生まれた)世代に向かっての語りである。

この一九六〇年代の中葉から一九七〇年代にかけては、「戦後」の時間の分節化がなされ、「日本」の空間の多様化が進む時期であった。「戦時」を知らない世代が台頭する一方、冷戦体制のただなかでもあり、ベトナム戦争がかつての戦争観や戦争像に影響をもたらすようになっていた。被害者意識にとどまらず加害者としての戦争認識も登場し、あらためて戦争の時間・空間が想起され、アジア・太平洋戦争が語られた。帝国―植民地意識にかかわっても、こうしたなか、あらたな世代によるあらたな語りが出されることになった。「証言」の時代である。

「証言」の時代の語りは、いくつかの形態をともなっている。例えば、書き換えである。一九六〇年代半ば以降には、これまでに書かれた戦記の書き換えが始まる。そしてそれは文字上に止まらず、戦記が書かれた時代の文脈そのものを書き換えようとする動きともなっていく。「体験」をあらためて語り直し、書き直すのである。戦史のレベルでは、防衛庁防衛研修所戦史室『大東亜戦争 戦史叢書』(全一〇二巻、朝雲新聞社、一九六六―八〇年)が時空間を整序した。この旧日本陸海軍にかかわる正史としての戦史の登場によって、戦記の書き換えはいっそう進むこととなる。

他方、戦時に「少国民」であった人びとをはじめ、あらたな世代による、あらたな経験も語られはじめる。また、これまでの戦争経験や帝国―植民地の語り方が被害者意識に傾いているとして、加害者の側としての自覚に立つ作品も現れるようになる。さらに一九七〇年前後には、空襲・銃後、「満蒙」開拓・強制連行といった経験が語り始められ、「引揚げ」や「抑留」に関してもあらたな証言が出されてくる。

いずれも経験を共有する不特定の相手に一般的に語るのではなく、相手を特定し、自らの経験をその関係性のなかで語るもので、これまでとは異なった語り――「証言」があらたな形態をともなって登場するようになった。

いまひとつ、「証言」の時代として、一九六〇年代半ば以降があらたな画期を形成するのは、戦争の歴史的な考察である。一九五〇年代の議論とは異なる局面のなかで、歴史学が新たに「証言」と切り結んでいく。「十五年戦争」研究のもとで、歴史学研究では、提供された多くの「証言」が用いられるようになる。

1　書き換えられる「戦記」

戦記の定義はさまざまに可能であるが、そのひとつとして、「書き換えられる」という特徴を挙げうるほどに、戦記には書き換えがともなう。

現在では小説に分類されている吉田満「戦艦大和ノ最期」のばあい、最初の稿は、復員後の一九四五年九月に「ほとんど一日を以て」一気に書かれたという(一九五二年版『戦艦大和の最期』)。文語体でカタカナ表記のこの稿は、友人たちのあいだに回覧されたといい、第三者によって筆写されてもおり、戦記の書かれる原形を示している。

この稿が、小林秀雄の薦めで雑誌に掲載されるはずであったが、占領軍の検閲によりかなわずに、二年後に口語ひらがな表記に書き改めたものが、雑誌『新潮』(一九四七年一〇月)に掲載される。その後も書き換えと削除をへて、単行本が刊行されるが(『軍艦大和』銀座出版社、一九四九年)、占領の解除とともに、文語カタカナ表記版の単行本を刊行することになる(創元社、一九五二年)。(1)

このかんの過程でも、絶えず書き換えがあったことを千早耿一郎が記しており、さらに一九七四年に「決定版」(『戦艦大和ノ最期』北洋社)が刊行されるに至る。千早は、「戦艦大和ノ最期」に八つの版を指摘し、その異同を詳細に検討しているが、外的な制約、内的な要因によって戦記が書き換えられていく、ひとつの典型を吉田「戦艦大和ノ最期」は示している。(2)

書き換えの四つの「型」

吉田「戦艦大和ノ最期」ほどではないにせよ、戦記は書き換えられる。一九五〇年前後に書かれた戦記の書き換えが集中する時期として、一九六〇年代半ば以降、とくに一九七〇年前後を挙げることができる。「体験」の時期に書かれた戦記が、この「証言」の時期に多く書き換えられるのである。

一九七〇年前後の戦記の書き換えと言ったとき、戦記のアンソロジーの組み換えは、そのひとつの現れとなっている。一九五三年に『秘録 大東亜戦史』(全一二巻)を刊行した富士書苑は、一九六九年に、『大東亜戦史』(全一〇巻)を刊行している。五三年版の判型を小さくし、収録の作品の一部が入れ替えられている。巻割りに大きな変更はないものの、「海軍篇」と「開戦篇」がなくなり、「原爆国内篇」は「国内編」に、「大陸篇」は「中国編」へと名称が変えられている。

そして、あらたに編集された巻である「太平洋編」が、六九年版の『大東亜戦史』シリーズの最初に置かれた。『秘録 大東亜戦史』はかつての戦争認識を変え、一九五三年版の中国大陸の重視から、一九六九年には太平洋戦争史観に傾いているといえる。「太平洋編」は、「真珠湾攻撃」からミッドウェー海戦、ソロモン海戦からガダルカナル、ラバウル、硫黄島あるいはニューギニア、さらにはアッツ・キスカなど、太平洋の戦線と戦局に関わる手記を集めている。

戦記の書き換えに際しては、一編一編の戦記ごとに個別の理由が見られるが、一九七〇年前後の書き換えには、すでに刊行されていた戦記の叙述の修正(α型)と、これまでの戦記が作り出してきた文脈に対するあらたな文脈と認識の提示(β型)との二つの型がある。それぞれは、さらに二つのタイプに分けることができ、α型には、強調点をずらしていく書き換えと、強調点をさらに拡大するものとがみられる。また、β型では文脈を無化する方向で修正するものと、批判的に書き換えるものとの二つの方向性がある。以下では、それぞれ前者をⅠタイプ、後者をⅡタイプと表記する。まずはα型からみていこう。

α型の書き換えの理由としては、戦時直後から時間を経ることによる支配的な戦争認識の変化とともに、公刊戦史の提供が大きい。戦闘中の行動の記述は、それが自らの行動の記録となるとともに、周囲の兵士たちへの証言となり、その評価――よく戦った、あるいは臆病であったなどにかかわる記述となる。一人ひとりの兵士にとっては、(だれが書いたものであっても)戦記における記述が自らの行動の証明や評価となる。

そのため、同じ戦線にいた「戦友」をはじめ、同じ部隊の人びと、さらには遺族たちの目と批判が戦記に寄せられ、その指摘を受けて戦記が書き換えられることが考えられる。

だが、公刊戦史が登場したことの意味はそれ以上に大きかった。これまで、自らの経験に依拠し、メモや記憶に頼りながら書かれていた個々の戦記に対して、公刊戦史は資料に基づきながら、全体的な見地からかつての作戦とそれが展開された日時と場所・地名を提示していった。作戦の意図と、時間・空間の基準を示し、実際の戦闘の展開に関しても公式的な見解を提出する。戦闘に参加した兵士たちは、公刊戦史の公式見解に自らの経験をすり合わせるこことが可能となるとともに、すり合わせざるをえなくなるのである。

ずらされる強調点

すでに書かれた戦記の強調点をずらすα－Ⅰ型の書き換えの代表には、さきの古川成美『沖縄の最後』(一九四七年)がある。一九六七年に河出書房から『名作 太平洋戦記』シリーズ(全一三巻)が刊行され、その一冊として同書が収録されることになったときに、古川は初版本を大幅に書き換えた。自ら「全篇稿を新たに書き下ろ」したとしている。なかでも後半部分「第二部」――野戦病院と収容所の記述を全編削り、戦闘の部分を、第三二軍の高級参謀・八原博通の提供による資料(続編『死生の門』の記述)によって書き足すが、そのほか「戦いがはじまるまえの兵士の生活や沖縄の風物」(「あとがき」)を書き加えている。

また、沖縄の位置づけにかかわっても、古川はあらたに「身代わりの島」と言い切る。そして旧版の意図を、あらためて(1)「戦いの真相」を「本土の人びと」に伝えること、(2)沖縄のことを「本土の人びとに理解してもらうこと」、(3)自分が接したアメリカ人は「いずれも人間的で親切で、公正」であったことを描くことにあったとする。

古川は、日本の敗戦は「物量」とともに、「心の豊かさ」におけるアメリカとの差でもあったという。古川には、沖縄は「戦後」においても「戦後日本」が悩んだ基地問題を「濃縮凝固した形で一身に担っている」との認識はあるが、肝心の初版のアメリカ人との接触の箇所が削られてしまった。

『沖縄の最後』の「運命の兵士」「総攻撃開始」「流浪の日々」「島の最後」という構成は、「仲間にかわり」沖縄戦という「この特殊な体験」を「遺族の人びとと次代をになう国民」に語るためと説明されるが、その使命感が上滑りする感がある。たしかに新版では沖縄の「住民」にかかわる記述が増えたが、かれらは「住民」という集合名詞で扱われることが多いうえ、たとえば古川は宿営した民家の女性の入れ墨に対し、沖縄の「古い遺制」を言い立てる。

「いままでの太古さながらの平和と静寂」という語を初版から引き継ぎ、「蒼茫たる大自然」を強調し、「土地の風習」に関心を寄せながら、沖縄を自然と一体化する。また、沖縄の地は水が不足し「不潔」でありハエが多いとし、そのことをアメリカの「二〇世紀科学兵器の猛威」と対比的に叙述するのである。

『沖縄の最後』の新版では、初版では伏せられていたことが書かれるほか、簡単に触れられていたことの詳細な説明がなされる。すなわち新版では「古兵のきつい目と怒号」や古兵の陰険さ、初年兵への体罰が記され、日本軍の内部での軋轢、のちに触れる古兵「山本」と古川の確執を含めた軍内部の様相があらたにあきらかにされる。

また新版では、アメリカ軍の第五八機動部隊の編成や、その攻撃による被害の数字などのデータが掲げられ、個々の戦闘の目的が明確化された。「南部作戦案」が「もっとも激烈な戦闘と、したがってもっとも大規模な悲劇」を「用意」したと、結果論的な評価も書き込まれる。沖縄戦に関する資料提供を受けた八原参謀の戦略と行動も、文中に書きとめられる。さらに、日本軍と古川の属する中隊の動きが記され、「洞窟」や「戦法」についての説明が加えられるなど、初版では簡単に触れられ、描写もされなかった部分が書き込まれ、沖縄戦の細部と具体、大局と全体がわかるようになった。

初版での古川はアメリカ賛歌であったが、今回の書き換えにより、「米軍」に代わって「敵」という語が用いられ、「わが部隊」と日本軍を表記し、沖縄におけるスパイのうわさについても記していく。初版のモチーフのひとつであったアメリカ記述の意味が転換してしまい、日本軍／アメリカ軍の相対化も失せる。戦後―占領下に書いた初版のもつ緊張感が、書き換えにより一挙に溶解してしまっている。

だが、一九六七年のこの書き換えは、古川の記述の根底にあった問題意識を表出させてもいる。沖縄での古川にとっての重大事は「山本」という古兵との相克であった。この「山本」は、ことごとに古川に辛く当たる。だが、戦闘のさなか、「山本」は戦死する――その死によって、「悲哀と、寂寥と、そして一種奇妙な解放感」とがかもす「妖しい興奮」を、新版で古川は書き付ける。

ここに、『沖縄の最後』における古川の思いの原点―ルサンチマンがあったのである。初版では「如何にも百姓の出らしい、辛抱強く、忠実で、下級者には随分厳しく当たつた山本上等兵」と客観的に記していたが、新版では「山本」の死による自らの「解放」を記し、そのことを「精神革命」とまで言っている。

また、(日本軍によって)壕へ入ることを拒否されたときにも「涙も出ない悲憤が私の胸をつき、私はそのとき、まざまざと日本陸軍の運命を知り、この戦いの前途を知った」と初版の文面をそのまま記したうえで、あらたに「彼らが生きているかぎり自分は死んではならないのだ」と「生きる」ことへの執着を付した。旧版ではあきらかにしなかった「生きる」ことへの執念を新版では明示し、「腹の底から烈しい敵意がこみあげてきた」と、(日本軍への)厳しい表現もされる。

初版で強調されていたアメリカへの関心——「公」の問題意識ではなく、「山本」にかかわる「私」のルサンチマンとして戦記のモチベーションが、新版では噴出している。古川が『沖縄の最後』を描く問題意識は、沖縄戦の経験の報告とあわせ、アメリカがもたらした解放感と古兵からの解放感にあったことがうかがえるが、新版では後者に比重が置かれている。新版『沖縄の最後』において、「公」に関しての緊張が薄れる感がみられることと相応していよう。

拡大する強調点

高木俊朗も、新版の『インパール』として、先の著作(『イムパール』一九四九年)の改訂版を一九六八年に文藝春秋から刊行している。強調点をさらに拡大するα-Ⅱ型の書き換えの例となるが、高木の書き換えは、多方向に手が入っている。

まずは、『イムパール』の書き換えからみよう。新版では本文は一割ほど削られ、整理された分だけ説明的になり、初版の熱気と怒りの強さもいくらかは減じている。ここには初版の問題関心であったインパール作戦への批判から、新版での「作戦のあと始末」への批判に関心が移行したことも関連しているように思われる。

書き換えの理由として、初版には「資料の不備」から「実在の人物を誤った印象」に書いた箇所など、記述の誤りがあったことをいうが、新版では初版で仮名とした司令官や師団長を実名にしたことをはじめ、「日時」「人物」「場所」などを「できるだけ事実に近づけた」とする。

また、第一五軍の牟田口司令官と対立した弓師団の柳田師団長を擁護する立場を明示する(新版の「あとがき」)。そして、伊藤正徳(『帝国陸軍の最後』)、児島襄(『太平洋戦争』)らの戦史が柳田を貶めていると批判し、「事実」を提示するという手法で彼らに反駁している。高木は、第一五軍と牟田口の「体面」さらには「旧陸軍の名誉を保持」しようとするものが、伊藤らに「謀略の資料」を提供したと推測し、「第一五軍の主張と弁解だけ」が伝えられることに反発している。高木には、こうした公刊戦史への批判が顕著で、『知覧』(朝日新聞社、一九六五年)でも、伊藤や服部卓四郎の見解を批判している。

同時に、高木は、あらたな著作によって『イムパール』での強調点を補っていく。それらは広義の書き換えともいうべき作品になっており、初版で記述した烈師団については独立した著作を書くとして、新版でその部分を削除したが、高木はこの時期に(烈師団に止まらず)インパール作戦に参加した三師団それぞれの動きをあらたに記す。

『抗命』(文藝春秋、一九六六年)で烈師団、『憤死』(文藝春秋、一九六九年)で祭師団、『全滅』(文藝春秋、一九六八年)では再び弓師団(の小部隊)を描き、インパール作戦の全体像にあらためて接近している。かつて刊行した著作を核として、作戦に参加した師団それぞれに焦点を当て、師団ごとのインパール作戦での動きを描き、いわば増殖というかたちでの書き換えを高木は並行的に行うのである。

この背景には、先の伊藤や児島への反論、あるいは防衛庁防衛研修所戦史室の戦史叢書『インパール作戦』の刊行(一九六八年。この書には、高木は好意的である)とともに、インパール作戦批判に対する牟田口の自己弁明の手記(「牟田口文書」)に接したことが考えられる。

『抗命』は、一九六五年に牟田口が、国会図書館でインパール作戦について自らを擁護・弁明する談話を録音し、(牟田口と対立した)師団長たちを論難した冊子「牟田口文書」を発行・配布したことから書き出されている。烈師団長の佐藤幸徳も、牟田口と激しく対立したひとりであるが、高木は「戦史資料」として「世にだすべき」は(「牟田口文書」ではなく)佐藤の「回想録」であるとし、「牟田口文書」と「回想録」を対比・検討し(高木は、「回想録」にもきちんと批判を加えている)烈師団を描いた。

また、「戦場の実相」の描写には、「実際に苦難を体験した将兵の手記」であるとして連隊史を用いている。作戦レベルと「実相」レベルとをともに描きながら、連隊史は証言でもあると、高木は付言する――「牟田口文書の主張が正しいかどうかを知るためには、戦場にあった将兵のほかに証人はいないからだ(3)」。作戦の遂行過程を記しながら、連隊史によって戦況をたどり、牟田口らの作戦の当否を再検討するという記述方法が、『抗命』を含む高木のインパール作戦の叙述で用いられている(4)。

「手記」によって戦闘の状況を再構成し、佐藤の判断の正しさを証し、それを織り込みながらインパール作戦の展開を描くのである。そして、さらに佐藤が戦場で「発狂」したという「虚構の事実」を、牟田口が作り出そうとしたことも指摘した。

こうした作業をへて、高木はインパール作戦の「無謀さ」とともに、「〔インパール作戦の―註〕敗戦の責任をあいまいにしてしまったこと」の「責任」は牟田口とともに軍参謀長以下の幕僚にもあると、あらためて記している。『抗命』では、インパール作戦に関して、「憎むべきは戦争そのものというより、それを計画した人」「罪悪とすべきは、戦争よりも、その人々の無責任」とするのである。

書き換えをめぐっては、あらたな問題意識とともに、資料が整う環境が出来あがってきたことも見逃せない。高木は、たとえば祭師団のことを書くときには、師団関係者の「積極的な協力」と「多くの資料」の提供をいうが、京都では、近畿各地から集まった延べ六〇人を三日間にわたって取材し、「各自の体験」を聞いたという(『憤死』「あとがき」)。

また、祭師団長・山内《やまのうち》正文の「陸軍の罫紙三百枚以上」に及ぶ「日記」も閲覧し、かつて祭師団の参謀長であった人物の証言を受けるなど史料批判の手続きをおこない「誤った記述」も指摘しながら、『憤死』で利用している。弓師団の本隊の犠牲になった配属部隊を描いた『全滅』でも、「戦記を発表すると、いつも、当時の関係者から手紙を寄せられ、それが意外に重要な資料となることが多かった」としている。高木は、天候、日時、会話の内容などすべて「記録」や当事者の話によっており、「作者自身の主観、独断は加えないように努めた」(『全滅』「あとがき」)ともいう。

方法にかかわってさらにいえば、この『全滅』はインパール作戦のなかで全滅した小部隊の戦闘に焦点を当てている。高木は、この小部隊の行動にインパール作戦の「無謀」「矛盾」など「すべての要素が集約されている」とする――「いわば、その戦闘は、インパール作戦に参加した三個師団の全部の状況に共通するものであった」。作戦の全体を高所から俯瞰的に描くのではなく、微細な部分にその集約を見ようとする方法である。戦記は、微視的になればなるほど資料で苦労するとともに、全体との関連のつけ方がむずかしくなる。「符合しない資料」を前に高木は「考え悩み」している。また、微視的になれば、そこでの当事者たちの行為のすべてが肯定される傾向が強まるが、この困難な方向に高木は向かおうとしていた。(5)

こうして、問題意識の推移、資料の収集と整備、方法的な工夫によって、高木による初版『イムパール』の増殖的な書き換えが、一九七〇年前夜に着手、実践された。「最も苦労した下級者は真相を伝えず、一部の上級将校の虚構の作文が戦史として残されるかもしれない」という焦慮が「戦争の真実は、書きとめ、書き残されなければならない」(『全滅』)という高木の想いを支えていた。

あらたな文脈と認識の提示

他方、あらたな文脈と認識を提示するβ型にいたる理由としては、「戦後」の状況の推移によるものが多い。しばしば、これまでは口を開かなかった人びとの手により、書き換えが行われる。また、占領下での非軍国主義化と民主化の方向への反発も出されてくる。広義の意味における書き換えであるが、アジア・太平洋戦争を論じる文脈そのものに議論の焦点があわせられる。

β型では、直接の戦争経験を綴るのではなく、関心に応じて調査し、報告するという体裁のものが圧倒的である。これまでの戦争像に対し批判をもち、あらたな対象を通じてその書き換えを図り、文脈の書き換えにいたることとなる。

これまでの文脈を無化し、修正するβ-Ⅰ型の書き換えの例としては、阿川弘之の海軍もの(『山本五十六』新潮社、一九六五年[新版、一九六九年]。『米内光政』新潮社、一九七八年)をはじめ、山本七平の日本軍もの(『私の中の日本軍』上下、文藝春秋、一九七五年。『一下級将校の見た帝国陸軍』朝日新聞社、一九八四年)や、曾野綾子の沖縄もの(『切りとられた時間』中央公論社、一九七一年。『生贄の島』講談社、一九七〇年。『ある神話の背景』文藝春秋、一九七三年)がある。

また、上坂冬子の「戦犯」ものと被害者もの(『巣鴨プリズン一三号鉄扉』新潮社、一九八一年。『生体解剖』毎日新聞社、一九七九年。『慶州ナザレ園』中央公論社、一九八二年。『奄美の原爆乙女』中央公論社、一九八七年)と自伝『私の人生 私の昭和史』(集英社、二〇〇四年)、さらに、角田房子の将軍もの(本間雅晴を描いた、『いっさい夢にござ候』中央公論社、一九七二年。阿南惟幾を描いた、『一死、大罪を謝す』新潮社、一九八〇年。『責任 ラバウルの将軍今村均』新潮社、一九八四年)などがその例として挙げられる。

各人は「戦後」の書き手として、「戦時」の精神主義や非合理主義の主張とは一線を画し、それぞれ合理的な判断や対話を価値としている。このとき、彼らが書き換えの対象として念頭においているのは、かつて敗戦後に占領軍や東京裁判が主導した文脈であり、そこでの戦争観である。戦争を一方的に批判的に断罪する風潮、『鉄の暴風』に代表された沖縄戦の論調、東京裁判での議論の方向への苛立ちであった。

阿川、曾野らは「戦時」の主調音には批判的だが、「戦後」の論調にも同意しない。彼らの書き換えは、戦争指導者たちの家族を「無垢」なものとしたうえで、「私」の領域で細やかな配慮を示す戦争指導者たちを紹介し、その真摯な態度、毅然とした姿勢、そして周囲の人たちからの人望のあつさを描き出す。また、動員されたあげくBC級戦犯とされたものたちの側から、主体的に選び取ったのではない不幸―戦争のもたらす矛盾を提示し、個人の次元における戦争責任を不問にする論を提出した。

阿川、曾野らは、(暴走をした)陸軍に対して海軍、(平和を乱した)A級戦犯に対してBC級戦犯の存在を対置し、その観点からこれまでの戦争像を相対化し、戦争が画一的に批判しつくせないことを訴え、さまざまな個人に焦点を当てた戦争像を描く。「戦後」の文脈での戦争の論じ方の書き換えを、実践的に遂行する営みであったといいうる。

たとえば阿川は、かつて『春の城』(新潮社、一九五二年)や『雲の墓標』(新潮社、一九五六年)

などで、戦争に巻き込まれた若者——「学徒出陣」をし、海軍予備学生となったものの心情を描き、戦争批判の左派の雑誌である『文学の友』(一九五四年六月)の座談会「人類は原水爆実験に抗議する」に野間宏らとともに参加したり、同じく『文学の友』に(ビキニ水爆実験に被曝した第五福竜丸を論じた)「久保山さんの死」を寄稿した(同年一一月)こともある。その文脈の書き換えを、この一九七〇年前後の時期におこなう。

阿川はこの書き換えにおいて、回避しえないものとして戦争を位置づけ、その前提のもとで良識派として海軍が存在したことを論じる。山本五十六、米内光政らへの阿川の関心はこうしたものであり、戦争を批判していた『真相箱』への反発とセットになっている[6](「『真相箱』に反発」『読売新聞』夕刊、一九六四年八月一七日)。

たとえば、阿川『山本五十六』は山本の書翰を用いるほか、米内光政の「手記」や個人蔵の史料とともに、関係者へのインタビューをおこない、高木惣吉(元海軍省)らをはじめとする関係者の著作や思い出を多く集める。また、伊藤正徳『連合艦隊の最後』などの戦記やアメリカ側の考察も用いている。

そして、阿川は家族関係、女性関係を含む人間関係を軸として、「公」と「私」の双方にわたる山本の評伝を描く。このように山本と海軍を軸としながら、前半では一九三〇年代から四〇年代初めにかけての軍事政治史を記すが、自らその一員であった海軍という組織にも、阿川の関心は傾いている。海軍内の「大艦巨砲主義、戦艦中心の連合艦隊といった古典的なイメージ」をもつ提督たちと、「飛行機と空母中心の機動部隊」を構想する山本との対比が記され、井上成美、米内光政ら「海軍左派」の面々も合理的な判断を有する人格者として描き出された。

また、後半は真珠湾攻撃、ミッドウェー海戦での敗北などが叙され、戦記の様相を濃くしていく。作戦とその遂行に比重がかかった叙述となり、戦闘の過程が具体的に記される。書簡を用いながら山本の人格を記し、あわせて山本を「早期講和」を図る人物としても描いた。海戦の敗北や山本の戦死の原因のひとつに暗号がアメリカ軍に解読されていたことをあげ、そのことを強調するものの、かつての戦記が有していた怨念やこだわりを感じさせない叙述ではある。とともに、山本の戦死をめぐっては、日本のみならず、アメリカ側の戦時・戦後の戦史や公式記録をも、阿川はひとつひとつ検証している。

こうして阿川は、戦争指導者としての山本五十六を「公」においては陸軍と対比し、さらに海軍内の守旧派と比したうえですくい上げる。また、「私」的な面を描き出すことによって山本を身近な存在とした。軍部による戦争という文脈を、このような幾重の語りにより書き換え、海軍のある部分をそこからすくい出そうとしていったのである。

このとき、阿川は、一九四一年四月に、安倍能成(第一高等学校校長)、本位田祥男(経済学)、大河内一男(経済学)、矢部貞治(政治学)ら「学者グループ」と海軍とが接触したことを取り上げ、この「自由主義知識人」との「接触」を対米戦争回避のひとこまとして描く。

阿川のなかでは、アメリカとの主戦派―非合理主義(―陸軍)という図式があり、そのもとで山本五十六を軸に、戦時における良識派の存在を指摘しようとする。だが、合理的思考と戦争は矛盾するものではない。むしろ、さきの大河内や矢部らは、戦時において、(戦争を利用して)旧弊さを有する体制の合理的な再編を考えていた。阿川の書き換えは、海軍―山本五十六の評価に止まらず、戦前の諸集団の勢力配置、「自由主義知識人」の評価においても難点を有していよう。

焦点としての沖縄

いまひとり、曾野綾子(一九三一年生まれ)の議論も取り上げてみよう。曾野は、一九七〇年に『生贄の島』(講談社)を書き、そのあと短い間隔で、沖縄に取材をした作品を重ねて執筆する。『生贄の島』は、最初と最後に曾野自身が登場するが、沖縄の高等女学校の群像を登場させるとともに、アメリカ兵の側からの記述も交え、視点を相対化させた記述となっている。また、「記録」という言葉が頻出する。仲宗根政善をはじめとする実在の人物を登場させながら、ときに「仮名」と記される人物がいることにより、他の人物も「実名」へと誘導する。内容的には、日本軍兵士の手当てをする女学生の様子を悲惨な環境と人間関係の軋轢とを軸に描く作品であり、「参考文献」として、歴史家の著作や証言集を挙げ、公刊戦史も用いている。

『切りとられた時間』(中央公論社、一九七一年)では一転して小説仕立てにし、かつて「本部壕」にいた旧日本軍兵士の「釣師」を主人公とするが、中心となるのは、ある家族が「集団自決」をしたという出来事である。曾野は「釣師」の言葉をかりながら、「軍」は島人には関心はなく、「自決」の命令を出さなかったという――「あの日、島の住民たちは、彼にとっては雑草以上のものではなかったように思えた」。

これと相応して、島人たちが「兵隊には秘密の食料」を隠していたことを言い、曾野は(島人たちが)「部外者立入り禁止の抽象的「島」を作った」とする。「「島」に対する侵入者」――日本軍への距離感をもつものたちとして、沖縄の人びとが描かれる。『切りとられた時間』には、日本軍との対比で沖縄を「他者」とする認識が見られる。兵士の視線によって、沖縄の住民たちの行動が異化されるが、曾野はさらに戦後の「本土」の視線を交えながら記していく。

すなわち、「釣師」が滞在する宿の「女主人」は、「あの時のことは、言葉にはならんでしょう? いろいろ書いたものもあるらしくて、見してもらったこともあるけど、いいように書いてあるしねえ。それ以来、何も読まんのよ」と述べている。

「あの時のこと」とは、沖縄戦での「集団自決」のことであるが、それが「言葉にはならん」というのは、けっして「女主人」の沈黙の深さではなく、曾野による、沖縄戦の記述への批判である。そのために、「女主人」と「釣師」は、集団自決をめぐっていきなり喋りあうのである。

しかしこの小説は「証言」にはなってはいない。「女主人」が語る「集団自決」の様相も、「それから、私たちは殺ったのよ。殺って殺りまくった」と述べるさまもリアリティを欠いている。しかも、「女主人」は「戦後、南洋から帰って来たりしてあの時いなかった人」が島のことをあれこれ言うことを忌避しているが、曾野は自らが「本土」に属していることを消去している。曾野はそのことに触れないままに、自らを「女主人」に重ね合わせ、「本土」の視線でこの物語を書いている。

続く『ある神話の背景』(文藝春秋、一九七三年)では、『切りとられた時間』の核となっていた「集団自決」が、実録風に描かれる。渡嘉敷島の集団自決に関して、住民たちに命令を出したとされる赤松嘉次・元大尉を登場させ、彼にかかわる「神話」をとりあげて、これまでの解釈を斥け批判する。『切りとられた時間』は「宗教的な立場」からの「小説」であり、「事実はどうでもよかった」とされているが、その取材過程で出会った赤松に「真実」を書くように依頼され、あらためて赤松の行為を検証する作品として提供された。そのため『ある神話の背景』では、『鉄の暴風』をはじめ、渡嘉敷島の「集団自決」を記した文献への批判がなされるのである。

曾野は旧日本軍関係者と「非戦闘員」の側の双方にインタビューを行うが、曾野が根底に置くのは「常に沖縄は正しく、本土は悪く、本土を少しでもよく言うものは、すなわち沖縄を裏切ったのだ」とする「単純な論理」への批判である。大江健三郎『沖縄ノート』(岩波書店、一九七〇年)の記述もこの点から批判されるが、逆に曾野の議論は、はじめから『鉄の暴風』や『沖縄ノート』への批判を目的としているともいえる。

曾野による書き換えは、形式とともに内容も作品ごとに推移するが、なかでも『ある神話の背景』は、「体験」の時代に書かれた沖縄の戦記の文脈を検証するという手法を用いている。曾野は複数の作品による複数の手法での文脈の書き換えをおこない、この三部作によって、これまでの沖縄戦の叙述への対抗的な文脈を作り出そうとしたのである。

このとき、曾野は「戦時」を現時点から切り離し、いまは平和の時代としている――「あの時、あんたたちも人間じゃなかった。我々も違う。だからそんな中で、世間が考えるような人並みな不幸なんかある訳ないよ」(『切りとられた時間』)。また、「戦争のあの時代にあった人間の心を、今の時点から拒否することはいくらでもできる。しかし現状を受けいれつつあるこの同時代人に果してその資格があるものだろうか」(『ある神話の背景』)と、アジア・太平洋戦争に対する評価の軸にかかわる議論にまで、書き換えの文脈を敷衍する。

ただ、それにしても、曾野が沖縄へむかう問題意識が不明であることは否めない。書き換えそれ自体を目的とする以上に、曾野の作品から沖縄への関心を読み取ることは難しい。[7]

書き換えにともなう対立と論争

このような文脈の書き換えに際しては、対立と対抗、あるいは論争がおこる。林房雄『大東亜戦争肯定論』(正続、番町書房、一九六四―六五年。雑誌連載は、一九六三―六五年)は、論争的に「すでに「大東亜戦争」は歴史としてふりかえることのできる時が来ていると思う」として、これまでの文脈の書き換えを図った。

『大東亜戦争肯定論』とは、その表題自体が挑発的である。「徳川二百年《ママ》の平和が破られた時に、「長い一つの戦争」が始まり、それは昭和二十年八月十五日にやっと終止符を打たれた」「大東亜戦争は百年戦争の終曲であった」という認識に基づく議論である。戦争認識としてはとっぴであるが、少なからぬ反響を引き起こした作品となった。

林は、一八四〇年代以降の「攘夷論」に「西力東漸」への「思想的反撃」を見出し、ここから「薩英戦争」、「下関戦争」、「征韓論」をへて日清戦争、日露戦争、さらに「太平洋戦争」へと続く「東亜百年戦争」という「仮説」を論証しようとする。林は、まずは明治維新の再解釈から説きはじめ、「朝鮮併合」(と、林は表記する)や「条約改正」に言及し、「朝鮮併合」もまた「「日本の反撃」としての「東亜百年戦争」の一環」であったと強弁する。ナショナリズムには「牙と爪」があると開き直り、「西洋列強」を批判し、「アジアの自主と解放」を目論んだと述べるとともに、「歴史の非情」—パワーポリティックスを言い募るのである。

そして、アメリカとの対立を日露戦争のときのポーツマス講和条約後に見出す。アメリカの構想を「白い太平洋《ホワイト・パシフィック》」とし、太平洋を「アジア人」から奪い、「白人の海にする」ものといい、それとの対決に日本の立場を置く。

大川周明、北一輝、石原莞爾ら「昭和維新」を説く者たちを、林は「東亜百年戦争末期」の思想家として特記し、日本の「国内改革」と「国運の展開」を「アジアと世界の規模において構想し、夢想した理想家」とする。そして「満州事変」での関東軍の「独走」は「事実」としたうえで、彼らが「独走」した理由と原因を「昭和維新」への呼応と論じた。

「西洋」の進出に対抗しその「植民地」から脱するということと、五・一五事件や二・二六事件などの「昭和維新」とを連結させ、林は文字通り「大東亜戦争」の再版としてアジア・太平洋戦争の新解釈を提示している。

『大東亜戦争肯定論』で、林は、戦後の文脈で戦争批判をおこなう政治学者・丸山真男を批判し、井上清や歴史学研究会をはじめとする「左翼歴史家」の解釈をことごとに否定する。さらには(同じく「大東亜戦争」を論じた)上山春平の所説までをもとりあげ批判する。

このとき、『大東亜戦争肯定論』の叙述は、近代日本の出来事をめぐり、戦後の歴史学や政治学との解釈の争いという面をきわだたせる。林は「私は「十五年戦争説」をとらない。どこまでも「東亜百年戦争」の立場に立って、満州事変をも解釈する」とした。

そのため、たとえば中国への二一カ条要求に対しても、「日本外交史上最大の失敗」という『太平洋戦争への道』の見解を「事実」とはするが、「それは日本人がシナに対して言うべき言葉で、アメリカ人が言える言葉ではない」と林は断ずる。あるいは、「満州」における万宝山事件(一九三一年)も、中国での「排日運動」が朝鮮人にも向けられた「鮮支人衝突」と把握されることとなり、林は「西洋列強」への攻撃的なナショナリズムに基づく歴史像・戦争像の解釈を提示するのである。

一九六〇年代半ばの著作としてみたとき、『大東亜戦争肯定論』は共産主義を批判するイデオロギーそのものとなっている。この観点から解釈するとき、朝鮮戦争に「アジアの反撃」を見てとり、中国に(日本の)「百年戦争」の継承を見出すことにもなるはずだが、林は朝鮮戦争以後の戦争を「新しい異質の戦争」と把握し、「冷戦」はあらたな段階とした。林はアジア・太平洋戦争の時間と空間をテコに近代日本の出来事にあらたな解釈をほどこし、戦後に歴史学が主となって作り上げてきた文脈の書き換えを強引に行っていったのである。

「戦場」の証言

だが、一九七〇年前後には、これまで一九五〇年代に作られてきた「体験」の文脈をないがしろにする(上記のような)修正派の書き換えにのみ活気があったのではない。人びとの戦争、帝国―植民地の経験にあらためて着目し、証言として共有しようという試みがなされ始める。批判的な文脈を維持するβ－Ⅱ型の例として、雑誌が介在した証言の募集、さらに場所《トポス》と出来事にかかわる経験が証言として語られていくようすをとりあげよう。「証言」の時代の奔流が、このβ－Ⅱ型に投影されている。

まずは、もと兵士たちによる「戦場」、女性たちによる「銃後」の証言である。一九六五年に、『週刊朝日』が「父の戦記」を募集したことは、戦記にとってひとつの転機となった。それまで、『世界』(一九五五年八月、「私の八月十五日」)や『週刊朝日』(一九六三年八月二三日、「私の八月一五日」)における読者からの体験記―手記の募集のように、敗戦をめぐる経験については人びとは語りだし始めていた。しかし、かつての兵士が公に向かって一般的に語ることはなかなかみられない。たしかに、『今日の話題　戦記版』や『丸』に掲載されたような戦闘の局面における軍事的体験記は提供されたが、兵士であった経験が一般に語られることは少なかった。士官、下士官とは異なる兵士としての経験の深刻さが、いまだことばにしえない原因であったろう。また発言の機会もなかったろう。

このとき、兵士の目線からアジア・太平洋戦争の戦争像に接近していったのが、『週刊朝日』による「父の戦記」の公募であった。「戦争を知らない世代」が成長した敗戦後二〇年に「こんどの戦争の真実を、長く歴史の記録として残したい」と読者からの手記を求めたことにより、あらたな人びとの証言が加えられることとなったのである。

審査員は、阿川弘之、伊藤桂一(一九一七年生まれ)、臼井吉見(一九〇五年生まれ)と同誌の編集長が務めた(『週刊朝日』一九六五年五月二八日)。一七一六編の応募があり、増大号(一九六五年八月一三日)に「わが子のために語り残す 父の戦記」として入選作二五編が発表された。「北支」「南支」「ボルネオ」「内地」のように地域の副題をつけられた手記は四五ページにわたった。臼井は、そこに「わが子に語り継ぎたい思い」の強さを見ている(臼井「にじみ出る戦争の労苦」同)。

のちにあらたに二五編を加え、週刊朝日編『父の戦記』(朝日新聞社、一九六五年)として単行本化されるが、そこでも「大陸」「北方」「南方」「内地・沖縄」という地域区分のもとに編集される。たとえば「大陸」のばあい、「北支」「中支」「南支」「満州」……と各地域から代表的な手記―戦記を選び取っている。戦場経験を幅広く目配りして、戦争像を再構成しようという意図である。はじめて口を開く思いの強さをもつ応募者たちと、すでに戦争に関しては戦後二〇年をかけて議論してきたという認識に立ち、個々の経験を証言として整序しようとする審査員とのあいだに溝があることは見逃せない。

「父の戦記」の特徴は、入選した小池五郎が「オヤジも一兵卒としてこんな体験をしたんだということだけは知ってほしい」と述べているように(『週刊朝日 増大号』一九六五年八月一三日)、「一兵卒」としての経験が記されていることである。したがって中国兵に止まらず、現地で接した中国人や朝鮮人の姿が描かれ、ときには捕虜の虐殺にも筆を及ぼしている。また、従来の戦記が太平洋に傾きがちであったときに、『父の戦記』では中国大陸での戦場経験を多く収録している。応募者たちは自らの経験に固執し、戦後の生き方を規定するものとしてそれを整理し、同時代に提供するという姿勢をみせた。

ことは、「父の戦記」の読者においても同じであった。読者は目の前で進行するベトナム戦争を見据えながら「父の戦記」を読み、「父の戦記」に触発されて自らの戦争経験を思い起こしていく。『週刊朝日』の同号の「読者のイス」欄(投稿欄)には、かつて従軍記者をしていた四七歳の男性の「北支」での中国人農民の虐殺の記憶が、子どもたちとのベトナム戦争をめぐる議論と重ねあわされて記される。また、「戦争の孤児を体験した」二一歳の学生の投稿が掲載されている。翌週号(一九六五年八月二〇日)の「読者のイス」欄には、「父の戦記」が「強烈」に心を捉え、「私の胸に眠っていたある記憶が鮮明によみがえってくる」という三一歳の「主婦」や、「戦争を体験した日本人は、おそらく涙のうちに読まれることであろう」とした五七歳の教育長の投書がみられる。ともに、中国北京での経験(前者)や、二人の弟を戦死させた経験(後者)をつづけて語っている。

「銃後」の証言

いまひとつは、雑誌『暮しの手帖』第九六号（一九六八年）「特集 戦争中の暮しの記録」である（翌年、暮しの手帖社より単行本化された）。編集長・花森安治による「あとがき」では、「創刊号以来はじめて」一冊全部をひとつのテーマで特集し、原稿は「ひろく読者から募集したもののなかから、えらんだ」という。一七三六編の応募は、「その多くが、あきらかに、はじめて原稿用紙に字を書いた」と思われるものだったと、花森は続けている。そしてさらに、「どの文章も、これを書きのこしておきたい、という切な気持から出ている」とも述べている。花森自身も「この号だけは、なんとか保存して下さって、この後の世代のためにのこしていただきたい」という。

一九七〇年前後に、「戦争中の暮しの記録」を伝えたい――証言として残しておきたいという意識が広く共有されていることの一例といえるが、修正的な文脈の書き換えではなく、批判的な書き換えの意識に基づくもの（β－Ⅱ型）である。

『暮しの手帖』のこの号に収められた証言は、年表風の時間軸に沿った配列構成はされない。巻頭の「戦場」と名づけられたグラビアページには、（花森によると思われる）「〈戦場〉は／いつでも／海の向うにあった」と書き出される説明文が付され、「空襲」の写真には、「焼夷弾」が降ってくるようになったときにおいても、人びとが「戦場」とは考えていなかったことへの批判的な文章が付される――「この　すさまじい焼夷弾／攻撃にさらされている／この瞬間も／おそらく　ここが／これが〈戦場〉だとは／おもっていなかった」。

図8　『暮しの手帖』「特集　戦争中の暮しの記録」より

「焼け跡」に対しても同様である。「焼け跡」で避難する家族連れの写真に対し、花森は、これまでは戦火によるものであっても「焼け跡」は単なる「焼け跡」であった。「戦場」ではなく、死者も「戦死者」とは呼ばれなかったとする。花森は、俯瞰した「焼け跡」の写真を提示し、ここを「焼け跡」と呼び、人びとを「罹災者」と片付けてよいかと問いかけ、「ここが　みんなの町が／〈戦場〉だった／こここそ　今度の戦争で／もっとも凄惨苛烈な／〈戦場〉だった」とした(図8)。「戦場」の概念をめぐっての問題提起であるが、「特集　戦争中の暮しの記録」ではかかる認識に基づいて人びとの証言の配置がなされている。

「東京大空襲」「一九四五年八月六

日」「大阪全滅」「わが町は焼けたり」といった出来事、「疎開」という経験（「飢えたるこどもたち」「おてがみ」「村へやってきた町の子」も同様）、「食」をめぐる記憶（「酒・たばこ・マッチ・石けん・長ぐつ・油」「路傍の畑」も同様）、「防空壕と壕舎」という住環境、「小学生」「油と泥にまみれて」という年齢での戦時生活経験、職業の記憶（「産婆さんは大忙し」）が構成上の柱とされる。また、「父よ夫よ」と呼びかけの対象や、「ゆがめられたおしゃれ」「汽車は行く」などの戦時の生活の断面も切り取られている。「お願い申します」と他人に懇願した経験や「恥の記憶」も柱とされるなど、「特集　戦争中の暮しの記録」は構成に工夫が行き届いている（この部分、「　」は章のタイトルを示している）。

グラビアでは「いろいろの道具」として、「米つき棒」「たばこ巻き器」「もんぺ」「防空ずきん」を示し、勝矢武男「日日の歌」、平岡峯太郎「配給食品日記」は同様に、イラストでモノ、ヒトを描いた。文章とともに、絵や写真による再現もおこなっている。

すなわち「特集　戦争中の暮しの記録」では戦時生活をいまの時点から批判的に想起し、そこでの知見と認識とによって人びとの手記を生活の諸局面に分節し、配列したのである。花森を中心とする編集部員が戦争経験者であったがゆえに、こうした配列・構成が可能であったのであろうが、戦争の時間的な経過をたどる証言の再構成は排された。もっとも、戦時の時間をなぞることは回避されたが、手記の扱う空間は「内地」に止まっている。戦場の概念を書き換えるものの、空間の範囲にまでそれは及んでいない。別の言い方をすれば、植民地にかかわる証言は、かかる媒体ではなされなかったのである。

「特集　戦争中の暮しの記録」において、花森は「当然のことながら」誤字脱字を正し重複を削り、明らかな記憶違いは改めるなど、応募原稿に「いくらかの手を加えた」が(「あとがき」)、画一的・一律的な調整は放棄している。表記を統一したり、誤字を正すと「あれほど心を動かされた文章が、まるで味もそっけもない、つまらない文章になってしまった」とも述べている(同)。ここには、簡単に見過ごせない問題提起がなされている。証言をする人びとが持つ、あるなにかを失いたくないという花森の姿勢であり証言のもつかけがえのなさが指摘されていよう(8)。体験／記憶／証言が「証言」として表現されていく「証言」の時代のはじまりのときに、花森はその重要性を探りあてている。

「沖縄戦」の証言

β－Ⅱ型の第三には、『沖縄県史』(全二三巻・別巻、琉球政府、沖縄県教育委員会、一九六五―七七年)を挙げることができる。『沖縄県史』は、第九巻(一九七一年)、第一〇巻(一九七四年)を「沖縄戦記録」一・二に充てている――「本記録は沖縄県民の戦争体験を、生存者多数の記憶によって記録し、まとめたものである」(「編集趣旨ならびに凡例」)。

沖縄戦において、これまで沈黙していた「庶民たち」の証言を引き出した点で、『沖縄県史』「沖縄戦記録」は画期をなす文献である。「おもに座談会形式で録音テープに収め、それを文章化」し、各村ごとに証言が掲げられるが、沖縄の戦場での経験がことばとなり、文字として書きとめられることとなった(9)。

「解題」は作家の宮城聡(「沖縄戦記録　一」)が担当し、「語る人びとと共に悲しみ、痛むと共に、何故にこの惨酷の宿命を沖縄県民が背負わされなければならなかったかに憤りを持たされている」ことを表明する。沖縄戦の証言の集成の背景には、県民と(戦争への)「憤り」「悲しみ」「痛み」を共有する編者の姿勢があった。

また、『沖縄県史』では、記録することの方法と意味を考察し検討している。宮城は、「戦争体験者たち」は個人差はあるが「まるで昨日のことのように」「体験が完全に保持され」、「方言」をまじえた話は「表現」も力強いとした。また、「沖縄戦の渦中にあった多数の人の目、心で、間違いのない沖縄県民受難の姿を見、かつ探求するのを努めた」とし、「現象面」「時間関係」などで「矛盾」や「曖昧」さを感じたり、「体験記憶の再認に多少でも疑わしい場合」には、幾度も足を運び「体験を正しく再現させるよう」に努めたとした。「真相を微塵も歪曲してはいけない」ということを「戒め」としていたとも、宮城は続けている。

すなわち、沖縄戦の証言を得るのに際し、宮城がかかわった『沖縄県史』は「正しい記憶」──「人間の体験の正確な再現」を基準としている。もとより、宮城は、沖縄戦においては「虚脱」や「思考停止」など、「自分自身で自分の記憶、すなわち直前の体験の記憶を拒否しつづけなくては、自分の生命を維持することはできなかったほどに強烈な体験」であることをよく理解している。そのため、証言者の話が「前後入り乱れ」「舌足らず」であっても「省略」せずに書き留める一方、座談会への出席を拒み続ける人びとについても言及している。

宮城のここでの言は、二五年を経た「採録時点」において証言が可能かという批判への応答といいうる。「悲しみを拒否してしか生きることのできなかった人びと」にとり、一〇年前、一五年前までは座談会へ出て話すことは「できない相談」であったと、宮城は言う。強烈な戦争経験はすぐには語りだしえず、沈黙や逡巡、ためらいのなかでようやくつむぎだせるようになったことと、その時期がようやくやってきたことを宮城は指摘するのである。(10)

そして、沖縄住民の「集団自決」をめぐる曾野の議論をあわせみるとき、ここにも戦争経験をめぐる文脈の対抗が醸成される。β－Ⅰ型とβ－Ⅱ型とに分類したものの対抗であるが、互いに証言を提示することにより、その主張の根拠を形づくることとなる。厳しい対立が、「証言」の時代にはあらわれる。

このとき、語り出されたものをどのように記述するか――これが「証言」のいまひとつの関門となる。この点について「沖縄戦記録」は、証言を沖縄戦の流れに即して配列している。参照されているのは、防衛庁防衛研修所戦史室が編集した『戦史叢書』の『沖縄方面陸軍作戦』であり、さらに『沖縄県史』「解題」は、沖縄戦の局面を『戦史叢書』によって記している。

『戦史叢書』はすでに記したように、一九六六年から一〇二冊というボリュームで刊行された戦史の正史である。『沖縄県史』でも作戦レベルでの正史に拠り「第三二軍の実態」など「沖縄戦の経過の概略」が語られたうえで、住民の動向がそれに上書きされる。『沖縄県史』は、住民の立場に立ち、沖縄戦の「痛み」や「憤り」を共有しつつも、そこに収録された証言が軍事レベルでの正史の時間的推移を共有してしまう難点が生じている。

たしかに『沖縄県史』「沖縄戦記録」では、住民の証言を手がかりとし、日本軍が壕から住民を追い出したことがしっかりと記されている。また、(日本軍が)「壕内深くもぐり込んで隠れていることを「健闘」、「健在」、「勇戦」と記している」と『戦史叢書』を批判し、軍事的正史とは一線を画している。だが、沖縄戦の時間・空間はこの軍事的正史の規定に従ってしまっているのである(11)。

「空襲」の証言

β-Ⅱ型のいまひとつの領域は、空襲の証言である。折からのベトナム戦争の激化や、戦争世代の減少への危機感といったこととあわせ、一九七〇年前後が戦災で死亡した人の二七回忌にあたっていることが、空襲の証言収集への想いに重なる。すなわち、回忌に際し会が結成され、それが各地での空襲の記録へと連なっていったのである(12)。これまでも私的な会話、そして文学作品のなかでこそ空襲は話題となってきたが、ここにきてはじめて、一人ひとりの経験が、証言として公共的な空間に持ち出されようとする。いや、戦記の多さに比すれば、空襲の体験―証言はいまだ語りだされていたとは言い難い状況にあるのだが、それでも始動しはじめた。

空襲記録運動の主導者の一人である松浦総三(一九一四年生まれ)は、東京大空襲の体験―証言が欠如している理由を占領軍のプレス・コードに求めている(「書かれざる東京大空襲」『文藝春秋』一九六八年三月)。また、同じく大阪での記録運動の主導者の一人である小山仁示(一九三一年生まれ)は、空襲経験をもつ世代の男性の多くが戦地におり不在であったというジェンダーにかかわる点に論及し、人びとが発言するまでに時間がかかったことを指摘している(座談会「空襲を記録する運動」『日本の空襲』第一〇巻、三省堂、一九八一年)。

空襲を記録する会は、一九七〇年代には「東京空襲を記録する会」をはじめ、横浜、静岡、大阪、福井、神戸、徳島、那覇(以上、一九七一年)、仙台、名古屋、姫路、高松、大牟田、佐世保(以上、一九七二年)、津、大垣、京都、福山(以上、一九七三年)、宇都宮、岐阜、呉(以上、一九七四年)、岡崎、宇和島、福岡(以上、一九七五年)と次々に結成される。

これら全国各地の四〇を超える団体は、大都市から中小都市まで、それぞれの課題を持ちながら記録活動をはじめとする多彩な活動を展開する。また、全国的な規模で持続的な活動として展開されるにいたり、「空襲・戦災を記録する会全国連絡会議」(はじめは、「空襲を記録する会全国連絡会議」)も結成された[13]。

ほぼすべての記録する会が、『横浜の空襲と戦災』(全六巻、一九七五—七七年)、『静岡市空襲の記録』(一九七四年)、『大阪大空襲体験記』(一九七一—七七年)、『県都ふくいの空襲被災体験記』(全二巻、一九七二—七三年)、『神戸大空襲』(一九七二年)、『徳島大空襲』(一九七一年)、『忘れられぬ体験』(那覇、全二巻、一九七八年)など記録集を次々に刊行し、なかには大部のものも少なくない。空襲経験者の手記を多く集めるが、空襲の詳細をアメリカ側の資料なども収集しながら描くものとなっている。

証言の収集

一九七〇年八月五日に結成され、『東京大空襲・戦災誌』(全五巻、一九七三—七四年)を刊行した「東京空襲を記録する会」を例に取り、空襲の証言についてみてみよう。『東京大空襲・戦災誌』は、各冊が一〇〇〇ページを越える浩瀚《こうかん》な書物である。(後述するように)第一巻と第二巻が「都民の空襲体験記録集」とされたほかは、第三巻「軍・政府(日米)公式記録集」、第四巻「報道・著作記録集」、そして第五巻「空襲下の都民生活に関する記録」となっている。地域の住民たちの空襲経験とともに、どのように日本政府や軍が空襲とその被害を把握したか、また、どのように報道がなされたかを集成する大部の「戦災誌」である。『東京大空襲・戦災誌』では、アメリカ側の資料もたんねんに調査し、空襲計画・作戦から部隊組織や空襲の影響の報告書まで紹介した。

個人的な経験と公式記録、空襲した側とされた側、戦時生活の常態と非常事態がともに視野に入れられ、空襲規模(飛行機の数、爆弾の種類と量、目的、時間など)や被害(死傷者、焼失地域など)が「事実」の確定を求心力とし、集約されていく。しかも、この視点が交錯し、重なり合い、反響しあい、数量的な被害に留まらず、恐怖の記憶に限定されない空襲像がうちだされた。

『東京大空襲・戦災誌』第一巻と第二巻は、広く東京都民に「体験手記」を募集し、それを編集した巻である。ほぼ一年間のあいだに、八四四編(原稿用紙で、約一万一〇〇〇枚)が集まり、このなかには「談話筆記」もあるという。「都民自身に、まずその炎と恐怖の体験を語り・綴ってもらうこと、特に最も戦争のなかで弱い立場にあった女性や老人、子どもなどの〝声なき声〟の記録を収集する」ことを目的としたが、実際、執筆者の半数以上が女性であり、すでに東京都外に居住するものたちであった。集まった「体験記」は、都内における「すべての空襲」を含むとともに、「ほぼ空襲の酷かった日と場所に比例」していたという。

『東京大空襲・戦災誌』では、人びとの戦時生活を回覧板や雑誌記事など、膨大な資料で明らかにすることも試みている。資料にもとづき、戦時生活と空襲の様相を追求しようとする姿勢であり、空襲を戦時生活のなかに位置づけ、「事実」において把握する営みであった。人びとの空襲経験もこの観点から把握されることとなる。第一巻が「三月一〇日篇」、第二巻が「初空襲から八・一五まで」とされるが、注目すべきは、松浦が、「体験記」は「二重の側面」をもち、第一は「執筆した個人の空襲に対する怨念の記録」であり、第二は「空襲下の巷を表現する貴重な資料的要素」としていることである。第二の側面は「対象化された記録」となる点で、自らの経験とは異なる空襲記録は「戦災体験の連帯と対話を生む資料」となると松浦は指摘した。松浦は『東京大空襲・戦災誌』に、証言が相互に呼応しあい、反響する効果を見出すのである。「体験」においては自己の経験の絶対性が優越するであろうが、相手に対して語る「証言」では、他者を意識した語りとなるということを松浦の言は示唆している。空襲の証言は、多くの点で、さきの「沖縄戦記録」と共通する論点を見せている。

『東京大空襲・戦災誌』の編集委員会は、この「対話」のためとして、第一巻では「体験記」を旧三五区—町と地域ごとに並べ、これが「三月一〇日空襲の一大パノラマ」となるといい、「その夜のあの場所、この橋の状況」が「期せずして再現される資料」となったとする。

第二巻は、一九四二年四月一八日の「初空襲」から一九四五年八月一五日まで、約一二〇回にわたり、戦災地域も全都に及ぶという空襲の「時間的・空間的な広がりをもつ記録集」である。そのため、編集が(第一巻とは)いささか異なり、まずは「空襲日順の構成」をとり、そのなかで地域ごとに証言が掲げられる。「被害の多い地域」のなかで北から南、東から西へと町を「配列」している(早乙女勝元、土岐島雄による「『東京大空襲・戦災誌』第二巻の編集について」)。

ここでも証言は、空襲の時間により規定され、配列されることとなった。空襲が罹災者の証言により再構成されるとともに、空襲する側の時間・空間がなぞられてしまうことにもなる。

また、ここでは「必ずしも確定していない全空襲・戦災の事実の把握」がなされ、「それに呼応する体験記中の記述事実の確定」の作業がなされた。いまだ記録されていないあらたな出来事の発掘—確定とともに、人びとが記憶している罹災の場所、時間の「思い違い」「誤記」への「訂正」「補筆」がなされたのである。日本軍、アメリカ軍の記録をはじめとする空襲資料をもとに、人びとの側の記述の修正を求めるものであり、これも「証言」の時代ならではの行為であろう。「事実」が参照系とされ、その確定に力が傾けられている。

しかし、早乙女・土岐が記すように「思い違いや誤記にしても、単純なものではない」。夜間の空襲の場合、地域によって時間がずれ「空襲日」が異なる場合が出てきたり、地名・名称でも「旧称や誤記されているほうが通用していた事実」がある。こうしたなか「空襲日の確定が家族の命日の変更をきたす」として、手記執筆者が「困惑」を訴えた例もあったとしている。

記憶と証言の齟齬―対立が顕現しているが、『東京大空襲・戦災誌』では「事実」を絶対とする認識から対応しており、そこに生じた対抗の意味については深められなかった。この論点は、のちの「記憶」の時代に持ち越されることとなる。なお、松浦が、経験の「重さ」のために「今日に至るまで、口を緘して体験を語ることを拒んだ人びと、そして炎のなかに死んだ一〇万をこす犠牲者の方々」に言及していることは見逃せない。第二巻でも「沈黙」について触れ「これらの人びとにこそ、重い扉を開いてもらいたかった」と述べている。「死者」と「沈黙」する人びとの存在の重さを自覚しながら、証言の収集に携わっていたのである。

こうして、「東京空襲を記録する会」の活動は、戦時における生活や世相に眼を配りつつ、空襲経験者の手記を多く集め「証言」とし、当事者の経験を公式記録と突合せる観点を切り開いた点に画期があったといえよう。さらに、出撃したアメリカ側と、被害を調査した(はずの)日本側の資料との双方を取り上げ空襲の「実態」に接近し、空襲の前と後すなわち、戦時期と占領期に空襲の時間を拡大したことも重要である。空襲の「証言」は、空襲に対するあらたな認識を提供することと対をなしていた。「東京空襲を記録する会」は、折から激しさを増したベトナム戦争への反戦・非戦を訴え、アジア・太平洋戦争を風化させないことを唱え、市民運動や住民運動の性格をもちながら展開されていくこととなった。講演会や展示会をおこない、広く戦時生活に関わる学習活動も実践し、「証言」の時代の中核となっていった。(14)

だが、「東京空襲を記録する会」はそのゆえの問題も抱え込んでいる。『東京大空襲・戦災誌』編集委員会では、投稿された原稿は「原則的に全部採用する」という方針を立て、そのために一人当たりの収録枚数を三〇枚とし、そのために「原稿の削除・整理」をおこなった。ここでは、経験がひとつの型――枚数においても、論じ方においても、枠づけされてしまうという難点が生じる。経験を「書くこと」さらに、それが「証言」とされることにともなう問題が創り出されるのである。

「いかに」伝えるか

「証言」の時代には、すでにある文献を書き換えるα型と、文脈に焦点を当てるβ型とがあったことを述べてきたが、注目すべきは、そのなかで批判的な文脈から「証言」を提出するβ-Ⅱ型であった。雑誌(『週刊朝日』『暮しの手帖』)は、軸となる証言を読者からの応募に求め、『東京大空襲・戦災誌』もまた同様のこころみをおこなった。これに対し、『沖縄県史』は座談会を通じての「聞き取り」をし、一九七〇年前後の「証言」の時代の多元的なありようを見せている。

これらの営みは、戦争経験者、沖縄戦や東京大空襲の経験者が主導し、実際の業務も遂行するかたちで実施されている。自ら経験を持つ人びとが証言の収集に執念を燃やし、ときには使命感から尽力している。同時に、これらには「編集」の手が入っており、一人ひとりの経験の集成が、前線や銃後、沖縄戦や東京大空襲の時間・空間を構成すべく配列されている。

もとより、この時期に証言をこれだけ集めたことは偉業であり、多くの出来事がここで初めてかたちをあらわしていった。さらに、早乙女・土岐は、ひとつの町、橋や公園に「一〇人以上の証言があるものが少なくない」――「戦災状況の再現は、複数形の人びとの目からとらえられた冷厳な〝事実〟を浮きぼりにする」としている。「証言」の時代の記述の作法として、傾聴すべき論点である。

空襲にかかわる証言に関し、一九七〇―八〇年代の認識として、被害と加害の観点が議論された点もまた見逃せない。空襲経験を語るとき、ともすれば被害者の意識が前面に出される。先の座談会「空襲を記録する運動」で、早乙女は、「被害者意識まる出しではないかという〔批判的な―註〕声がずいぶんありまして」と述べている。このとき、小山は、「被害者」を主張することによって「加害者」が見えてくることをいい、被害であることに立脚し、かつ、単なる「被害の寄せ集めだけじゃない」ことを目指すとする。この座談会は一九八一年にもたれたが、事態は沖縄戦における『沖縄県史』においても同様であったろう。

沖縄戦の証言においても、空襲の記録においても、運動の要素と研究的な要素とが双方併せ持たれていたこともまた、重要である。戦争経験としての沖縄戦、そして空襲経験をいかに語り伝えるかということが正面から論議され、広義の意味での学習活動であるとともに、証言の持つ意味や反戦への回路のつくり方など、「何を」伝えるかということとあわせ、「いかに」伝えるかを焦点化していった。「体験」とは異なる「証言」の時代が、こうして本格化する。

2　あらたな「引揚げ」記、あらたな「抑留」記

「故郷」と「家族」への思い

一九七〇年前後には、「引揚げ」と「抑留」にも、あらたな語り方が登場する。一九六五年の日韓基本条約、一九七二年の日中共同声明、さらには同年の沖縄の施政権返還と、東アジアの戦時の「処理」がなされたが、ここでのあらたな秩序によって、帝国日本の経験のあらたな論点が浮上した。

「戦後」のこれまでの過程で、移動し得なかった人びとや、一方向には留まらない移動のありようがあきらかになる。「引揚げ」に関しては、これまで語られなかった「引揚げ」の空白が記され、シベリア「抑留」に関しては、石原吉郎や内村剛介らソ連で囚人生活を送った人びとが口を開き始める。収容所生活を送っていた捕虜として彼らは、あらたにロシア共

和国刑法第五八条(反ソ行為)により有罪判決を受けたのである。実際に「反ソ行為」をおこなった形跡はうかがえず実状は不明だが、(抑留者の帰還が開始されるなか)彼らはさらなる「抑留」を継続することとなった。そして石原は一九五三年、内村はさらに遅れ一九五六年に日本に帰国した。

表現の形式は、散文の体験記に留まらず、小説や詩、絵画なども目立ち、経験の意味をあらためて考察することとなった。証言として提示されるこれらの作品は、「引揚げ」を止め、「抑留」を実践した暴力だけでなく、「戦後」日本をも批判するまなざしを有し、しばしば実存的な問いかけを行うこととともなった。

そのひとつとして、まずは李恢成《イフェソン》『またふたたびの道』(講談社、一九六九年)を取り上げてみよう。敗戦時に「樺太」(サハリン)に残留させられた朝鮮人家族の「引揚げ」をめぐる小説である(15)。

「またふたたびの道」は、李恢成自身を思わせる視点人物の趙哲午《チョルオ》による二〇年前の一九四六年の夏から翌年にかけての時期の回想の体裁をとる小説で、敗戦後のサハリンの真岡《ホールムスク》を物語の起点とする。哲午はサハリン生まれであるが、「おまえの国は朝鮮なのだ」と教えられて育ち、日本の敗戦後には、兄から「日本人になりすましていくんだ。パスポートを偽造してな」と説明され、内地へと渡る。

だが同行したのは、父とその「後妻」、四人の兄妹たちで、「前妻」の父母(祖父母)および、父が再婚した相手の連れ子である豊子は置いていかれる——「豊子は棄てられたのだ。みんなからとうとう棄てられてしまった」。

分断された一家は、サハリンから函館を経て青森へ渡り、さらに朝鮮に渡るはずであった。「しかしそのときになって、父は帰国を思いとどまった。祖国が置かれている当時の情勢が帰国を躊躇させた」。そして、彼らは「日本在留許可」をとる。父は「一族が海を渡って祖国へ帰ることを夢みていた」が、「またふたたび」それが挫折することが、二〇年後に回想される小説である。哲午は「在日朝鮮人にとって祖国とは何なのか。朝鮮人とは、日本人とは何なのか」と問いかける。この問いは、小説が書かれた一九七〇年前後の李恢成の問いかけであり、「家族」と「故郷」のありようが冷戦のなかで考察された。

「またふたたびの道」は、「消息が長いこと途絶」していた豊子たちと四、五年前から連絡がつき、豊子から手紙が来たことを記す——「自分を置き去りにしていった父母をずっと恨んでいたこと、もう両親を親とも感じなくなったこと、自分を引き取って育ててくれた祖父母を本当の親と思っている」こと。ここには、あらたな「家族」の物語の可能性が示唆されているが、李の「またふたたびの道」は、この方向に行くのではない。李は、あるべき「故郷」としての朝鮮半島を、哲午らが現住する日本に対峙させ、戦争と植民地支配、さらにその継続によって「家族」が離散させられたことを根拠として、暴力を黙視したばかりか、暴力を行使していた戦後社会を撃つ。

李恢成の作品には、「引揚げ」や「抑留」をすでに解決した課題として、安閑とする「戦後」への批判が脈打っている。とともに、「故郷」と「家族」への想いは温存され、その達成を阻害している戦後社会を批判する作品となっている。

「サハリン在留同胞」の「帰国」を、「朝鮮民族」にとってひとつの「切実な懸案」という李は、自らの経験を素材としている。サハリンでは「日本人」が引揚げたあと、日ソ共同宣言（一九五六年）により「日本人」を妻とする韓国・朝鮮人の引揚げが可能となり、さらに一九五九年に朴魯学《パクノハク》らが「樺太抑留帰還者同盟」を結成し、「故郷」への帰還を図る。李は、この移動にかかわる暴力と彼らの苦難を、朝鮮半島の分断への（日韓条約による）日本の荷担のなかで、植民地期の移動とかさねあわせ、「またふたたび」の問題とし、歴史的な視野において論じようとしたのである。(16)

「植民地二世」たちの「引揚げ」

一九七〇年前後に、「引揚げ」にかかわって発言を始めたのは、「植民地二世」たちである。そのひとりである森崎和江は、朝鮮慶尚北道大邱《テグ》府で一九二七年に生まれた。森崎は帝国―植民地という関係を踏まえたうえで、「家族」と「祖国」「故郷」の物語に亀裂を入れ、あらたな「引揚げ」の語り方を開始する。「他者」としての植民地の人びとに、自らのことばを伝えようとし、そこに横たわる帝国―植民地という非対称の関係を、森崎は意識している。「かつての植民地で生れた植民地二世」という暴力の体現者としての自覚を持ち、「生誕にともなう歴史性を敗戦と重ねあわせて、その後の自分を切り拓いてきたつもりです」と述べるのである（「根底的とはなにか」『ははのくにとの幻想婚』現代思潮社、一九七〇年、所収。初出も同年）。

森崎の「二つのことば・二つのこころ」（一九六八年）というエッセイは、

朝鮮について語ることは重たい。こころを押してゆけそうにない。私は朝鮮慶尚北道三笠町で生れた。自分の出生が——生き方でなく生れた事実が——そのまま罪である思いのくらさは口外しえるものではない。

と書き出されている。「ひたすら朝鮮によって養われた」幼少期。しかしそのことは、日本／朝鮮のあいだで自己が「分裂」しているという感覚をもたらし、日本と朝鮮の「重なった二つの民族色」を自己に意識させることとなる。自分は「朝鮮で日本人であった」が、「日本内地に対して保身的であり抵抗的であった」——双方の土地から疎外され、しかもこの二つの空間は対等ではない。日本語を使いながら、「そのことばのイメエジのほとんどを朝鮮化して用いてきた」という自覚は、「帰国後のくらし」（＝「引揚げ」後）を、「他へ伝えようがないつらさであった」と森崎は述べるのである（「朝鮮断章・一」、同前、所収、一九六八年）。

同じく一九六八年に書かれた「故郷・韓国への確認のたび」（同前、所収）では、「おじいさんは山に芝刈りに、おばあさんは川へ洗濯に、という話は、私には白衣の朝鮮服を着た朝鮮のおじいさんおばあさんの行為としてしか描けない」とも述べている。そして、「私が感覚の母体としていたところの朝鮮の自然と混合していた風習が、実は彼らの民族性の裏返されたものであったろうこと」を認識し，「彼らこそどんなにか正面きった自己を表現したかったろう」とした。

「日本」ではなく「朝鮮」で形成される自らの感覚とは，朝鮮人たちの「民族」意識が作り上げてきたものの内面化である。しかも朝鮮人自身は，それを表現する手段が封じられていたということが，森崎の自己省察であり，「他者」と自己とのかかわりの探求である。

他方，朝鮮の「内地人」として，森崎のなかには強い緊張感がある。

私は十七歳まで，朝鮮人の幼児から老人にいたるまでのまなざしに，集団姦を感じなかったことは一度もない。それらは性交をめざすなどという，快感に端を発し，快感の消化に終わるたぐいの視線ではない。姦(おか)し殺すのである。もはや姦(おか)すはうすれ，一瞥で殺す，つまり勝負のまなざしで，私の性を突かんとする。私は女をかくすことなく，その目をみつめかえし，女性を生きることでそれに堪えんとしてきた。(「わたしのかお」同前，所収，一九六八年)

帝国―植民地の関係が，見つめられる「まなざし」に包囲されていること，また，性的なるもの(セクシュアリティ)を立ち上がらせることが記される。

「二つのこころ」の並列と，非対称的な関係の自覚。こうした森崎の認識は，植民地・朝鮮での経験とともに，戦後に森崎が暮らす九州の炭坑での活動，あるいは在日朝鮮人の金嬉

老が日本人を人質に取り立てこもり、民族差別を告発した事件(一九六八年)などと関連している。(17)

「二つのことば・二つのこころ」では、植民地での生活が金嬉老事件での「人質の位置」にいることとして語られる——「二重にも三重にもとりかこまれている感覚、それが日常性であった」。

同時に、金嬉老に発砲されたとき、「日本語を発するだろうか、それとも朝鮮語か？」と森崎は自問する(「二つのことば・二つのこころ」)。「私には「私」という時空が、重なったふたつの民族色として表示されます」と、森崎は「「私」のなかの不特定多数の他者の影」を自覚する。「日本人民衆のくらしのこころの様式」として「同化」を指摘し、これを「支配権力」が朝鮮の植民地政策として「原理原則化して応用した」とするのである。

そして、ここに「日本人」の植民地支配への無意識と無自覚を見出す——「日本内地の気の毒さは、自己と他者の分別と承認をくらしのこころの要素にもつことができなかったこと」であり、「同質同化とはつみの無化なのだ」。この認識から、森崎は「日本自体を思想的葛藤の対象」とすることを自己に課していく。

加えて、この営みは「金嬉老にかぎらず、朝鮮人が自分自身の存在を告げるために、犯罪を代償にしたり血縁をしにおいやったりして日本人宛のことばを作り出そうとしているときに、日本人は朝鮮人へのことばを、自分の何ものをもこわすことなく排泄している」と、非対称的な営みであるともした。徹底して森崎は、帝国—植民地、日本—朝鮮の「二つのこころ」とその非対称性にこだわりぬくのである。

こうした森崎は、「故郷」への意識をきっぱりと放棄している――「私は故郷をもたない。ふるさとに近い感情をもっているのは、朝鮮新羅の古都慶州である」(「私を迎えてくれた九州」同前、所収、一九六八年)といい、「血縁」が根底にあり、「土地」とむすびつく共同体を嫌う。

そして、その共同体こそは、帝国―植民地関係の非対称性を意識させない元凶でもあるとする。森崎は「民衆意識における朝鮮人と日本人」(同前、所収、一九六九年)で、「かつての日本の植民地政策の理念」が、「日本の民衆の伝統的な生活原理と癒着していた」ことを指摘する。このことによって、「日本民衆」は、いまも朝鮮人に対して「個人的な加害者」であったとは信じず、差別すらしなかったと思い込んでいると批判するのである。

「他者」としての朝鮮人

朝鮮半島の慶尚南道晋州《チンジュ》で一九二七年に生まれた小林勝も、この一九七〇年前後の時期に作品集『チョッパリ』(三省堂、一九七〇年)を刊行する。そこに収録された「蹄の割れたもの」(初出、一九六九年)は、森崎と同様に、身体レベルでの植民地認識を描き、植民地認識とセクシュアリティを介して「朝鮮人」「女性」という「他者」を描き出す。いや、「他者」を描くことによって、植民地主義を抉り出そうとする作品となっている。

一九六八年の物語時間に、不意に、ある「朝鮮人」の名前が引き金になって、主人公である河野の「内側に存在する黒々とした力」を呼び起こしてしまう――「かつて、朝鮮人たちの中で、おれが河野という一人の中学生ではなくて、何時だって、何処でだって、河野という中学生によって代表される日本人という存在でしかあり得なかった」という意識。

想起されるのは、河野の朝鮮における少年時代であり、その「チョッパリ」というタイトルともなった語である。「体の闇の中から一つの痙攣と声を、そしてそれをつきさして烱々と光る若い女の眼」を思い出し、「チョッパリ」―「犬にも劣るけだものという言葉」「歴史そのものの重みを背負った言葉」を投げつけられた記憶をかみ締める。

一九四三年の朝鮮半島時代に意識が遡った河野は、「チョッパリ」という語を投げかけた、お手伝いの「エイコ」を思い出す。エイコは決して「本名」を明らかにしようとせず、内面も閉ざす。河野にとってエイコは表情の変化をうかがい知るだけであり、その内面をはかることができない「他者」として認識されている。

エイコに接しながら、「実在していない人間にむかってよびかけているような頼りなさ」を、使用者の息子である河野は感じる。それは、飼犬をいたぶるエイコに対して向けられた観察でもある――「お前は残虐だ、朝鮮人はどいつもこいつも残虐だ……《ママ》」。

「他者」としてのエイコは、河野とは「まったく異質の、まぎれもなく日本人ではない強く濃いにおい」でも示され、身体的な感覚でも「他者」として描かれる。その「他者」としてのエイコによって「快さ」(性的な快感)がもたらされること、すなわち植民地のもたらす「快楽」が、非対称の「他者」に貼りついていることの自覚の表出に、作者である小林の分析の鋭さがある。

河野はエイコへの反発をもちつつ、エイコから性的な快感をうる経験をしてしまうのである。寝ているエイコの腹に、少年の河野は顔を擦り付け「快さ」を感じる。しかし、そのことは直ちに反転する――「朝鮮人の女になでさすられて、ゆらめく感覚へ導かれたなどということが中学の仲間にでも知れたら、みんなは、ぼくを腹の底から軽蔑し、冷笑し、さげすんで、きたならしい奴だ、というだろう……《ママ》」「中学四年生の分際で、しかも、朝鮮人の女と、……《ママ》お前は日本人すべてから物笑いの種になるんだ」。

こうしたなかで、エイコは依然として「他者」のままである――「快さ」を与えてくれたはずの「エイコの顔が、次第次第に恐ろしくなってきた。一体、何を腹の中で考えているのか見当もつかない、別のいきものに対しているような恐ろしさだった」。そして、エイコが河野に向って、「実に優しく囁」くのである――「ほんとに、わたしはよくねむっていたよ、なんにもしらなかったよ、チョッパリ……《ママ》」と。

物語は、さらに八月一五日の敗戦の日にいたる。街が「一変し」「すべてがよそよそしく、敵対的」となったなかで、河野は朝鮮人のデモの集団の中にエイコを見出す。河野に対し、エイコは「能の面」のように無表情であり、そのことによって「そうだった。エイコなんて、しょせん架空のものであり、日本人だけがその実在をおろかに信じていた虚像にすぎなかったのだ」と気付く。そして、それに応答するかのように、「あたしは、オクスニ、と女はゆっくり言った」。

「チョッパリ」と「あたしは、オクスニ」と言う二つの言葉は、「二本の肉の棘」のように、河野の心に突き刺さっている――「あの二本の肉の棘はつきささったまま、まるでおれの心と同じように生きつづけている、そしてそれを抜こうとすると、おれの心もばりばりと割けて血を流すのだ」。

小林勝は、こうして、植民地というあらかじめ精神的な「介在」を拒否された空間における、非対称的な関係に基づく「他者」との遭遇を描き出す。植民地空間のもとで、植民者が経験した快感と違和、身体と精神の不均衡。そして、そのことゆえに「心の芯」に突き刺さった棘を、小林は、切開していくのであった。

同じく『チョッパリ』に収録された「目なし頭」(初出、一九六七年)にも、同様に「他者」としての朝鮮人が描かれる。主人公の沢木晋は、病い(結核)をえて療養所で三年間暮らすが、そこで朝鮮人患者の宗安男が「不安」を訴える様子を見るなかで、朝鮮半島での日々を想起する。想起される「他者」としての朝鮮人は、たとえば農林学校の小使いの李景仁であり、同級生のトショクである。沢木は、トショクに苛められるが両親には言わない――「日本人だのに、朝鮮人にいじめられて手を出せない、ということを恥じていた」。

また、李景仁が独立運動家(沢木にとっては「裏切り者」となる)として逮捕されたあと、母に言われて卵を持っていったとき、李はこれまでとは違う「未知の顔」をし、「冷たい笑い」を示す。少年・沢木が差し出した「心からの親切の卵」を「鼻先で嗤ってつき返す」が、この行為の意味が沢木にはわからない。ここには、記憶が語りだす光景が綴られる――「過去は終りを告げて消え去ったのではない。それは今、静かで沈黙しているが厳然として存在しており、おのれの意味をこの一刻一刻に醱酵させているのだった」。

そして現時の沢木は、朝鮮人との心の関係のつなぎようを模索するが、ことは簡単ではなく、近隣の朝鮮人一家(荷次孝という、サハリンからの一九五七年の引揚者として設定されている)の息子とのトラブルがはじまる。朝鮮人に対しては「重い負債」を持つが、「朝鮮人であるからといって、悪質ないたずらをやって許されるということはない、もう遠慮はしない」と、沢木は「ざらざらした心になって」荷の家に抗議をしに行くが、いざというときにことばがでてこない。

「たどたどしい口調」で抗議をするが、(荷に)「おせっかいをするな！」といわれて、「言葉を完全に喪失し、沈黙したまま立ちすくんでいる」沢木が記される。ふだんは日常の意識のなかに押し込められているが、きっかけを得ると不意に飛び出してくる朝鮮半島での記憶。その記憶を記すことによって、植民地支配に対し「植民地二世」として「重い負債」を感じる小林の意識が、二重三重の屈曲のなかに描かれる。

森崎や小林が語ろうとするのは、「戦後」や「日本」の時間の意識へのズレと、異質な空間／空間への囲い込みの感覚である。被害者意識と加害者意識がないまぜになるなかでの後者の意識の強調であり、自らが支配者の一端であったという悔悟の意識である。植民地経験を反芻することにより、「故郷」と「家族」を理想化せざるを得ない心性とその考察をおこない、「故郷」の意識の分節化と「故国」との距離感を語っていく。

李や森崎、小林らの営みは、帝国が行使した暴力への無関心と分裂をみせる「戦後」の日本社会への苛立ちと表裏をなしており、一九五〇年前後に提出された「体験」とは基調音を異にしている。当事者性の意識のなかでの葛藤が前面に出され、「植民地二世」の彼らによって、帝国―植民地の問題系にあらたな立場と地平が切り開かれることとなった。

先の小林勝の小説「紙背」で、引揚げ者の少年は「本当に日本は嫌なところだ。日本へ帰ってきてから、何も彼も滅茶滅茶に狂ってしまったのだ《ママ》……おれの父も、おれの母も、そしておれも、いや、おれの家だけではない、杉岡の家だって、春日の家だって」と述べる。子どもを「日本人」とみなし、自らは「おれは朝鮮人だ。おれは自分の国へ帰って、朝鮮人である自分の妻や子供たちと暮す」（父親は、サハリンに来る前に、すでに朝鮮で結婚していた）といって、単身帰国してしまう父。そのことによって、困惑する妻と少年が記される。「家族」や「故郷」、「故国」分裂の現状と概念それ自体の検証が、想起と遺棄、煩悶と固執とを繰り返しながら記されるのである。(18)

「抑留」のあらたな語り

「抑留」にかかわっても、一九七〇年前後に（長期抑留者を中心に）あらたな「シベリア物語」が提出され、自己とその経験を見つめる目が描き出された。冷戦体制のもとで、社会主義への共感が強かった戦後思想に対し、批判的な問いかけが展開されたことがこの背景にある。

ソ連に対する批判が、戦後思想の側からも出されてきたこの時期に、「抑留」のあらたな語りが登場してきた。収容所や刑務所での出来事をあれこれと並べ立てるのではなく、その暴力に対抗して紡ぎだされた思惟を提出するのである。一九七〇年前後のあらたな抑留記執筆者の代表的な存在としては、しばしば詩人の石原吉郎(一九一五年生まれ)が呼び出される。(19)

バイカル湖西方バム鉄道沿線の密林地帯の収容所に「抑留」されていた石原は、一九四九年に「反ソ行為」によって起訴され死刑の判決を受け(のち、重労働二五年に減刑される)、結局八年間の長期抑留を体験している。はじめのうち、詩として表現された石原の思索は、一九七二年にエッセイ集『望郷と海』(筑摩書房)としてもまとめられる。

「強制された日常から」(初出は、一九七〇年)と題するエッセイでは、収容所での時間感覚の混乱が囚人たちをバラバラにし、きずなを求めて彼らは饒舌となるが、かえってそのことにより意味あることばを発しえず、失語し沈黙に入り込むことをいう。あるいは、個としての自分を生きのびさせるために、「無差別な数」のなかに自らの主体性を「放棄」することへと追い込んでいってしまうことを石原は抉りだす。収容所の生活は、多数のなかで個を消去することによってのみ生存が可能で、無意味な饒舌と沈黙、自らを数の一員として扱うことが支配していたとするのである。

また、「抑留」から解き放たれても困難はつきまとう。石原は、拘禁が「日常」となってしまった状態から、「もう一つの日常」へ復帰する「恢復期」の「苦痛」、すなわち「苦痛の記憶を取りもどして行く過程」における苦痛をいう。

その一つは、「人を「許しすぎた」こと」に気づくことであり、そのことを「最大の錯誤」とし、石原は厳しく自らを追及する――長期の拘禁生活で「問いつめるべき自我」が存在しなくなり、そのことが「私たちを一方的な被害者の集団にした」――「私たちはさいごまで、一人の精神の深さにおいて、一人の悲惨、一人の責任を問わなければならないはずであった」が、「被害的発想」によって「連帯」し、「苦い記憶を底に沈めたまま、人間の根源にかかわる一切の問いから逃避した」。

このことは、第二に、「苦痛」をともなったあらたな時間・空間の発見と表白となる。(「解放」された後)ナホトカから東京までの帰還の日々を、石原は「この四日という期間の長さを、いまもって私は正確に測ることができない。それは、私の知っているどの時間にも属さない、まったくの異質な時間であった」という。また、「故郷」であるはずの「日本」も、その「風景は、すでに熟知しているはずのものであり、目を閉じてなぞりつづけたはずのものでありながら、まったく未知のものであり、一秒ごとにただ不安をもって待ちのぞむしかないものであった」と述べる。

ソ連と日本、収容所と戦後日本社会――この二つの時間と空間から、それぞれ疎外されているという意識が石原を蔽い、「およそどの時間にも属さない私だけのあてどもない時間」により、「記憶はたえず前後し、それぞれの断片は相互に撞着した」と壮絶な意識を摘出する。

「抑留」経験を思想化することによって、石原は「日常」の意味を問い直し、あらたな時間・空間の観念により「戦後」の日本社会を批判し、そこにある(石原らを排斥するような)暴力を抉り出した。また、「一人の重み」をないがしろにする点では、「大量殺戮《ジェノサイド》」を告発した側も同様であるとの観点から個と共同性のあり方を問いなおす。「〔一人の重みを抹殺した—註〕罪は、ジェノサイドを告発する側も、まったくおなじ次元で犯している」といい、ここでも（「一人の重み」を無視するという）暴力を内包する「戦後」の日本社会への批判を重ねておこなったのである。

こうしたなかで、これまでの抑留記がこもごも語っていた「故郷」への思慕は、石原によってきっぱりと断念された。タイトルともなった「望郷と海」（一九七一年）で、石原はその過程を以下のように解析してみせる。

すなわち、当初、石原は（刑務所への収容によって）「故国」から「忘れられる」ことを怖れ、（自らの存在を）「思い出させる」ことを図っていた。しかし、これは「錯誤としての望郷」であった、と石原はいう。なぜならば、石原が結びつきたいと願ったのは、すでに「崩壊し、消滅したはずの、昨日までの故国」であったためである。「故国」が変わってしまったという意識により、石原の想いは「怨郷」となり、その「郷を怨ずるちからに尽きたとき、いわば〈忘郷〉の時期が始まる」とした。このとき、「怨郷」「忘郷」という文字を書き付ける石原には「多くの囚人にたちまじる日本人を、〈同胞〉として見る目を私は失いつつあった」という経験が重なっている。

石原は、戦後日本のなかで、異なった「日常」を生き、異なった時間と空間の感覚を持ち、懐かしい時空間としての「故郷」の観念をひき裂く。「日本人」という共同性も打ち棄てる「抑留」の記述が、一九七〇年前後に提出されたといいうる。『望郷と海』をはじめとする、石原の作品は、(不特定の相手に語る)「体験」と(相手を特定した)「証言」とのあいだで、鋭く日常を切り裂くような言としてたち現れた。

香月泰男『私のシベリヤ』

いまひとり、香月泰男(一九一一年生まれ)も、「抑留」のあらたな表現者として見逃すことができない。内村剛介の著作や『捕虜体験記』(全八巻、ソ連における日本人捕虜の生活体験を記録する会編、一九八四―九八年)の口絵も、香月の絵を用いて、ソ連抑留の心象風景を示そうとしている。香月は、一九四七年に「雨(牛)」、一九四八年に「埋葬」を描き、「シベリヤ・シリーズ」の連作を開始するが、その後しばらく描けない時期が続く。だが、一九五六年に再開し、五七点に及ぶ「シベリヤ」抑留にかかわる作品を描く[20]。

香月は、「多分私は今でも捕われ人なのだ。シベリヤの記憶に捕われ、戦争の記憶に捕われ、日本人であることに、日本にいることに捕われている」と、一九八四年に刊行した『私のシベリヤ』(筑摩書房)で述べている[21]。同時にこのなかで、香月は「私刑にあい皮を剝がれた赤い屍体」と「広島の原爆で真黒焦げになっている」「黒い屍体」とを、対のものとしてみる視線を求めている。

この戦争で無数の赤い屍体が出た。私たちシベリヤ抑留者も、いってみれば生きながら赤い屍体にさせられたのだ。……戦争の本質への深い洞察も、真の反戦運動も、黒い屍体からではなく、赤い屍体から生まれ出なければならない。戦争の悲劇は、無辜の被害者の受難によりも、加害者にならなければならなかった者により大きいものがある。私にとっての一九四五年は、あの赤い屍体にあった。

ここで香月が記すのは、加害者であることによって被害者が罰せられる局面と、被害者として犠牲となることの両側面を自ら有する可能性があること、そして自らは前者が優越しているとの認識である。「抑留」の経験に先行する、加害者としての自己をも香月は見すえていた。「シベリヤ・シリーズ」が提示するモチーフはこうした香月の思索に拠っている。

こうして香月もまた、石原と同様に、自らの経験を「被害」の領域に封じ込めるのではなく、「加害」の視線を自覚して再考察していった。

香月は、懐かしい時間と空間により加害を蔽い隠すものとして「故郷」(山口県三隅)を把握し[22]、「故郷の思い出は決して快いものばかりではなかった。それにもかかわらず、シベリヤで夢を見るとなると、必ず故郷の夢だった」と述べる。そして、「シベリヤ、ホロンバイル、インパール、ガダルカナル、サンフランシスコ。三隅の町」の「五つの方位」を挙げ、この「五つの方位を含む故郷、それが、〝私の地球〟だ」と、空間を再定義する。

時間も同様である。香月は「講和条約」の締結に異論はないが、「なんとも割り切れない気持」をおぼえるという――「すると我々の闘いは間違いだったのか。間違いだったことに命を賭けさせられたのか」。「戦後」の日本社会への違和感が隠されておらず、香月は「日本全体がぬるま湯にひたりきろうとしているのに警告を発したいのかもしれない」と述べる。香月のこの言もまた、「抑留」経験の表出であった。

このように、一九七〇年前後にソ連抑留の経験は再構成され、あらたな認識がしばしば屈曲した晦渋な表現をともないながら提出された。それは被害と加害、報告と告発、「体験」と「証言」のあいだにあり、目の前の日常のなかに非日常の光景を現前させるものであった。[23]

3 あらたな世代の「証言」

アメリカと交差した戦記

戦争経験をめぐっては、あらたに「少国民」世代の発言もめざましい。一九七〇年前後には、敗戦時に一〇代前半までの少年・少女たち——「少国民」であった人びとが回想的な発言をおこなうようになる。軸をなすのは疎開経験であり、はやくは月光原小学校編『学童疎開の記録』(未来社、一九六〇年)があり、中根美宝子『疎開学童の日記』(中央公論社、一九六五年)、沢田和也『疎開っ子』(林書店、一九六七年)などの記録—証言が出された。また、柴田道子が小説仕立てで記す『谷間の底から』(東都書房、一九五九年)もある。やや年長の人びとの証言は、学徒出陣や学徒動員の経験を対象としている(辻豊次編『ああ豊川女子挺身隊』甲陽書房、一九六三年、など)。

ここでは、その「少国民」世代の代表として、作家・評論家の澤地久枝(一九三〇年生まれ)、児童読物作家の山中恒(一九三一年生まれ)と歴史家であった黒羽清隆(一九三四年生まれ)の作品を検討してみよう。彼らはいずれも多作であり、自らの経験を綴りこみながら綿密な調査を行い「戦時」を描く。

澤地久枝は『妻たちの二・二六事件』(中央公論社、一九七二年)で作家として出発するが、そこではファシズムへの批判的関心から、決起した青年将校の妻たちを追うという困難な課題設定を行った。澤地は四歳のときに「満州」に渡り、この地で敗戦をむかえており、「引揚げ」も経験している。数多い著作のなかに、アジア・太平洋戦争に取材したものや自らの経験を描いたものが占める割合は高い。

なかでも『滄海《うみ》よ眠れ』(全六巻、毎日新聞社、一九八四―八五年。そのほか、『記録ミッドウェー海戦』一九八六年、『家族の樹』一九九二年、ともに文藝春秋、も同じテーマを扱う)は、「ミッドウエー海戦の生と死」という副題をもつ。『滄海よ眠れ』は、ミッドウェー海戦における日米双方の死者三四一九名を追い、調べ上げ記述するという作品であり、戦争記述の時間・空間、あるいは叙法を一新する著作であった。

この壮大な著作は、いわばアメリカと交差した戦記となっており、ミッドウェーで起こった出来事を空間的には日本・アメリカを中心とする地域に広げ、時間的には一九四二年六月五日の海戦の日から、その前と後、戦時と戦後にまで拡大する。また、兵士たちの家族の時間と空間へも移行し、戦争を戦闘の時間・空間にとどめず、死者を取り巻く、家族を中心とする人間関係のなかにも追求した作品となっている。

日本側のみならず、アメリカでも取材を行い、叙法も日米双方の死者を等価に扱い描き、澤地にとって死者は「すべておなじ重さをもつ」とされる。この認識は、「日本」側からの一方通行であったこれまでの戦争の記述から、大きな転換をみせている。また『滄海よ眠れ』では、「私」(澤地)と「私」の調査の過程とを入れ込んだ記述となっている。さらに、作戦の検討もおこない(「第四章 空母「蒼龍」艦橋」)、日本海軍の「戦闘詳報」への疑義を呈するほか、沖縄(「第二章 いのちが宝」)、「インディアン」(「第三章 インディアンの血」)、イタリア移民といったマイノリティに着目し、彼らがアジア・太平洋戦争やミッドウェー海戦にどのようにかかわったかを探った。また、捕虜となった兵士の行く末も追っている。『滄海よ眠れ』は、戦記の幅をアメリカ、家族、艦と飛行機などへと大きく拡げた著作であり、新しい認識によってアジア・太平洋戦争に接近しようとした作品といいうる。

『滄海よ眠れ』に代表される澤地のアジア・太平洋戦争の記述には、三つの特徴を指摘できる。第一は、時間と空間の広がりで、澤地はミッドウェーのほか、「満州」からパラオ、あるいは沖縄へと戦場となった場所を幅広く歩き叙述している。とくに、沖縄と沖縄出身者については、あらゆる地域の結節点として把握し、ことごとにふれている。

第二は、戦死者の階層差への着目である。『滄海よ眠れ』でアメリカ軍と日本軍の死者を比較し、日本軍に兵士の死亡率が高いことを指摘した澤地は、そのことがミッドウェーにとどまらないことをいう。ミクロネシアの戦線を考察した『ベラウの生と死』(講談社、一九九〇年)では戦死の諸相に注目し、日本兵の戦病死、なかでも「餓死」の多さを強調する。また、パラオに派遣された日本軍の歩兵第五九聯隊の死者七一二名を分析し、士官と下士官の死者が一割にも満たないことを指摘し、そこに(軍隊内の階級差という)「力関係」の反映をみるとともに、「現地召集者」の死者の多さ、そのなかに占める沖縄出身者の多さをいう。軍隊のなかのさまざまな差異と格差が、澤地によって指摘されるのである。台湾や朝鮮半島出身者への目配りも、怠っていない。

「死者たちの若さ」——若くして死んだ兵士が多いことに目を向けることも、澤地の第三の特徴である。死者を介して「家族」というヒトのつながりを浮上させ、死者をヒトのつながりのなかで把握する手法がこの指摘を生む。

澤地は「死者たちにこだわって」史料の読みを行い、生還者の証言や関係者から徹底した聞き取りを実践する。そして澤地は「一人一人の具体的エピソードをぬきにして、死者をよみがえらせ、書きとめることなどはできない」という想いを結実させた戦争の記述を提供していくのである(以上、引用は『ベラウの生と死』)。「死者への慰霊」(『家族の樹』)が澤地の問題意識となっている。

このとき、澤地の『滄海よ眠れ』に代表される作品は、自己の経験に裏打ちされながら、他者の経験を重ね合わせたものであり、アジア・太平洋戦争という出来事がもたらしたものに対する澤地の壮大な「証言」となっていよう。語り手の内面に入りこみ、人間関係をたどり、空間と時間を往還し束ねあげられた「証言」。ここには、「証言」が記述されるときに生じる両義性のアポリア——発せられたときの生々しさと、それを整序し記述せねばならないという要請とから出てくる葛藤を克服しようとする工夫がなされているように見える。

検証される戦時の時間と空間

山中恒は、『餓鬼一匹』(毎日新聞社、一九七二年)で自らの幼少期を書くが、その「続編」として雑誌『辺境』に「ボクラ少国民」を、一九七二年から断続的に連載した。初回時の『辺境』の「天皇制特集」にあわせ、「テーマを〈天皇制ファシズム教育〉の問題一本にしぼ」ったというが(『餓鬼一匹』旺文社文庫版への「あとがき」、一九八一年)、この連載部分に手を加え、書き下ろし部分とあわせて刊行したのが「ボクラ少国民」シリーズである。

山中の「少国民」としてのこだわりは、大人への不信であったが、それは同世代の共通経験ともすることができよう。核になるのは、「優れた皇国民になるための錬成」が「明文化」された国民学校であるが、「ボクラ少国民」シリーズではそれを取り巻く「戦時」の時間・空間が描かれ、いってみれば、「子ども期が全て戦争に覆われ」ていた(『ボクラ少国民』)「少国民」世代の時間と空間を再構成しようとする大作である。

シリーズは、『ボクラ少国民』(一九七四年)を筆頭に、『御民ワレ』(一九七五年)、『撃チテシ止マム』(一九七七年)、『欲シガリマセン勝ツマデハ』(一九七九年)、『勝利ノ日マデ』(一九八〇年)と、戦時の標語をタイトルとした五部作と補巻(『少国民体験をさぐる』一九八一年、対談や索引など。いずれも辺境社)からなり、巻を追うごとにページ数が増し、総計では三〇〇〇ページに及ぼうとしている。

山中は、自らが「少国民」であった時代を書き残す「世代的使命感」があるというが、そこには自分が「少国民」として優等生であったことへの慙愧と、「戦時」を煽った文筆家や教育者の多くが、「口を噤んで、戦後になだれこんでしまった」ことへの批判がある(第五部「あとがき」)。「戦後」が、「戦時」を反省しないままに、同一の人びとによって担われているという認識とそのことへの苛立ちであり、大人に対する「不信」である。それゆえに敗戦を、山中は「二重の敗戦」と記すのである。

第一部『ボクラ少国民』では、「満州事変」後から一九四一年ころまでの出来事が扱われ、学校の空間――教師、読物、教科書、国民学校設立の制度、行事、唱歌、奉安殿、ご真影、勅語などから、それを取りまく社会の空間――紀元二六〇〇年、大日本青少年団、「興亜奉公日」、放送、軍国歌謡、詩人や作家の翼賛的な作品、あるいは物資統制にいたるまでが書きとめられる。この巻を含め「ボクラ少国民」シリーズを特徴付けるのは、なによりも提示されるおびただしい数の史料であり、煩を厭わぬ史料の引用の多さである。

翼賛の証拠としての文章――教育の統制を進めた規則や法令、文部省の「訓令」から、同世代の小学生の作文、教育者の論文、あるいは式典の手順から歌曲の歌詞などまで、さまざまな次元の文章がナマのまま持ち出され、時には数ページにわたって史料引用が続くことも希ではない。

自分史を織り込み、執筆時の時間と戦時の時間を往復しながら、かつての自分を取巻く空間を拡大していく手法でこの「ボクラ少国民」シリーズはものされている。国民学校での教師の「体罰」、自らを含む「少国民」たちの振る舞い、級友たち（朝鮮人の学友もいた）とのつきあい、戦争を煽る読物などが自己批判の意識を伴いながら回顧され、あわせて当時の史料が証拠として提示される。

現時の時間で、戦時の時間と空間を検証し、戦後の過程におけるその隠蔽を告発するという手法である――「〈ボクラ少国民〉世代は、その〈ボクラ少国民〉期を、再度白日のもとに晒して、その怨念をして今日の状況を捉え直す必要があるのではないか」。そして山中は「ぼくらを取りまいた情況はさまざまな語り手によって、さまざまな方法と視点から捉えられ、再構成され、一般化されねばならないだろう」と述べていくのである。

「ボクラ少国民」シリーズは、「満州事変」後の教育の動きから書き出されるが、全体を通じて「芸術的児童文学」の「大衆的児童読物」への「蔑視」に対する批判、子どもを「訓育」の対象としてしか見ず、その「方向」に関心を払わない態度（――「傲岸不遜なおとな」）への不信がある。また、戦時の翼賛を戦後に頰かむりすることを告発し、個人名を挙げ、いつどこにどのような文章を寄せたかを史料によって提示していく。山中のこの作業は「天皇制ファシズム」に対しての批判的考察であると同時に、「戦後民主主義」の「本質」を問う作業でもあった(24)。

戦闘と戦場の記述

歴史家たちも、この世代がひとつの峰を形成しており、かつての少国民世代で日本近現代史研究の領域にたずさわるものは多い。後述の『昭和の歴史』シリーズに参画した歴史家たちも半数以上は一九三〇年代前半の生まれである。

ここでは、その世代の歴史家のひとりである黒羽清隆を取り上げてみたい。黒羽にとって「十五年戦争」という把握は、一九三一年から一九四五年までを扱おうとした著作を『日中一五年戦争』(上中下、教育社、一九七七―七九年)というタイトルとしたことに自覚的である。日本が一五年間にわたって戦闘を継続した相手は中国であったという認識を表題に込めている。(25)

黒羽は「日本は、中国にも敗北した」という認識から出発する。そして、「証言」としての史料をたんねんに分析する。叙述においては単一的な記述を避け、ひとつの出来事に対し必ず重ね書きをおこなっており、「事実」と「描写」に関しても自覚的である。

『日中一五年戦争』は、兵士の目線を持つことともに、相手国である中国に関わる記述が多いという二つの特徴をもつ。最初の点に関し、黒羽は久米元一『爆弾三勇士』や火野葦平『麦と兵隊』に多くのページを割き、戦闘の状況を記す際には熾烈な戦闘に直面した金沢第九師団や熊本第六師団に焦点を当てた。さきに指摘したように、歴史家はおおむね戦闘への関心が希薄であったが、『日中一五年戦争』は戦闘と戦場を分析し、叙述していく。また、戦死者の比率を記し「点鬼簿」を書き留め、黒羽は「頭部貫通銃創」「胸部貫通銃創」などの死に方に着目する。また兵士たちの「飢え」や「ひもじさ」にも関心を払う。こうして『日中一五年戦争』は兵士たちの「生と死の構造」に分け入っており、兵士たちの経験に即した戦争記述となっている。

また、中国の側の動きをたんねんに記し、『日中一五年戦争』では「抗日戦争」としての日中戦争の歴史像が描き出される。抗日の戦略と諸相がたんねんに追われるほか、ゾルゲ事件(一九四一年一〇月)でスパイ容疑で逮捕・処刑されたジャーナリスト尾崎秀実に一章を割いて日本側の中国認識を記すなど、中国の記述に厚い。

『十五年戦争史序説』(三省堂、一九七九年)の「方法的な序説」では、黒羽は自らの方法を「十五年戦争史への内在的批判」という。そして「あの苛烈な戦争期を同時代人としていきた人びとの、その当時における認識あるいは生の志向性または意識の「森」に分けいり、その「森」のなかでの彷徨をできるかぎり追体験しつつ、十五年戦争史への歴史的批判をはたそうとする試み」と続けて述べる。「当時」の「認識」「志向性」「意識」の「追体験」が図られ、そのうえで「歴史的批判」を試みる——これが黒羽の方法であった。「当時」の認識に沿えばどこまでも過去を肯定し、「歴史的批判」を行えば現在の高みから過去を断罪することになりかねない。そのため、この両者をともに遂行的に叙述することに黒羽の営みは向けられていた。この点からは、兵士の目線が入り込むこととなり、この時期の歴史書としては例外的に戦闘と戦場の記述を含む戦争史ともなった。

政治過程と経済構造を記しながら、兵士たちの「戦争吟」から「戦死の諸相」までを描き、戦時の人びとの感情や心情と、それをとりまく状況の分析に分け入った戦争史として黒羽の著作が提供された。

歴史家として、黒羽は自らの経験を生のままに語ることには禁欲的ではあるが、それでも『太平洋戦争の歴史』(上下、講談社、一九八五年)の「子どもたちの六年間」という章に「「自分史」としての戦争」という副題をつけ、自らの「軍国少年」と「疎開」の経験を語っている。

黒羽は、多くの証言を(文学作品を含めて)書き留めるが、そこでは出来事および(時間をあまりあけずになされた)同時代的な証言と、後年から振り返って提供される回顧的な証言とが等価となっている。これに対し、澤地は聞き取りが主であり、山中は歴史的な文献に執着を見せている。それぞれの力点は異なるが、アジア・太平洋戦争の「証言」として語り出される対象の論理を感性的な部分も含めて内面的にたどったうえで、その歴史化を試みている。この営みは、根拠をあきらかにし、自らの経験と重ねた読みを提示することともなった。帝国の認識に関しては、植民地経験をもつ澤地はこのことに自覚的であるが、山中・黒羽は総じて戦争に関心が赴いている。

4　加害の戦争認識

中国での証言

一九七〇年前後には、戦争認識をあらたにし、自らを加害者の側として位置づけ直そうとする動きも見られた。ここにもベトナム戦争の動きが影響しており、アメリカと行動をともにするという以上に、アメリカに追随する日本への批判的な目が、かつての戦争への再検討を促している。

一九七一年八月二六日から一二月二五日まで『朝日新聞』に連載された、本多勝一「中国の旅」(『朝日ジャーナル』と『週刊朝日』にも連載され、一九七二年に朝日新聞社から単行本化される。『朝日グラフ』にも、写真が一部発表されている)は、アジア・太平洋戦争を、中国大陸での出来事としてあらためて見据え、その加害性を認識させるうえで大きな影響力を有した。単行本には、朝日新聞社の先輩記者・森恭三による序文「本書によせて——いま戦争責任を追及する意義」が付されている。

本多勝一(一九三二年生まれ)は「戦争中の中国における日本軍の行動を、中国側の視点から明らかにする」といい、「(日本軍による——註)虐殺事件のあった現場」を訪ね、「生き残った被害者たちの声」を「直接」に聞くために中国へ出かける。そしてその約四〇日間の「中国の旅」をルポルタージュ風に描いた。「侵略された側としての中国人の「軍国主義日本」像」を「具体的に知る」とも本多は述べている。

「中国の旅」が行われたのは、日本と中国との国交回復の前年、まだ日中間の「断絶」の時期で、「日本側」と「中国側」の壁が厚いときである。本多は、「中国人が千何百人も殺されたというような事実」を抽象的にしか「一般の日本人」が知らないことはジャーナリズムの責任でもあるとして、「中国侵略とは具体的に何であったか」を検証し報道しようとしたのである。

本多には、一九七〇年前後に動き出した「銃後」や空襲などの証言が、「日本人の被害者としての告発・記録運動」となっていることへの違和感があった――「これはこれでもちろん重要だが、それにも増して重要なのは、侵略したアジア諸国に対する加害者としての記録ではないか」。そして本多は「虐殺した側の国民」として、中国への加害を忘却することはできないとした。

『中国の旅』は、したがって中国から戦争を検証することであり、具体的な「事実」を聞き取り、伝えるすなわち証言を書き留め報道するという著作となった。「支配する側・侵略する側・抑圧する側の目」には、「支配された側・侵略された側・抑圧された側の人びと」は「見えない人間」となる。「日本人」には「知っているつもりの日本近代史」も「侵略された側としての朝鮮人や中国人の側」からみると「まったく異なった様相」を帯びるということを、本多は「事実」をもって伝えようとする。

聞き取りは「満州」の地から始まり、上海さらに南京におよび、工場や炭鉱などの労働現場における「日本人」の暴力、平頂山・南京での「日本人」による虐殺、戦場での討伐隊の暴行などの証言が、生々しく記される。証言者によって語られる撫順炭鉱での労働は、「一般日本人の抱いてきた撫順像とはまったく異なった様相」をみせ、一九三二年の夏に、三千人余りの中国人を虐殺した平頂山(遼寧省)での事件は、これまで「知らされていなかった」ものとなった。

一人ひとり、固有名をもち生活していた人びとがさらされた暴力が、『中国の旅』のなかで証言者により語られる。本多は自分が証言を聞き取る様子をあわせて記述していき、日本軍の暴行と被害者たちのその後といまを重ねあわせて描き出す。「死体を何千・何万と集めた」「万人坑《まんにんこう》」のばあい、「針金でしばられた状態のもの」が少なくなく、多くの白骨死体の写真とともに生々しく労働現場の暴行が語られ、日本人監督の横暴のさまが記される。証言の持つ迫力にあわせ、写真に示されたいまだに残る暴行のあとが、数々の「事実」を物語っていく。

すでに大量の虐殺がおこなわれていたことが知られていた南京に関しては、本多は「日常生活」の次元(「日常的な悲惨」)での虐殺と「集団虐殺」とに分け、個々の証言をもとに「大量の南京市民や武装解除捕虜」を日本軍が「無差別」に殺したとして、その様相を具体的に記していく。強姦やいわゆる「百人斬り競争」(二人の日本兵による「殺人競争」)にも触れ、本多は「侵略軍というものの持つ本質的性格」が「典型的に現れた結果」とした。

ただ、本多は南京虐殺は「計画的な「作戦」や「政策」としての虐殺」ではないとする。そしてそれとは対照的な(殺し尽くす、焼き尽くす、奪い尽くすという)「三光作戦」の証言として、河北省唐山での虐殺(一九四〇年一月二五日、一二三〇人が殺されたという)を「三光政策の村」として記した。

本多は、証言を収集するに当たって、事前に北京の外交部新聞司に協力を依頼していた。「関係者」があらかじめ準備し「虐殺事件の生存者」を集めていたなかでの「取材」であり、「その地方の責任者」がまず「概況説明」をし、その「典型的事件」について「体験者たちから詳しい話をきく」というかたちでおこなわれる。平頂山事件の証言も、撫順の革命委員会が「「典型」として生存者を私に会わせるべく準備しておいたものであった」ことを、本多は自ら明らかにしている。中国側の主導である点と、そのゆえにこれまで知られていなかった「事件」が明らかにされる点との双方が、『中国の旅』にはあわせ見られる。したがって、文庫版の二一刷から「追記」が掲げられているように、のちの考察で「いくつかの疑問」が出されることともなる。むろん、実際には一九七〇年前後には、こうした方法を取らなければ取材そのものが難しかったことは言うまでもない。

おりしも中国は文化大革命のただなかであり、『中国の旅』のなかには証言者が毛沢東を賛美し、『毛沢東語録』を掲げた箇所も出てくる。『中国の旅』は、こうして時間的な刻印を示した証言の記述となっている。また本多の叙述は、実際の取材の順序を明示したうえで、(「満州」はそのままだが)後半部分は「日中戦争の進展の順序」で記し、(「満州事変」から日本敗戦までの)「歴史的・時間的順序にほぼしたがっている」とする。

本多はしばしば「再現」というが、生々しく語られる証言を冷静に聞き取り、それを伝えることを図っている。『中国の旅』は新聞連載であるがゆえに大きな反響を呼んだが、森は序文で「これまで日本人の手によっては明らかにされなかった」「非戦闘員の虐殺」をさらけだすことによって「日本人の良心による、せめてもの告発の第一歩」との意義を持つとした。

加害者としての認識を前面に押し出した記述としては、「日本人の中国における戦争犯罪の告白」という副題を持つ、神吉晴夫編『三光』(光文社、一九五七年)がすでに刊行されていたが、本多は戦争犯罪者として告発を受けなかった兵士たちの責任を問いかけ、「日本人」のアジア・太平洋戦争における態度を追及するのであった。

第七三一部隊の解明

『中国の旅』には「防疫惨殺事件」という項目で、「生体解剖」や「生体実験」をおこなった第七三一部隊のことが書き留められている。その第七三一部隊の行跡を詳細に伝えたのは、推理作家として知られていた森村誠一(一九三三年生まれ)による『悪魔の飽食』(光文社、一九八一年)である。(26) 同書はたちまち評判となり、『続　悪魔の飽食』(一九八二年)が刊行される。(森村が「ペア・ワーカー＝取材協力者」と呼ぶ)『赤旗』記者の下里正樹とともに調査に当たった所産である『悪魔の飽食』は、関東軍防疫給水部—第七三一部隊が「三千人の捕虜を対象に非人道的な生体実験」を行い、「細菌兵器の大量生産」を急いでいたことを明らかにする。(27) 元隊員たちからの証言と資料の提供をもとに部隊組織のありようを解明し、「丸太《マルタ》」と呼ばれたロシア人や中国人の捕虜に対しての「実験」の様相を具体的に記し、第七三一部隊の誕生から崩壊までを描くことにより、森村は「戦史の中の空白」を埋める。そして『続悪魔の飽食』は敗戦後の第七三一部隊の行く末を、アメリカの資料を取材しながら綴った。

第七三一部隊については、すでにいくらか知られていたとはいえ、綿密な資料調査と証言の収集による森村の考察は、大きな反響を呼んだ。「日本人による〝加害の記録〟」であり、「風化」しやすく「記録し難い」が、「戦争体験の核心」として語り継がれるべきことを、森村は強調した。

だが、『続 悪魔の飽食』の巻頭写真の「誤用」が判明し、両著は関連書も含めて出版停止となった(『悪魔の飽食 第三部』角川書店、一九八三年。および、『文藝春秋』一九八三年一月)。しかし、森村はさらに調査を続け、一九八三年に『続 悪魔の飽食』が版元を変えて角川文庫として刊行され、あわせて前著も新版として角川書店から文庫化された。

第三部は、中国での取材調査をもとに、被害者の側から第七三一部隊の行動を批判的に検証するものとなっている。

『新版 悪魔の飽食』(角川書店、一九八三年)に付された「新版発行にあたっての序文」で、森村は初版刊行時と姿勢を変えず、「戦争を知らざる世代にその実相を伝え日本人が同じ轍を踏むのを防ぐ」ことを目的とし、それは「戦争体験者の義務」であるとした。また、第七三一部隊の解明は単に「一部隊の局限的な戦争犯罪の告発」に留まるものではなく、戦争が持つ「手段を選ばないメカニズム」と「平時は善良な市民が戦争の集団狂気に捉えられたときの恐ろしさ」を訴える意図を持つとした。

ここで注目したいのは、第一に、小説家である森村が、ノンフィクションの手法をとったことである。すなわち、森村は「実体」の解明を試みるとともに、第七三一部隊を描くとき、小説の形式ではなくルポルタージュを選択している。『赤旗』「日曜版」に連載していた小説「死の器」(一九八〇年六月—八一年九月。単行本は、角川書店、一九八一年)で第七三一部隊を取り上げたことが、同部隊に関心を持つきっかけとなっていることを明かしたうえで、森村は

「第七三一部隊の実体は、小説からはみ出してしまう。また聞いたままを、小説的粉飾や歪形《デフォルメ》を施さずに書きとめておく必要を感じた」とした（『悪魔の飽食』）。そして『悪魔の飽食』が「事実の記録」であることを繰り返し述べ、「実録」であることを強調し、「真実を記録する」とも述べた。

だが同時に、森村はその調査をもとにあらたな小説『新 人間の証明』（角川書店、一九八二年）も書いている。『人間の証明』（角川書店、一九七六年）という小説は森村の代表作のひとつだが、その表題を再び用いた小説を著したところにも、第七三一部隊にかける森村の意欲をうかがうことができよう。『新版 悪魔の飽食』で、森村は両著が「車の両輪」をなすことをいう――「『悪魔の飽食』は実録であり、『新・人間《ママ》の証明』はその小説としての昇華である」「一元のテーマをドキュメントと小説の両面から作品化したのは、私としても初めての試みである」。

この点について、森村は『〈悪魔の飽食〉ノート』（晩聲社、一九八二年）に収めた下里との対談で、

小説構成上、〔解明した「事実」のうち―註〕捨てる部分が多すぎるわけですよ。捨てるにはあまりにも、もったいない。この事実はやはり正確に記録しておかなければならないと思った。そこで、小説とドキュメントの二本立てに踏み切ったわけです。

と述べている。さらに森村は、「小説だとストーリー設定の段階で必ずそこで救われるものを置いておくわけですよ」「ところが七三一の現実はまったくちがう」と続ける。森村にとって、第七三一部隊に接した重みが伝わってくるが、表現の方法を二種類と複数化した点に、森村の工夫がうかがわれる。

第二は、森村は第七三一部隊は「日本民族が軍国主義の狂気の下で犯した過ち」であり、「日本人全体が背負っていかなければならない」ものとして把握していることである。「日本人という血を一つにする同族意識と日本という巨大な村落に対する強烈な従属意識」を森村は指摘し、「国のため」というときに天皇を持ち出す「日本軍国主義の特殊構造」を批判する(引用は、『悪魔の飽食　第三部』)。

とともに、第七三一部隊が「国のため」といいつつ、残虐行為をおこなったときに、上級隊員のなかには「自分のために」という要素をもつものがいたことを、森村はあわせ指摘する。第七三一部隊の上級隊員と下級隊員との相違を見ようとする点に、森村の視点がある。「七三一部隊をサンプリング(標本)として戦争悪を解剖してきた」という森村の言は、「七三一部隊を日本人の債務として、日本軍国主義の原罪として重い十字架を背負いつづける」ということと対応している。そして、森村はこのことが「過ちを償い、同じ轍を防ぐ唯一の途」とした(同)。

ここからうかがえるのは、森村においては「日本」を意識することにより、かつての出来事への探求が支えられているということである。この点においては、本多も同様であり、

「事実」の解明と「日本」への批判的認識により、かかる作業が支えられていた。「事実」を直視することにより「日本」の過去を知り、そのことを通じ「日本」を匡正《きょうせい》することを図る――換言すれば、現時の「日本」は過去の「事実」をいまだ隠蔽しており、「事実」をみすえていないとし、過去の「事実」に目をむけない現時の「日本」を(過去の行為とともに)批判するのである。一九七〇年前後の「日本」に本多や森村はかつてと同じ隠蔽体質の「日本」を見出していた。

「証言」の時代には、「日本」と「事実」の二つが焦点であり、ここを正すことが目ざされていた。「日本」と「事実」というのちに検討の対象となる二者の実在は疑われておらず、逆にここから「真実」に達しようとしていたのである。

「銃後」への問いかけ

しかし、同様に「事実」と「日本」に接近するときに、問いかける側の主体に目を向ける立場も現れた。女たちの現在《いま》を問う会『銃後史ノート』はそのひとつである。

銃後の女性たちの加害責任を問うという問題意識を軸としつつ、「女たちの現在《いま》を問う会」による『銃後史ノート』が発刊された。創刊号(一九七七年一一月)の「刊行にあたって」では、「主として戦後育ちの私たち」にも「私たちなりの〝戦後〟」と「その帰結としての〝現在〟」があることを出発とする。そして「十五年戦争が明治以来の日本の「近代」の集約の姿」である以上、「〝銃後〟」ということばはこの時期に限らず、「日本「近代」を通しておんなたちにつきまとうことば」であるという認識に立つ。『銃後史ノート』は「体制を支える女の情況」はいまだに変わっていないという「戸惑いと認識」をもち、歴史を見直していく。

母たちは確かに戦争の被害者であった。しかし同時に侵略戦争を支える〝銃後〟の女たちでもあった——何故にそうでしかあり得なかったのか——

このように『銃後史ノート』は「生き残った〝銃後〟の女たち」とその女性たちから育った「私たちの対話の場」を設けるとした。再び「〝銃後〟の女たち」になるやも知れぬ、あるいはすでに「形をかえて〈〝銃後〟の女に—註〉なっているかもしれない私たち」を対象化し、「他者、あるいは他国の人々を踏みつけにしない」「解放の方向をさぐる」という緊張感と目的のもとで、活動を始めたのである。

『銃後史ノート』では「私」を前面に押し出すとともに、歴史的な出来事を具体的に明らかにすることを試み、第二号(一九七八年五月)では「特集」として「ドキュメント・昭和恐慌下の女性たち」を組む。「女たちの証言」を集めるため、聞き取りのほかに、女性の自伝・伝記から該当箇所を抜き出した。さらに当時の『女人芸術』と『信濃毎日新聞』から「働く女たちの声」「恐慌下の女たち」の記事を抽出し収録し、一九三〇年前後の「昭和恐慌期の女性たち」の状況と意識、対応と行動とを「構成」していく。論を立て考察を行うが、むしろそれ以上に地道な史料の収集に力を注いでいる。第三号(一九七九年四月)では「女たちの満州事変」の特集を組み、女性運動の指導者の発言、『満洲日報』にみる「女たちの動向」などが資料として掲げられた。すでに戦時期の研究はおこなわれていたが、女性を主体とする考察は少ないうえに、女性をめぐる「事実」そのものがあきらかにされていないという状況が背後にある。また女性の動向に関心をよせずになされる男性中心の歴史学研究への批判もあったであろう。このことはしばしば現状との緊張感を失い、自己(私)を消去するアカデミズムの歴史研究への批判にも通じている。

こうして『銃後史ノート』では、かつての戦時の女性たちと、いまの戦後の自分たちを重ね合わせ自らを問う姿勢と、具体的に出来事に当たりながら歴史的状況を確かめていく作業とが同時に行われている。「編集後記」(第二号)で、メンバーの加納実紀代は「それにつけても、過去の女たちの加害性を追及、批判することは割りにたやすいのですが、現在の自分たちの加害性を撃つことのむつかしさよ」と述べている。

ことばは平易だが、あらたな論点を提供する問題提起であり、『銃後史ノート』の試みは一九七〇年前後の戦争認識の転換に大きく寄与するものであった。

加害者としての証言

アジア・太平洋戦争の戦争認識という観点からみたとき、かくして一九七〇年前後は、被害者としての「証言」のみならず、加害者としての意識に基づく証言とそれをもとにした考察がなされてきたといいうる。本多勝一『中国の旅』と森村誠一『悪魔の飽食』は、後に出された加納実紀代『女たちの〈銃後〉』[28]（筑摩書房、一九八七年）とあわせて、加害者意識を強く意識させる作品となった。戦争像の多様化と、あらたな論点の提示による戦争像の提示がなされるなか、アジア・太平洋戦争をめぐって被害とともに加害の視点が出され、そのあいだを如何につなげるかの思索が、以後なされることとなる。しかし、ここでは、「戦時」が近現代日本における逸脱の時期であるという認識が強かった[29]。

こうしたなか、アジア・太平洋戦争における加害者としての証言を収集する試みもみられた。雑誌『潮』は、一九七一年から翌七二年にかけて、戦争の証言にかかわるさまざまな「特別企画」を組み、その証言を提示する。

『潮』の特集は、ほとんどに「一〇〇人の証言と告白」というサブタイトルがつけられる。それぞれは原稿用紙で数枚程度の短文であるが、文筆の専門家、非専門家を問わず自らの経験に即し主題に接近する証言をおこなっている。敗戦から四半世紀の時間がたっているが、おりしもベトナム戦争が進行中で、南京虐殺がベトナム戦争での「ソンミ村事件」と重ねられ（「大陸中国での日本人の犯罪＝一〇〇人の証言と告白」一九七一年七月）、戦争への思いが一気に噴出するような状況のなかでの戦時の証言である。戦争犯罪の告発、戦争責任の追及など、加害者たることの自覚を促すかたちで、『潮』では特集が組まれ、加害の証言が集成されている。

なかでも中国と沖縄における出来事が軸となっており、おりからの日中国交回復と本土への沖縄の復帰（ともに一九七二年）という事態に促されていることが見て取れよう。一九七一年七月の特集「大陸中国での日本人の犯罪」に、「本誌特集部」名で付された「特集を企画するにあたって」は、「この侵略体験が一方的に、しかも意図的に隠蔽されたまま、世代から世代へ持ち越されていいものか」「ムード的な日中友好が叫ばれている今こそ、こうした問いを基軸として、より大きな歴史的パースペクティブのもとに、真の日中関係の発条」として企画したとする。

そして特集の冒頭には、朝日新聞記者・森本哲郎「日中問題の原点」が置かれ、「二度と過ちをくりかえさないように。加害者だったという記憶こそが、平和を守る要石なのだ。その記憶をぬきにした平和なぞ、私は信じない」と記される。さらに森本は続けて「その記憶を新たにするために、百人の証言を読む」とした。

加害者としての経験の証言と、そこから呼び起こされる加害者としての記憶は、「日本人の朝鮮人に対する虐待と差別＝植民地支配と強制連行の記録」(一九七一年九月。「日本人一〇〇人の証言と告白」が付されている)へとつらなり、「虐待と迫害を加えてきた日本人ひとりひとりによる証言と告白を通して、その実態を明らかにするとともに、あえて暗い記憶を白日のもとに引き出してみました」(「特別企画にあたって」)という特集が組まれるにいたる。沖縄戦や原爆投下も同様の文脈で論じられ、「沖縄は日本兵に何をされたか 生き残った沖縄県民一〇〇人の証言」(一九七一年一一月)、あるいは、「隠れて生きる被爆者と人種差別 大量殺人から生き残った――朝鮮人と日本人一〇〇人の証言」(一九七二年七月)などが特集された。

「日本人」の戦争責任や戦争犯罪、あるいは被爆者への差別を軸に、『潮』はいまとの緊張関係のなかで戦時の証言を掲げた。「広島被爆者の証言」を掲載したときには、「韓国原爆犠牲者」や在韓被爆者にも言及し、「冥福を祈ることですまされるものではなく、彼らの怨念と呪いのことばを、日本人は聞きつづけなければならない」とした(藤崎康夫「日本から離れゆく在韓被爆者の心」一九七二年七月)。またこの特集には、松永英美「広島へ逆流する朝鮮人被爆者」の一編もある。

さらに強制連行を取り上げた「日本で中国人は何をされたか 強制連行された中国人と加害者日本人——一〇〇人の証言」(一九七二年五月)や、侵略戦争という認識に基づく「日本人の兵役拒否と抵抗の体験 いかにして私は徴兵・兵役を逃れたか——一〇〇人の証言」(一九七二年九月)も特集された。

ここでは、「日本人」ということが出発でありゴールともなっている。「日本人」という意識のもとで戦争を告発し批判し、そのために侵略や加害、あるいは被害(しかし、引揚げにせよ、原爆にせよ、たえず加害の観点をみのがしてはいない)の体験—記憶—証言を掲載していった。

「証言」の時代と論争

こうしたとき、「証言」の時代であるがゆえに、論争が起こることになる。「体験」の時代であれば、参照されるのは「事実」であり「真実」であった。しかし、「証言」はある特定の他者に対しての語りかけであり、特定の目的を有した体験・記憶の総括となっている。こうした意味での「証言」が主潮となる一九七〇年前後からの時期は、「体験」の時代とは様相をいささか異にする。「体験」が証言や記憶を統御しているときには、出来事はひろく人びとと共有されていると想念され、そのなかでの差異が問題化されることとなる。したがって出来事の軽重やその判断の是非、あるいはその当否をめぐって議論がされる。だが、「証言」の時代には互いに「事実」を共有するところからは出発しない。「事実」の認定という要因が入り込むために、出来事の判断とともに、その虚実をめぐって論争が起こる。この傾向は、「記憶」の時代になればさらに拡大しよう。

したがって、「証言」の時代には論争が頻出することとなるが、南京虐殺をめぐる論争や沖縄での集団自決をめぐる論争には多くの論者がかかわった。

沖縄の集団自決をめぐる論争は、さきの曾野綾子『ある神話の背景』をきっかけとした（序章に前掲、仲程昌徳『沖縄の戦記』が的確な要約を行い、論点を抽出している）。集団自決の当事者である住民たちが死者として不在であるなか、その「不在の証言」の周囲で論争が行われた。

曾野は、沖縄の渡嘉敷島で日本軍の守備隊長の赤松嘉次・元大尉が村民に自決を命じた出来事を扱い、赤松やかつての部下たち、当時の村長など関係者に会い証言＝聞き取りを行う。曾野は赤松の自決命令を「神話」として斥けるが、ここで曾野が対抗したのは、『鉄の暴風』をはじめとする渡嘉敷島の集団自決を記した文献であったことは、すでに記したとおりである。それらを、曾野は沖縄戦のマスター・ナラティブととらえ、赤松らの証言を持ち出しその（マスター・ナラティブへの）批判と修正を試みる。

『鉄の暴風』の著者のひとりである太田良博は「渡嘉敷島の惨劇は果たして神話か」(『琉球新報』一九七三年七月一一―二五日)を著し、曾野が赤松の立場に身を置き換え「自己内省」をし「人間のおののき」を感ずるのは「主観的には誠実」だが、しかし「半面、この自己内省は、客観的には、赤松の立場の擁護となり、(赤松への―註)告発者に対する批判となる」と厳しく指摘する。太田は、第三二軍高級参謀であった八原博通『沖縄決戦』や公刊戦史である『沖縄方面陸軍作戦』、あるいは曾野自身の『切りとられた時間』などをていねいに読み解き、曾野の『ある神話の背景』に対し論拠を挙げながら反論した。あわせて太田は、曾野が採用している証言や持ち出す史料についても批判的に検討を行っている。

こののち、一九八五年にも再び、曾野と太田とのあいだに論争が起こる。曾野が『鉄の暴風』は「直接体験者でない二人」から「伝聞証拠」を持ち出したと批判したことに対し、太田は「沖縄戦に〝神話〟はない」(『沖縄タイムス』一九八五年四月七日―一八日)を著し、その取材の過程を明らかにしている。そして「ありもしない「赤松神話」を崩すべく」、曾野は「新しい「神話」を創造しているにすぎない」と反論した。

他方、南京虐殺をめぐっては、先述の『潮』特集もその証言を扱ったが、とくに論争を呼んだのは、本多勝一の『中国の旅』における南京虐殺の箇所である。鈴木明『「南京大虐殺」のまぼろし』(文藝春秋、一九七三年)、山本七平『私の中の日本軍』が本多に対する批判の代表的なものだが、たとえば山本は「百人斬り」を取り上げ、その「百人斬り競争」の「虚構」を主張した。笠原十九司(一九四四年生まれ)が指摘するように、一九七〇年代から八〇年代にかけて南京虐殺をめぐっても、歴史家の参入を見ながら論争が展開された[30]。中国史研究者の笠原は一九七〇年代を「「論争」の発端」とし、一九八〇年代に論争が「本格化」したとするとともに、一九七〇年代に南京虐殺の「否定の構造」が形成されたことを強調する(笠原『南京事件論争史』)。

いずれも、文献史料が残されなかったり、残されにくい領域の出来事であり、当事者たちの証言が出来事への接近と考えられ、関係者の証言を集め出来事を再検討しようとする。しかし、ここでの論点は、そもそも誰が当事者であるかということである。誰が、誰を当事者として認定するかということ自体が、その出来事をどのように把握するかという点に関わっており、当初からズレが生じている。このことは、証言は出来事への参画の立場に応じて異なった様相を見せ、誰に向かって語るかによって、出来事の解釈はむろんのこと、出来事の内容も異なるということを示唆している。

その結果、導き出された主張とともに出来事それ自体をめぐって相互に批判が投げかけられ、しばしば論争が展開された。従来のマスター・ナラティブに対し、(修正の方向はそれぞれ異なるが)証言を手がかりとした論証による提起ゆえに、論争が見られたのである。

体験が主導するときには階層や立場、戦争への関与の仕方の差異が大きな要素となったが、証言が主導するときには出来事の解釈や、そもそもの出来事自体が論点となっている。出来事の存在の有無や真実/虚偽、という論点と対抗関係が作り出され、そこをめぐっての厳しい対立となる。論争において直接に前面に出ることは少ないが、冷戦体制下におけるアジア・太平洋戦争の解釈であるために、歴史における進歩主義／保守主義、現状における革新／保守の対抗がここでの前提となっている。これらの論争の論点が、家永三郎が提訴したいわゆる教科書訴訟での争点となったことは偶然ではなく、曾野が裁判において国側証人となったことも意外なことではないであろう。

5 「証言」の時代の歴史学

「証言」の時代に切り結ぶ戦争像

家永三郎『太平洋戦争』(岩波書店、一九六八年。第二版は、一九八六年)の刊行は、歴史学のアジア・太平洋戦争研究にとり大きな意味を有している。熟達した歴史家として、歴史と状況が提起する論点に家永は敏感であり、「証言」の時代に切り結ぶ戦争像を提供したのである。

一九一三年生まれの家永は、「戦争の惨禍を身にしみて体験してきた歴史家の一人」であり、戦争経験者であった。さきの『東京大空襲・戦災誌』の編集委員を務める他、人びとの「痛み」という言い方で、戦争被害者の立場から戦争を記述しており、このことは(以下に記すように)、証言者になり代わって歴史家として叙述するという意思表明であった。

『太平洋戦争』は、一九三一年九月の柳条湖事件から、一九四五年八月の敗戦までを対象とするため「厳密には「十五年戦争」と呼ぶべき」であるが、まだ大方の理解する名称ではないので「太平洋戦争」の呼称と書名とを用いたとされている(「序」)。一九八六年には「数百か所にわたる局部的増補改訂」をおこなった第二版が刊行され、初版の総ページ数三六〇ページが、第二版では四四六ページとなり、大幅に増補されている。厳密に言えば、この第二版が「証言」の時代の作品となろう。しかし、ここでは初版を基調として叙述を行い、適宜、第二版に言及することとする。

『太平洋戦争』は、「序論　戦争の見方はどのように変ってきたか」と「結論　戦後の歴史において日本は何を得、何を失なったか」とのあいだに、「第一編　戦争はどうして阻止できなかったか」「第二編　戦争はどのようにして進められ、どのような結果をもたらしたか」が置かれ、第一編は「軍の反民主制・非合理性」など構造的な分析と把握、第二編は中国への侵略から狭義のアジア・太平洋戦争、敗戦にいたる歴史過程的な考察と叙述になっている。近代日本の決算と結果としての「太平洋戦争」とその敗北が、描き出される。

このような構成と内容を持つ『太平洋戦争』の特徴はさまざまに挙げられるが、まず目につくのはその「注」の多さであろう。初版の注は五六ページにわたり六七一を、第二版では九六ページ、八三三を数えている。家永自ら、「戦争中から新聞の重要記事掲載号を保存していたし、戦後も戦争の惨禍やその中で生きぬいた体験記を載せた新聞・週刊誌・パンフレット・写真グラフ・単行本等をつとめて買い集めるように心がけていた」(初版「あとがき」)と述べ、膨大な史料を用いている。内容の上からは、第二編の「戦争の惨禍」という副題を持つ三つの章(「戦争における人間性の破壊」「国民生活の破壊」「敗戦悲劇」)にこうした史料が多く用いられている。

『太平洋戦争』と、『沖縄県史』や『東京大空襲・戦災誌』とは、「証言」というかたちでの体験／記憶の収集の点で共通している。沖縄戦や東京大空襲の歴史像のために、一人ひとりの体験／記憶が呼び起こされ、証言が呼びかけられた。だが、家永は沖縄戦や東京大空襲を包摂する「太平洋戦争」の歴史像を描こうとしており、『沖縄県史』などとは異なった次元の論点も見られる。

たとえば「第一一章　国民生活の破壊――「戦争の惨禍」中」では、「戦線の軍人」だけではなく「銃後の国民」も「大きな犠牲」(「国民の生活がこれほどまで徹底的に破壊された」)を強いられた様相が記述される。

『太平洋戦争』ではまず、戦争の拡大と長期化のなかで物価が騰貴し生計費が上昇し、「国民の実質的な生活水準」が低下すること、労働時間や女子・年少者への制限の撤廃などの「労働強化」、食糧不足にともなう配給制による「餓えの苦しみ」が描かれる。対照的に、「一部特権層」が闇ルートをもっていたことを家永は記す。そして、「物質生活による肉体的苦痛が激化したばかりでなく、精神面・道義面の破壊も進行した」という。

また、転廃業、徴用、動員から学徒出陣や、満蒙開拓青少年義勇軍への志願割当をはじめ「まことに悲惨というほかない」ことが記される。一九四四年六月からの疎開、戦場での負傷者とあわせ、夫や息子を奪われた女性にも言及し、「戦争は間接的に老幼婦女をふくむすべての国民の上に戦禍を及ぼし」、ついには本土が戦場となって「非戦闘員である一般国民のすべてが直接に戦火にさらされるにいたった」様相が叙述され、サイパン島の非戦闘員の惨状や沖縄戦の様相、一九四四年後半からの空襲が綴られる。そして、「何といってももっとも悲惨をきわめたのは、世界最初の原子爆弾の投下によりいけにえとなった広島・長崎の市民であったといわねばならない」として、原爆の記述を行った。

経済安定本部『太平洋戦争による我国の被害総合報告書』(一九四九年)などの調査、大田昌秀『沖縄の民衆意識』(弘文堂新社、一九六七年)などの研究書も用いられるが、用いる資料の圧倒的多数は証言集である。第二版においては、大筋は同様であるが、『支那事変大東亜戦争動員概史(草稿)』などあらたな史料を用いて軍隊への動員を数字によって示したり、内務省警保局の史料に基づき「出征軍人の妻の姦通の各地に頻発している状況」を追加している。一九七〇年代以降に刊行された史料を大幅に追加することによって、家永はディテールのみならず、さまざまな出来事に目を配り記述を豊かにしている。

第二版でページ数が増えたのは、一挙に増加した証言の刊行を用いてのこの部分であり、関連する「注」と「参考文献解説」である。ちなみに、『太平洋戦争』の記述内容における初版と第二版の相違は、第二版において天皇と民衆の戦争責任について踏み込み、あわせて「戦争の惨禍」の記述を膨らませた点にある。多数提供された一九七〇年前後の証言が、第二版では存分に用いられ増加している。

「証言」と「事実」

「証言」の時代の歴史学の作法という観点から『太平洋戦争』を論じなおしてみると、「参考文献解説」で家永は、まず「根本史料」と「研究文献」とに大別し、前者にまずは「新聞」をあげ、「重要な事実が隠蔽されウソが多かった」が、それ自体が「貴重な遺物史料的価値」をもちあわせて「陳述史料」としても、「当時の雰囲気」を伝えているとする。

さらに家永は、『木戸幸一日記』をはじめとする「権力側の政策・思想・動向」を示す史料を紹介したうえで、「根本史料」としての「従軍兵士の体験記録」「ジャーナリストのルポルタージュ」「一般市民」の記録に論及し、「公私の文庫に無数の記録」が存在すること、そして個人の日記や「生証人」から「思いもかけぬ証言をひき出す可能性の残されていること」を挙げる。『太平洋戦争』では「感銘深く読んだ」作品として、奥山良子『玉砕の島に生き残って』(原書房、一九六七年)、大屋典一『東京空襲』(河出書房新社、一九六二年)、沢田和也『疎開っ子』(林書店、一九六七年)、鶴見和子・牧瀬菊枝編『ひき裂かれて』(筑摩書房、一九五九年)、いずみの会編『主婦の戦争体験記』(風媒社、一九六五年)、草の実会第七グループ編『戦争と私』(同、一九六三年)、NETテレビ社会教養部編『八月十五日と私』(社会思想社、一九六五年)、広島市原爆体験記刊行会編『原爆体験記』(朝日新聞社、一九六五年)、長田新編『原爆の子』(岩波書店、一九五一年)などを列挙する。形態はさまざまであるが、当事者たちの経験に基づく著作群である。

また「国民生活の破壊」(第一一章)では、上記の『主婦の戦争体験記』『戦争と私』や『原爆体験記』『原爆の子』などのほか、たとえば原爆に関して、小倉豊文『絶後の記録』(中央社、一九四八年)、蜂谷道彦『ヒロシマ日記』(朝日新聞社、一九五五年)、大田洋子『屍の街』(中央公論社、一九四八年)、広島県被爆者の手記編集委員会編『原爆ゆるすまじ』(新日本出版社、一九六五年)、秋月辰一郎『長崎原爆記』(弘文堂、一九六六年)といった体験記・記録集を用いて叙述している。第二版では、さらに「従軍兵士」と「一般市民」の体験記録を用いて多くの加筆を行っており、これらを読むことなしには「戦争の生きた姿をとらえることができない」とした――「十五年戦争のなかではあまりにも不法かつ非人間的な行為が多過ぎて、それらはほとんど公の記録に載っていないか、あるいは載っていても今日まで隠匿されているか、とにかく公の記録に求め難い」。そして家永は、「個人ないし私的集団の手記・回想・調査の類によらなければ、戦争の赤裸々な実態をとらえることはできない」とする。

「証言」の時代の状況を正面から受けとめての発言となっているが、この観点から、第二版第一一章には、障害者の太平洋戦争を記録する会編『もうひとつの太平洋戦争』(立風書房、一九八一年)、戦争を語り継ぐ会八戸地方委員会『ある戦中生活の証言』(同、一九八五年)、読売新聞社外報部訳編『拒否された個人の正義――日系米人強制収容の記録』(三省堂、一九八三年)、北島宗人編『記録写真 原爆の長崎』(第一出版社、一九五二年)、関千枝子『広島第二県女二年西組』(筑摩書房、一九八五年)、高木敏子『ガラスのうさぎ』(金の星社、一九七七年)、大田昌秀『鉄血勤皇隊』(ひるぎ社、一九七七年)、篠塚吉太郎『サイパン最後の記録』(東和社、一九五一年)、安田武ほか『祈りの画集』(日本放送出版協会、一九七七年)、宮野英也『ペンを奪われた青春』(三一書房、一九六七年)など、あらたに刊行されたり、入手した証言が紹介される。むろん、先述した『沖縄県史』『東京大空襲・戦災誌』『暮しの手帖』特集号も掲げられ、原爆、沖縄戦、空襲、あるいは疎開や勤労動員の様相が詳しく描かれるようになるとともに、障害者の戦争経験や戦闘機の機銃掃射による非戦闘員の殺傷など、あらたな出来事が書き加えられることとなった。

こうした家永三郎による『太平洋戦争』の特徴は、第一に「戦場の極限状況の記録」として、「兵卒の眼」「非戦闘員である一般市民」の記録の重要性が強調されていることである。ここには「民衆」の記録ということとともに、当事者の記録ということが含意されていよう。家永は、当事者としての「民衆」が語った記録をアジア・太平洋戦争の歴史過程に組み込み、「戦争の惨禍」として叙述を行う。家永には、戦時に非戦を貫けなかったという反省的な経験を踏まえたアジア・太平洋戦争認識があり、そこを原点としながら戦争像を構成し、証言を用いて戦争によるさまざまな破壊のディテールを描き出す。

第二には、ルポルタージュとあわせ、フィクションを注釈つきで用いていることを挙げうる。家永は「ジャーナリストのルポルタージュにも、戦争の実態をよく示した名篇が多い」と高木俊朗の『イムパール』『知覧』をあげ、第二版では澤地久枝や本多勝一、森村誠一の名前も記している。彼らの作品に対し、家永は「アカデミックな研究者のオーソドックスな研究方法で究明することは困難」な「戦争の最暗黒部を復原するのに成功」しているとした。

同時に家永はフィクションの領域―小説にも踏み込み、田村泰次郎『蝗』(新潮社、一九六五年)、五味川純平『人間の条件』などは、小説ではあるが「兵士としての著者の戦争体験が素材」となっているとし、『蝗』には「フィクションを交えない作品が多く、高い史料価値が認められる」とした。「具体的状況を追体験するためには文芸作品(体験者の写実的作品に限るが)を大いに活用する必要のあること」を家永は認じている。

このとき家永は、ルポルタージュは「実態」をあきらかにし、『蝗』や『人間の条件』などの小説も、「フィクションを交えない」という点において「活用」するに値するとしている。家永は、田村に照会し、『蝗』が「事実」であるかどうかを尋ね、そのうえで『太平洋戦争』で用いている――『太平洋戦争』「第九章「大東亜共栄圏」の実態」で、家永は朝鮮人女性が「慰安婦」として前線にかりだされたことを記し、「彼女らは「チョーセンピー」(ピーは慰安婦の俗称)と呼ばれたが、前線で砲火にさらされ、命を落としたものも少くなかったらしい」との箇所に、田村の作品集『蝗』を、典拠とした文献として注をふる。すなわち『蝗』は「そのまま事実とみることはできないとのことである」と限定付け、しかし朝鮮人慰安婦の「従軍状況を推察する上に参考になる」とし、本文を記述した。また、別の箇所でも、(『蝗』に所収された)小説「裸女のいる隊列」を典拠とし、朝鮮人慰安婦が裸で隊列に混ざり行進させられていることを叙述し、「これは事実の描写と見てよいそうである」と注記する。[31]

一つ一つの記述に、典拠があることを家永は注で記しており、その際に文学作品の場合には「事実」であることを確認してから、本文をものしている。元来、歴史家としては例外に属するが、家永は文学作品を重視し、田村や五味川の作品は「戦場の実際を体験しなかったものにとっては必読の参考文献と言ってよい」とまで述べる。だが、家永の基本的な姿勢は

「具体的な状況を追体験するため」に参照するというものであった。

したがって、叙述に活用するときには「事実」を以て利用することに限定する。ここでの「事実」とは、出来事の生起そのものである。文学作品であっても歴史叙述においても出来事は解釈され、判断されたうえで書き留められるが、『太平洋戦争』においては記述者の解釈や判断、あるいは思惑は捨象され、家永は生起した事柄―出来事にのみ関心を寄せる。

家永は、「私と相反する見方に立つ側の著作」についてもその利用を論じ、「裁判用語でいう「敵性証人」の証言を逆用すること」と卓抜な比喩で説明しているが、ここでも狭義の「事実」が念頭に置かれている。

「証言」から「記憶」へ

だが、第三点として、第二版になると、「後年からの回顧」を手がかりに、家永はもうすこし複雑な論点を提出することとなる。すなわち、家永は一九七〇年前後に出される多くの証言を「回想記録」と呼び、これらは「一概に史料価値が低いと考えるべきではない」とし、(1)個人の経験が、敗戦直後ではなく時間を経て記されるようになったが、そのこと自体「意味が深い」、また(2)経験が深刻であればあるほど、語ることへの拒否感が強いが、時間経過が「次第に語り伝え記しとどめておこうとする心境」も生み出したとする。

そして『沖縄県史』、あるいは第七三一部隊の証言である越定男『日の丸は紅い泪に』(教育史料出版会、一九八三年)、証言をもとに第七三一部隊を考察した、さきの森村誠一『悪魔の飽食』をあげ、「体験告白の心理的な条件の形成とこれを録取しておこうとする採訪者の熱意があいまって築いた金字塔」と絶賛した。

証言とは一般的に語られるのではなく、ある特定されたものに向かって語るという形態を持ち、語り手と聞き手との共同の作業による実践であることを、家永は的確に読み取っている。このときの「事実」とは、したがって(初版とは異なり)出来事の生起に限定されず、メッセージをふくみ、互いの解釈や判断を経て提出されたものとなっている。

さらに家永は、(3)「回想」は「記憶違いや戦後の主体的客観的条件の変化による意識的・無意識的の事実の変形」をともなうことも多いとする。家永は、そのために多くの異なる証言を「累積」させ、「共通して否定できない重み」を持たせて使用するようにと「慎重で批判的な用意」——史料批判の必要をいう。『太平洋戦争』初版刊行から一五年以上を経過し、「証言」の時代も進行するなかで、家永は論点を深めていった。

とともに、家永が提出した論点はさらに展開しうる。「記憶違い」や「変形」もそのこと自体、意味が深いといえよう。「証言」の時代は、事実が事実としてそのまま存在するのではないことを明らかにしたが、そこでは事実の「内容」とともに、「事実」の概念そのものが問われることとなる。「記憶違い」「変形」の解釈やそれへの向き合い方も、(事実を参照としての)単なる「修正」ではすまないことを浮上させるのである。

第二版で、家永は「軍隊内で用いられる特別の軍隊用語(公式用語とスラング)の辞書」の必要性をいうが、以上の点から見るとき、これはツールに止まるものではないことが分かる。

語り手と聞き手が対話するときに、語り手の言語がどのような言語体系のなかで語られているかを知る必要があり、「軍隊用語の辞書」が求められる。他方、この辞書には軍隊観や戦争観が映し出されており、語り手は自らの位置を自覚し、聞き手は（語り手の）歴史的位相を知ることが可能である。語り手と聞き手とが、互いの位相を知る手掛かりとして、軍隊用語の辞書が提案されていると考えることができよう。

さて、歴史家が史料として用いるドキュメントは、それぞれ固有の文脈を持ち、一人ひとりのかけがえのない思いが綴られている。記憶の「間違い」があってもそれはその人にとっての経験の証しであり、その人の思いが満たされている。そうしたドキュメント――記述群を、『太平洋戦争』では歴史家に宛てられた「証言」として読む。家永は、人びとの固有の経験を共通の経験に昇華し、ある経験を普遍的な経験の代表として記述する。『太平洋戦争』では、多くの人びとの経験がその距離を越えて併置され、列挙され、配列されるのである。

この行為を支えるのは、歴史家・家永三郎にとっては死者への思いであり、戦争への怒りと戦争批判の使命感である。多くの他の歴史家の生き方に連なるものであり、倫理にかかわることでもあろう。家永は『太平洋戦争』刊行後に、『戦争責任』（岩波書店、一九八五年）という著作を著し、さらに一九七九年に刊行した論文集のタイトルを『歴史と責任』（中央大学出版部）としている。

同様に『太平洋戦争』が読まれる文脈も、「証言」の時代であれば、著者である家永三郎の問題意識と倫理を共有し、家永に共感するところにあろう。読者もまた、『太平洋戦争』

を読むとき、引用された証言の固有性よりも、家永による敷衍化に目を向けていたと思われる。これが、「証言」の時代の戦争認識といいうる。

別言すれば、ここで歴史家が行っている作業は、固有の経験の固有の記述から、出来事の狭義の「事実」を切り取り、それらを束ねてひとつの歴史像とする作業であり、人びとの体験／証言／記憶を集合化することによって「客観化」しようとする営みである。それぞれの経験を、「証言」として歴史のなかに適切な位置を与え、そのことによって歴史の一こまとする——いわば経験の証言化をするのだが、このことは経験の固有性やそれが当事者にもつ意味の喪失と引き換えではあった。そして、読者もその結果を追体験していたのである。このように、歴史家にとって証言といったとき、まずは自らに宛てられたものとして受け取ることになる。そして証言を受ける側＝束ねる自らの立場は、証言する側と枠組みを共有していると想念した上で証言を了解し、自らの観点から証言を集約していく。

しかし、いったん証言の宛て先や、枠組みの共有性に疑念が生じ、ズレが自覚されたときには、歴史家として束ね記述する位相と行為が問われ、歴史家と証言者とのあらたな関係性や証言をめぐっての認識、記述が模索されることになる。「証言」の時代とは、かかる営みと葛藤が同時に進行した時期であった。

「戦後歴史学」の成果

歴史学のアジア・太平洋戦争研究というときには、シリーズ『昭和の歴史』にも言及する必要があるだろう。『昭和の歴史』(小学館、一九八二―八三年)は、全一〇巻(別巻一)のシリーズで「昭和」を描く試みであり、宣伝文句には「昭和の視点で昭和を語る本格的な同時代通史」とある(第四巻の帯)。通史的叙述の巻と構造的叙述の巻との組み合わせで構成され、江口圭一『十五年戦争の開幕』(第四巻)、藤原彰『日中全面戦争』(第五巻)、木坂順一郎『太平洋戦争』(第七巻)が、戦争をタイトルに掲げている。

通史的叙述は『昭和への胎動』(金原左門)、『昭和の恐慌』(中村政則)、『講和から高度成長へ』(柴垣和夫)、『経済大国』(宮本憲一)を始めとする巻がおこない、構造的叙述は『天皇の軍隊』(大江志乃夫)、『昭和の政党』(粟屋憲太郎)が担う。目配りのよい『十五年戦争の開幕』、戦闘を記した『日中全面戦争』『太平洋戦争』、社会運動を軸とした『占領と民主主義』(神田文人)など、通史的叙述の巻はそれぞれに叙述上の特徴を持つ。

シリーズの構成は、戦争による時期区分と政軍関係を軸とした把握となっており、多くの領域の出来事を対象とする(それでも、文化、風俗の領域が弱く、原田勝正編『昭和の世相』が後日、別巻として刊行される)。戦時期の天皇制も前面に出され、戦争を遂行する国内体制がいかに形成されたか、また、戦争がどのように進行し、民衆はいかに困窮したかが記される。

シリーズ『昭和の歴史』は、一九七〇年代の現代史研究の深化をふまえつつ、折からの中曾根康弘内閣の施策への危機意識をもち書かれた通史であった。一九八〇年代の初頭であるが、この時期はアジア・太平洋戦争から半世紀の時間が経過していた。執筆者の戦争経験と(戦争経験を有さない)戦後世代の多数化を意識し、歴史学におけるアジア・太平洋戦争の共通の目録と認識とを提示しており、戦後歴史学の力量を示すシリーズとなっている。

執筆者は、最年長の藤原(一九二二年生まれ)から、最も若い粟屋(一九四四年生まれ)までの幅を持つが、大半は一九三〇年代生まれの世代による通史であり、それぞれに戦争経験を有している。

叙述の作法は、(外交を含み、政党、軍部、官僚、宮中グループを主体とする)政治史の過程と「国民生活」(「植民地」に目配りした巻もあるが、戦後の国境によって区切られ、そこでの人流は見えてこない)をにらみながら、戦争がいかに起こり、いかに遂行されたかを描くものである。そのため、シリーズを通して侵略と危機、統合と抵抗、動員と破壊、破綻と惨劇と、戦時体制の形成―遂行―崩壊=敗戦にいたる歴史過程が明らかにされた。

さらに、これまで歴史家の著作では手薄であった戦闘の局面も書き込まれ、銃後とともに前線を視野に入れた叙述をおこなう。木坂は戦記や『戦史叢書』を多用し戦闘を再現している。もっとも叙述にいささか力が入りすぎ、日本軍と叙述している自己を同一化し「わが方」と記し、「勇敢にたたかった」などの描写もみられた。このため、ベトナム史研究者の吉沢南から、戦闘の場面になると「煽情的」な印象を拭いがたいという批判が出された(「研究者」歴史学研究会・日本史研究会『講座 日本歴史』第一三巻、東京大学出版会、一九八五年)。戦時における それぞれの立場を見据えることにより、女性、子ども、外国人などにとっての戦争とその事例を多様化し、「慰安婦」は入っているか、「南方」への目配りはあるかなどという処方が提出される(江口、木坂)。こうした問題意識によって、シリーズ全体を通じて「沖縄」

が特記されることともなった。

理論的な検討も図られ、江口『十五年戦争の開幕』は、戦争を起こした権力がどのようなものであるかについて、これまでの学説である「天皇制ファシズム論」「二重帝国主義論」「革新派論」などの諸説を検討したうえで、自説の「二面的帝国主義論」の枠組みを提示する。シリーズ『昭和の歴史』では、各巻に「満州事変と現代」(江口)、「日中戦争の歴史的意味」(藤原)、「太平洋戦争と国民」(木坂)、「戦後民主主義とは何だったのか」(神田)というかたちで、アジア・太平洋戦争の研究目的と現時の関係が意識されている。この点から『昭和の歴史』は、一九八〇年代初頭の時代状況との緊張関係で提出された戦争像といいうる。

しかし、シリーズ『昭和の歴史』が扱う範囲はおおむね「本土」と「都市部」であり、「国民」といったときにも日本本土の「日本人」が想定されていたことも指摘しておく必要があろう。たとえば、神田は敗戦の日を晴れわたった八月一五日と記し、一部の地域の天候ですべてを代表している(『占領と民主主義』)。

本土の「日本人」、植民地の「日本人」、「日本人」とされた朝鮮人や台湾人が否応なくつくり出す階層性や矛盾、あるいはそのことの投影として日本軍隊が有した「民族的」多様性には関心が向けられない。帝国─植民地への認識が微弱で、日本本土が中軸に据えられ、「戦後」に切り分けられた境界を用いて空間を設定しているのである(32)。

家永三郎『太平洋戦争』もシリーズ『昭和の歴史』も、戦後の価値と時間・空間設定に基づく再構成となっている。こうした意味において、家永の著作やシリーズ『昭和の歴史』は

「戦後歴史学」の成果を存分に提示するとともに、その内包する論点も抱えていたといえよう。語りの点においても同様で、経験主義的な叙述と評価に基づくアジア・太平洋戦争の歴史像が提供されている。「証言」の時代のさなかであり、歴史学はその成果を用いるとともに、「証言」の時代の認識と誤りも共有していた。

媒体のひろがり

戦後に論じられた「戦時」の推移を整理すると、当初の高級将官の作戦的な見地からのアジア・太平洋戦争記述が、次第に兵士の経験的な叙述へと推移してきた。同時に、前線だけではなく、銃後からの証言も加わった。また、被害とともに加害の視点が出され、そのあいだを如何につなげるかの思索がなされた。しかし、この体験／証言においては、「戦時」が逸脱であるという認識が強かった。

形態から見たとき、体験記は基本的には当事者が筆を執ったが、証言のばあいには、他者が「聞き取り」として書き留め、それを提供するものが大半であった。「証言」の時代は、体験／記憶が証言に包み込まれ、それを戦争を知らない世代に対して語るというスタイルをとる。『沖縄県史』『東京大空襲・戦災誌』などで体験／記憶／証言が、「証言」として確定され、文字化し刊行され、広く共有される体験／記憶となった。その反面、「証言」は相手との関係で語られ記述されるゆえに、当事者の固有性やかけがえのなさを欠く局面もみられる。「体験」の時代の困難は書き換えにみられたが、「証言」の時代になっても当事者の声はまだまだ聞き取りにくい[33]。

さて、見逃せないのは、戦争を伝える媒体である。当初の雑誌や単行本から、さらにシリーズものへと拡大するが、ジャンルも大きく広がる。『日本の戦歴』(毎日新聞社、一九六七年)、『一億人の昭和史』(全一六巻、毎日新聞社、一九七五―八〇年)などの写真集や、高木敏子『ガラスのうさぎ』、灰谷健次郎『太陽の子』(理論社、一九七八年)など、児童文学として提供されたものが影響力をもつようになる。好戦的なマンガとともに、反戦の意志を込めた中沢啓治『はだしのゲン』(一九七三―八五年)などが刊行される。

さらに東宝に代表される映画でもアジア・太平洋戦争がさかんに描かれた。本書では充分に立ち入ることができないが、メディア媒体の拡大と多様化がアジア・太平洋戦争の戦争像を豊富にしている[34]。

第4章

「記憶」としての戦争
(1990-)

古処誠二『メフェナーボウンのつどう道』(文藝春秋，2008年)，
奥泉光『浪漫的な行軍の記録(講談社，2002年)

1 「記憶」の時代のはじまり

戦争の語り方と戦後思想

戦争の「語り方」と「戦後思想」とは密接な関連を持ち、戦争の語り方は、戦後の要所要所で問われてきた。

一九六〇年前後は、その時期のひとつである。歴史家の遠山茂樹は、一九五九年にそれ以前とは異なる「新しい質の平和運動」が登場してきたことをいい、『きけわだつみのこえ』などに代表される「戦没学生の手記」に「感動」したり、「不戦の誓い」に「実感」をもち運動に参加するものが少なくなっていることを指摘した(『世界』一九五九年八月)。また、安田武「一九七〇年への遺書」(『現代詩』一九六一年一一月、『戦争体験』所収)は、戦地からの復員後に行方不明となった友との対話の形式をとる文章だが、安田と思しき人物が、戦後の日本が「変になった」「朝鮮戦争の頃かナ　講和条約の頃かナ……」と繰り返す――「とにかくすっかり変っちゃったんだよ。つまり 一九六〇年には 一九四五年の意味がわからなくなったんだな。そうなんだ まるで 一九四五年が存在してなかったみたいになってしまったんだ」。

こもごも、一九四五年の「体験」を核とする時代からの遊離を、違和や戸惑いを持ちながら語っていた。（本書で言うところの）「証言」の時代への助走である。だが、一九九〇年代になると、あらたに「証言」の時代からの離陸も語られるようになる。「記憶」の時代の始まりである。

浮上する「記憶」

吉見義明『従軍慰安婦』（岩波書店、一九九五年）は、一九九一年一二月に、韓国人の元「従軍慰安婦」たちが日本政府への謝罪と補償を求め、東京地裁に提訴したことから書き起こされている。そのひとり金学順《キムハクスン》のこのときの発言に触れたことが、自らの研究の転機となったことを、一九四六年生まれの吉見は率直に記している。「従軍慰安婦」の存在それ自体は、「戦争に行ったことのある元軍人ならだれでも知っていることであった」としたあと、吉見はつづけて、

だが、この問題（「慰安婦」が設けられていたこと―註）が女性に対する重大な人権侵害であり、国家犯罪・戦争犯罪につながる性格をおびているものであったことを、わたしたちはどれだけ気づいていただろうか。

と自らをも含めた批判を書き留めるのである。

あるいは、一九六〇年生まれの佐藤卓己による『八月十五日の神話』（筑摩書房、二〇〇五

年)は、これまで「終戦記念日」とされてきた「八月一五日」が、一九五〇年代にあらたに意味づけされたものであることを明らかにした。すなわち、(一九四五年)八月一五日には「玉音放送」があったが、ポツダム宣言受諾や降伏文書への調印といった「終戦の〝世界標準〟」からは、この日を「終戦」の日としては採用し難い。前者ならば八月一四日、後者を選択すれば九月二日が「終戦」の日となるべきであるが、現時の日本ではそうなっていない――佐藤はこう指摘したうえで、「八月一五日」の採用は、「進歩派の論理」と「保守派の心理」が「一致した」結果であることを論証する。そして、教科書が「国民が安心してイメージできる平均的な「回想」」を「歴史」とし、さらに新聞報道、テレビ番組構成などメディアにより「八・一五終戦記念日」が「自明化」されていったとするのである。

吉見と佐藤の議論はそれぞれ綿密な実証を伴い展開されるが、ここには戦争像―戦争の語りのさらなる変わり目が、記憶にかかわる問題として議論され提起されている。アジア・太平洋戦争と帝国―植民地に直接かかわった経験者が少数となり、戦闘や空襲の経験を持つ当事者が減少するなかで、あらたな戦争の語り方が提示された一例である。換言すれば、戦争を語る磁場を支えてきた「戦後」が自明のものではなくなるなかで、「体験」「証言」の時代とは異なる(戦争をめぐる)問いと語りが出されてきている。

いまひとつの例として、「証言」の時代の軸のひとつをなした空襲像の変化を挙げてみよう。これまでは、個々人の空襲経験を出発点に、空襲はアメリカによる戦略の対象としての「場所」(=「地域」)から把握されていた。各地に結成された「空襲を記録する会」は、こうした空襲の把握に基づき、経験者からの証言の収集を試みてきた。

しかし、場所(地域)それ自体にも、複数の時間と空間が存在している。「場所」には、アメリカ(軍)対日本(軍)という対抗関係にとどまらず、軍部と民間、男性と女性、大人と子どもといった拮抗があり、さらに階層差や植民地の人びとの存在もみられ、さまざまな力がせめぎあい対抗している――このように「場所」を再把握し、あらためて空襲をされた側の個人の体験/記憶、そして空襲をした側のアメリカの戦略との関連を問う考察がなされるのである。

日笠俊男『B-29墜落――甲浦村一九四五年六月二九日』(吉備人出版、二〇〇〇年)は、そうした試みをもつ一冊である。一九三三年生まれの日笠は、自らも経験した一九四五年六月二九日の岡山県の空襲が「街を焼く」ことを目的としていたことを、アメリカ側の資料の批判的解読によりあきらかにするとともに、空襲のさなかに児島半島の甲浦村に「墜落」したB29をめぐって出された叙述や証言の検討・検証をおこなう――一九五八年の『概観岡山市史』(岡山市)から一九八九年の『岡山県史』(岡山県)、『岡山市百年史』(岡山市)にいたる六種の歴史書における岡山空襲の叙述を検討し、日笠は、(一部にはあらたな成果が取り入れられてはいるものの)いずれも「空想をまじえた作文」にすぎないと手厳しく批判し、岡山空襲の記述にかかわる「虚構の構図」の排除をいう。

日笠は、これまで記述の根拠となってきた村人の証言を、当時の状況や人間関係に立ち入り再検討し、B29の墜落場所や搭乗していたアメリカ兵の人数などをあらためて調査する。

そして搭乗員＝死者数とされてきたものが、空襲当時の推定(八人)であったり、残された足の数からの推測(一五人)にすぎず、確証もないまま記述されてきたことを批判する。そして日笠は情報公開による資料で氏名を確定し、人数をあきらかにした(一一人)。日笠はこの営みにより「死者の尊厳」も図られたとするが、ここでなされているのは証言の検証である。

日笠は「裏付け」にこだわり、文献やモノ、さらに証言を徹底して検討するが、証言に対し「一つひとつが、その価値において絶対的な存在」とし、証言として語られず記録されなければ「何もなかったこと」になってしまうと認識する。そしてそのうえで、証言が「そのまま歴史の真実ではない」と、証言を多角的に意味づける。当事者の空襲経験が、事態の把握においては「不正確さ」を残し、周囲の人間関係や戦時・戦後の時間を通じて変容し歪められることが示唆されるとともに、しかし、その証言によってこそ空襲に接近しうることを日笠は実践してみせたのである。

個人の切実な経験は、しばしば思い込みも含む記憶として語られる。その経験者のかけがえのない想いに身をはせながら、それを「証言」として確定し空襲像を形成するために、いかなる検討が必要かの試行がなされているといえよう(1)。

また、一九九八年に結成された「東京空襲犠牲者氏名の記録を求める会」は、空襲犠牲者の氏名を一人ひとり明らかにし、「名簿」を作成する試みをおこなう。さらに、二〇〇六年には「東京空襲犠牲者遺族会」が、国に対し、損害賠償と公式謝罪を求めた集団訴訟を起こした(2)(『朝日新聞』二〇〇六年三月五日)。一九七〇年前後に空襲経験の証言収集として出発した空襲像の追求は、こうして空襲の被害者それぞれの固有の顔を刻み込むように記憶し、あわせてそれを戦争経験のなかに位置づけるために訴訟というあらたな手段を採るにいたっている。これまで国家による戦争補償から排除されていた空襲罹災者が、他の戦後補償の要求と同様に、裁判の場に持ち込む行動に踏み出していったのである。

2　「記憶」の時代の戦記・戦争文学

戦争文学における焦点の推移

これまで本書で主に扱ってきた「戦記もの」もまた、一九九〇年代に至ってリアリティを著しく減少させている。戦記の刊行自体は、「自分史」のブームや、戦争経験を持つ人びとが人生の収穫期をむかえたことから、一九八〇年代以降に数量を殖やし増加し続けている。兵士の経験の記述や、「引揚げ」の記録などのなかには、従来語られてこなかった出来事の表出も少なくない。

しかし、前提とされていたアジア・太平洋戦争それ自体が、この時期には影を薄くしてきている。アジア・太平洋戦争は、それを経験したという実在の側からではなく、学校教育やメディアのなかで学習するものとなり、もっぱら再構成された戦争像によって感得されるものとなった。別の言い方をすれば、戦争経験を持たない人びとが大多数を占めるようになったとき、「体験」とも、「証言」とも異なる語り方によるアジア・太平洋戦争像が求められることとなる。これが本書でいう「記憶」による戦争像であり、(あらたに戦争の「記憶」が課題となる)「記憶」の時代である。

「記憶」といったときには、三つの局面がある。社会全体が共通の経験を有するなかで、自らの場合《ケース》を語る「体験」の時代から、特定の相手に対し経験の具体相を伝える「証言」の時代へと推移してきたことはすでに述べてきたが、ここに至って経験者の高齢化が進み、直接の語りに依拠しえない状況が出現する。これが第一の局面である。これまで語られ書き留められてきた戦争経験を手がかりに、非経験者それぞれが戦争を追体験し検証していくことが要請される。アジア・太平洋戦争の戦争像を、体験／証言から、また体験／証言として紡ぎ出すのではなく、あらたに社会における集合的な記憶として構成しなおす営みと言ってもよいであろう。

第二の局面として、(第一の局面によって)戦争経験が歴史化される直前のいま、あらためてこれまで(戦争経験の語りから)排除されていた人びとの声に耳を傾けようとする姿勢がみられる。このことは、戦後のアジア・太平洋戦争像―戦争経験の語り方が、あまりに「日本」と「日本人」に固着し、アジアの人びとと直接に向き合う機会が少なく、彼らの声を聞かず顔も見にくい期間が長く続いたという認識と即応している。ことばを換えれば、「他者」ときちんと向き合って戦争経験を考察してきたかという観点から、体験／証言を再検証し、「他者」との関係性のもとに戦争とその語りを探る営みに通じている。こうして、戦争をいかに記憶していくかという課題は、これまで戦争が論じられてきた文脈を問うこととなる。それは、その磁場としての「戦後」を問うことでもあった。

このとき、第三の局面として「記憶」は実体的なものではなく、構成的なものとなる。「事実」を前提とし出発点とするのではなく、語られたことによりその出来事を把握し、出来事の解釈が前面に押し出される。アジア・太平洋戦争が経験に即して感受されるのではなく、学ぶという姿勢によって表出してくる環境がつくり出されていったのである。そのため、経験を持たないものがアジア・太平洋戦争をめぐって互いに議論することが可能となるとともに、一九九〇年前後以降は、戦争の「語り方」それ自体が論議され焦点化することとなった。

ここでは、アジア・太平洋戦争と言ったときの時間と空間は(体験／証言のときのように)限定されることはない。「戦時」と「戦後」の区分、「日本」と「外地」の境界、「日本人」とその他の人びととの区別など、これまで自明とされてきた線引き自体もまた審問に付される。あらためて、誰が、どのような立場からどこに力点を置き、誰に向かってアジア・太平洋戦争を語るかという点に関心が向けられ、これまで語られ記されてきた戦争経験―体験／証言にもかかる立場から向き合うことになった。

焦点の推移は、戦争経験を有するものたちにも共有されている。かつて中国・雲南の戦線に参加した作家・古山高麗雄(一九二〇年生まれ)の作品は、『プレオー8の夜明け』(講談社、一九七〇年)をはじめ兵士の観点から物語が展開されてきたが、古山は、一九八〇年代から一九九〇年代にかけて、戦記を書くことの意味や作法、兵士にとっての公刊戦記の記述の位相など、正面から戦記をめぐる意味を探求する行為を織り込んだ「戦争小説三部作」を著す。『断作戦』『龍陵会戦』『フーコン戦記』(一九八二年、一九八五年、一九九九年、いずれも文藝春秋)である。

古山は『断作戦』『龍陵会戦』で、雲南の一翼である騰越と(自ら経験した)龍陵の守備隊の戦闘を描き、『フーコン戦記』では、そこからやや離れたフーコン谷地での戦闘を記す。雲南地区の戦闘を担ったのは龍師団(第五六師団)であり、『断作戦』は取材を重ねて二人の人物を中心に小説として描いたが、龍陵のばあいは、守備隊の勇師団(第二師団)の一員に古山が加わったため、(『龍陵会戦』を)「私小説仕立て」で記している。

『フーコン戦記』は古山が土地勘をもたない地区の戦闘を描くが、中軸となった菊師団(第一八師団)は久留米編成の龍師団と同じ「兄弟師団」という関連を持つ。

『フーコン戦記』などの「戦争小説三部作」で、古山は自らの経験を軸にしながら、戦記の描き方を問題化している。軸になる連隊を設定し、そこから(ときには自らを含めた)数人の人物を抽出し、公刊戦史をはじめ連隊史や手記、あるいは記憶を手がかりに戦闘を書き記す。小説中に取材の過程を記す一方、資料の相互の記述のズレや記憶との差異を書き留め、あらためて戦記を記すことの意味を問うていく作品である。現在と過去との往復のなかで、自らの記憶を絶対化することなく、また公刊戦史に全面的に依拠するのでもなく、その経験を確かめようとしており、「戦争小説三部作」では、戦闘経験が「記憶」として書き留められ、思想となり行くことが嚙みしめるようにして記された。戦記における戦争の記述の推移と論点の変化が投影された作品となっている。

非経験者による戦争文学の登場

一九九〇年ころからは、戦争経験を持たない世代の作家たちが戦争を扱った作品も出される。これまで戦争文学といったときには、長いあいだ、戦争経験者が綴るものであった。アジア・太平洋戦争を素材とした戦争文学では、たとえば大岡昇平『レイテ戦記』(全二冊、中央公論社、一九七一―七二年)や大西巨人『神聖喜劇』(全五巻、一九六八―八〇年)、原民喜『夏の花』(能楽書林、一九四九年)などの名作が経験者の手によっているため、なおのことその感が強い。

だが一九九〇年ころから、戦争経験を持たない世代が戦争文学の領域に参入し、あらたな動きが始まっているように見える。一九六〇年生まれの作家・目取真俊は、現在の沖縄のなかに、沖縄戦の経験がいかに息づいているかを、作品集『水滴』(文藝春秋、一九九七年)や『魂込め《まぶいぐみ》』(朝日新聞社、一九九九年)で描き出し、戦死者の眼から戦後を描く奥泉光(一九五六年生まれ)の『浪漫的な行軍の記録』(講談社、二〇〇二年)や、青来有一(一九五八年生まれ)による原爆の記憶を扱った短編集『爆心』(文藝春秋、二〇〇六年)などとあわせ、一九五〇年代以降に生まれた作家が書く戦争文学の力作が目に付くようになった。

現時の戦争文学は、架空戦記(古川日出男、福井晴敏ら)、アジア・太平洋戦争に素材を取りながらそれを読み直すもの(目取真俊、奥泉光、青来有一ら)、また、それをたどりなおすもの

(古処誠二ら)、そしていまをあらたに戦争状況として把握するというタイプのもの(岡田利規、三崎亜記ら)など、いくつかの型を持ちながら提供されているようにみえる(川村湊、成田龍一ほか『戦争はどのように語られてきたか』朝日新聞社、一九九九年、のち増補のうえ『戦争文学を読む』と改題して、朝日新聞出版、二〇〇八年)。

その一冊として、古処誠二『メフェナーボウンのつどう道』(文藝春秋、二〇〇八年)を開いてみよう。一九七〇年生まれの古処誠二は、もっぱらアジア・太平洋戦争の末期――日本軍の敗色が濃厚となった時期に取材し、沖縄戦(『接近』新潮社、二〇〇三年。『敵影』新潮社、二〇〇七年、など)、フィリピン戦(『ルール』集英社、二〇〇二年)、サイパン戦(『七月七日』集英社、二〇〇四年)などを扱ってきたが、この作品ではビルマ戦が舞台となる。一九四五年四月末ごろ、ラングーンからモールメンへ「撤退」する日本人・ビルマ人の従軍看護婦たちと、負傷者を含む日本兵(さらに、のちに「慰安婦」や親子連れの民間人も加わる)の集団が描かれる。彼らは互いに依存しなければならないが、状況によりその立場が推移するなかで、それぞれが「メフェナーボウン」(ビルマ語で「お面」の意味)をかぶっている。

イギリス軍の空襲を受け疲労しながら移動する彼らにとって、集団内では一瞬の挙動が命取りになり、不用意に発した一言が関係性を崩壊させてしまう。内外に緊張感を有した集団の行動を、古処はユーモアを含む文体で描き出す。古処は、イギリス軍という「敵」との戦闘とともに(あるいは、それ以上に)、秩序を失った「味方」集団のなかでいかに命ながらえるかこそが「戦争」であると言いたげである。なにせ、きのうまでの仲間が敵となるかもしれない集団での日々である。

こうした古処の戦争小説は、経験者たちが描き出した戦争小説とは趣きをずいぶん異にしている。ビルマの住民たちの動向を記したり、敵／味方が固定できない感覚など、経験者が描かなかった(描けなかった、さらには描こうとしなかった)戦争像を提出している。『メフェナーボウンのつどう道』に附された巻末の文献一覧を見ると、古処は当事者の手記などを参考にし、そこから想像力を飛翔させている。考えてみれば、歴史家も、当事者の手記をもとに戦争像の再構成を試みている。歴史家が戦争像の緻密さを図るとき、古処は想像力の実験を試み、経験者とも歴史家とも異なるあらたな戦争認識の獲得を希求しているようである。

他方、奥泉は『浪漫的な行軍の記録』を著し、いわば兵士たちがもった想像力への想像力を行使する。物語中で、登場人物・緑川が語りかける相手は「シビト」、すなわち死した兵士たちであり、死者を介在しながら戦後の時間との入れ子で叙述がなされるが、緑川はついに「つまり、戦争の定義を変える必要があるんですよ」とまでいう。奥泉は、戦後の「いま」をアジア・太平洋戦争の考察により測ろうとし、戦後を自覚しさらに戦後を歴史化するために、戦争を手がかりにする。そして「シビト」の理念を再構成してみせる。戦時の構想力を提示することにより、戦後をあきらかにしようと試みている。一九九三年に発表した「石の来歴」から、『浪漫的な行軍の記録』を経て、近作の『神器』(上下、新潮社、二〇〇九年)に至るまで、奥泉の営みは一貫している。

戦争文学の領域では、若い世代の作家により、戦後における戦時の考察という文脈が明示され、いずれの作品でも戦後の時間が検討の対象となっている。また、兵士や女性など、これまで周縁に位置づけられていた存在から、あらためてアジア・太平洋戦争の読み替えと書き換えを図り、沖縄やニューギニア、雲南などの戦闘が行われた空間が、アジアの広がりのなかで把握された。「大東亜共栄圏」の広がりの射程による「主体」の複雑なありようも、俎上に載せられる。戦争の実像を再構成するという構えではなく、「いま」に求められる必要な戦争像を探り表象する試みが、一九九〇年以降の戦争文学でなされている。

さらにあらたな戦記といったときには、半藤一利と保阪正康の戦時を描く叙述が見逃せない。一九三〇年生まれの半藤と一九三九年生まれの保阪とでは戦時経験に差異があるが、ともに史料を多用し実証的な手続きを重視し、軍部に対しては批判的な姿勢をみせる。アカデミズムの歴史学界とは一線を画しているが、その分だけ多くの読者を得ている。戦後の価値観をふまえ、兵士の目線をもちその心情に拠りながら、制度や機構を把握しており、あらたな型の戦争像を提示しているということができよう。

「記憶」の時代の戦争といったときには、戦争の叙述の方法に立ち返り、そこを経由したうえでの戦争像が求められることとなる。本書ではこれまで、戦前と戦後とは切断されているという認識に基づく戦争像を検討してきたが、いまや当事者の経験を戦後の文脈に位置づけるあらたな営みが見られてきている。加えて、「記憶」の時代の戦争の語りにおいては、戦争における感情/日常を考察するための方法的関心がうかがえる。近年では戦争画・戦争映画、マンガ・歌謡曲などがさかんに取りあげられ、そこに投影された加害/被害の重層性や転移―帝国認識にも関心が及んでいる。戦争をめぐる議論は、「記憶」の時代のなかで、認識・対象・方法・叙述の各局面において多様化・多極化している。

　このとき、一九九〇年前後以降の状況は、それ以前の議論からの切断を含む展開が含まれていることを指摘しておこう。「体験」の時代から「証言」の時代にかけてはいまだ共通の了解事項がみられ、戦後認識や歴史認識は共有されていた。両者は差異を有しつつも、戦争を語るときの作法や記述、目的などに関してはむしろ共通点が多かった。

　しかし、一九九〇年以降にはそれが大きく変化する。これまで重点が置かれていた戦争像の再構成や大状況の解明ではなく、アジア・太平洋戦争を介在させながら戦後を歴史化する試みが課題とされる。戦時の出来事の考察以上に、戦後の「いま」における(戦時の)出来事の意味の探究がなされるのである。そしてそのことを示すように、歴史学以外の立場によるアジア・太平洋戦争への発言が、多く目を引くようになった。また、戦争と帝国―植民地をめぐる議論においても、時間経過的な考察より、世界的な共時性に力点が置かれるようにもなる。戦後史(冷戦体制)を組み込んだアジア・太平洋戦争の叙述――「戦後」がつくりあげた認識と、「戦後」が消去した意識とを自覚し、双方をふまえたアジア・太平洋戦争の考察と戦争像の提示が図られている。

代から現象している)。

3 「記憶」の時代の帝国―植民地

継続する「引揚げ」

以上の認識にたつとき、「引揚げ」と「抑留」は二〇世紀末にいたっても、依然として継続した問題となっていることが浮かび上がってくる(以下にみるように、この動きは一九八〇年代から現象している)。

従来、「引揚げ」と「抑留」の記述は、「戦後」の秩序に相応するかたちでおこなわれ、日本帝国の敗戦にともなう境界の崩壊を伝えていなかった。「引揚げ」の体験記も「抑留」の記録も一九五〇年前後に固定された国境の線引きに相応した叙述を行い、それに先行して敗戦から数年間は境界が揺れ動いていたことやそこでのさまざまな人流や交流を記すことは稀であった。これまでの「引揚げ」と「抑留」の手記が、大日本帝国の秩序を解体するものとはなりえず、逆に、かつての秩序を構成していた「日本人」や「祖国」を保持する記述となったことはすでにふれたとおりである。大日本帝国は、敗戦によって「崩壊」したようにみえるが、その実、帝国も帝国認識も維持されていた。戦後日本の過程において、帝国が議論されなかったのは、帝国や帝国認識がそれだけ根深く潜在化していたということであろう。

しかし、それでもあらたな動きは始まっている。「引揚げ」にかかわっては、これまで空白となり語られなかった人びとの存在や経験が、階層の広がりをともないながら語られる。

中国に残留した(せざるを得なかった)女性たちや中国に残留した(させられた)「孤児」たちの存在が紹介され、「引揚げ」の未帰還者として彼らの経験が明らかにされる。ルポルタージュやノンフィクションの形式をもつ作品が多いが、上坂冬子は植民地時代に「内鮮結婚」をして、敗戦後も朝鮮半島に残った女性たちを取り上げ(『慶州ナザレ園』中央公論社、一九八二年)、林郁(一九三六年生まれ)は「満州」からの「引揚げ」に際し「残留」した女性や子どもたちから聞き取りをおこなった(『満州・その幻の国ゆえに』筑摩書房、一九八三年)。彼女たちのことばを織り込みながらその経験を記す、引出し部のような役割を、上坂や林たちは果たしている。敗戦後における「満州」開拓民たちの集団自決もそのなかに記され、中村雪子『麻山事件』(草思社、一九八三年)が書かれるほか、小説の形式をとるものも、松原一枝『いつの日か国に帰らん』(講談社、一九八三年)や宮尾登美子『朱夏』(集英社、一九八五年)などをはじめ、これまた少なくない。

なかでも、引揚げを歴史的な射程のなかで論じ「中国残留孤児」の存在を記した、井出孫六『終わりなき旅』(岩波書店、一九八六年)の持つ意味は大きい。井出孫六(一九三一年生まれ)は「「中国残留孤児」の歴史と現在」の副題を持つ同書を、「満蒙開拓団」から説き起こし、一九八五年に「中国残留孤児」たちが日本にやってくる「四〇年の空白」を問題化し、いまだ継続する帝国―植民地問題への関心を促した。過去の出来事を「いま」に進行する事態と接合し、帝国を告発したのである。

また、蘭信三『「満州移民」の歴史社会学』(行路社、一九九四年)は、「満州移民」を対象とし、移民事業の開始された一九三二年から一九四五年に限定せず、「戦後」の過程を現在に至るまで含め、その人生を「まるごと」扱うという認識のもとで考察をおこなう。蘭は、「満州移民体験者」を、「集団引き揚げ者《ママ》」（日中国交回復後における）「中国帰国者」「中国残留者」と「戦後体験」によって分節化し、その多様な側面を記録史料と「聞き取り」の手法をあわせて用いながら論じていった。井出も蘭も、帝国―植民地をめぐる時間と空間を拡大し、「引揚げ」をめぐる議論に提起をしたといえよう(3)。

こうしたなか、二〇〇二年に「残留孤児」たち六二九人が、国家賠償訴訟をおこなう（坂本龍彦『証言　冷たい祖国』岩波書店、二〇〇三年）。戦後社会のなかの「引揚げ」と「抑留」というときには、しばしば暴力の受難者としての意識が前面に出されるが、一九八〇年代以降には、国家にその暴力の償いを請求するにいたる。

継続する「抑留」

「抑留」をめぐっては、一九八一年から八五年にかけて、抑留中の労働賃金の支払い補償をめぐって政府を相手取る訴訟がなされる一方、ソ連のペレストロイカによって内部資料が出され、「抑留」に対するソ連の公式的な解釈が変化を見せ始める。雑誌『月刊Ａｓａｈｉ』（一九九一年）には、あらたに公開されたソ連側の史料に基づき、抑留中に死亡した人びとの名簿が載せられた(4)。

一九七九年に全国抑留者補償協議会を結成した抑留経験者の斎藤六郎（一九二三年生まれ）は、

「戦争に敗北した国の軍事捕虜として(ソ連に―註)抑留された」ことを基本(=前提)として活動する。そのため斎藤は、国際法(ジュネーヴ条約、一九四九年)を根拠にしながらシベリアでの強制労働の補償を求める訴訟(「シベリア抑留補償裁判」)を起こす。一九八一年のことである。

斎藤は、(1)日本軍が(捕虜となることを拒絶する)「玉砕の軍隊」であることを批判するとともに、捕虜に対する補償制度のない日本をあわせて俎上に載せ、(2)国際法では、高級将校は「捕虜代表権」をもつが、抑留時に、旧関東軍将校は無知のためそれを放棄していたとする。そして、(3)捕虜に恩給を認めない日本政府の姿勢をも批判した。

こうした斎藤にとって、ソ連の収容所内で展開された民主運動とは「(旧日本軍の―註)兵士たちの間に自然に発生した行動」であり、兵士たちが「生きんが為に」立ち上がったものと把握される――「私は、民主運動をソ連の手に踊った共産主義運動と見るのは大きな誤りであると思っている」[5](『回想のシベリア』全国抑留者補償協議会、一九八八年)。

斎藤は、自らの経験を綴った『シベリア捕虜志』(波書房、一九八一年)を著すが、他の多くの「ソ連捕虜記」(=抑留記)は、「シベリア抑留の真実」を伝えず、「ソ連の悪口と民主運動に対する恨みつらみ」を述べるに過ぎないと厳しい。「敗戦国の捕虜」としてソ連にいたことを強調し、斎藤は抑留者たちが(捕虜として)「国に代わって」賠償を担ったことを言う。そしてそのためにも「低俗な反共、反ソ」の認識に留まっていては「犠牲者たち」が浮かばれないと、斎藤は続けた。

また、「中国残留孤児」の親の多くがシベリア抑留者であることを指摘する一方、斎藤はソ連への自由意志での残留者(数百人いるという)やソ連に帰化した人びとへの言及をおこなう。そして、こうした認識のもとで、斎藤はソ連に対して遺骨の送還、労役補償(労働証明書の発行)を求め、ソ連による抑留の目的が「賠償労働」にあったことを批判するのである。

「発見」される帝国—植民地

一九九〇年代には、文学研究者の川村湊(一九五一年生まれ)によって、忘却されていた「植民地文学」の資料の発掘が精力的になされ、植民地認識へのあらたな視点が提出された(『異郷の昭和文学』岩波書店、一九九〇年。『南洋・樺太の日本文学』筑摩書房、一九九四年。『満洲崩壊』文藝春秋、一九九七年、など)。また、同じく文学研究者である新城郁夫(『沖縄文学という企て』インパクト出版会、二〇〇三年)や正木恒夫(『植民地幻想』みすず書房、一九九五年)、池田浩士(『「海外進出文学」論 序説』インパクト出版会、一九九七年)らによる沖縄文学や戦時・戦後の文学の発掘や読みなおしによって、帝国—植民地認識のあらたな解明が試みられる。

一九九〇年前後のこうした営みは、ポストコロニアリズムの理論と問題意識の浸透によっていようが、しばしば懐旧的に語られてきた植民地論議を批判し、帝国—植民地認識の欠如を問うとともに、植民地を論ずるときの語りの位置も厳しく問う。川村らは帝国=宗主国の一員として、自らを切開し問う姿勢を伴わなければ帝国—植民地関係は明らかにしえず、(植民地論を)誰に向かい、どのように語るかを問題化した。かつて森崎和江や小林勝ら「植民地二世」たちが身を切るようにして試みた営みが、ようやく研究という領域においても実践されるようになったのである。

歴史学においても、こうした営みが同様に一九九〇年代の後半からなされ、「植民地的近代」(colonial modernity)の概念が提起される。朝鮮史研究者の松本武祝(一九六〇年生まれ)は、「植民地的近代」の議論の特徴として、(1)植民地期と解放後の朝鮮を、(克服すべき対象としての)「近代」の連続性で把握していること、(2)従来の社会構成体論とは異なる次元での権力分析を試みていること、(3)「民族主義」を相対化しようとしていることを挙げる(「「植民地的近代」をめぐる近年の朝鮮史研究」宮嶋博史・李成市《リソンシ》・尹《ユン》海《ヘ》東《ドン》・林《イム》志《ジ》弦《ヒョン》編『植民地近代の視座』岩波書店、二〇〇四年、所収)。

帝国の側から、帝国―植民地関係や植民地の歴史像をいかに語るかという問題系にかかわって、「植民地的近代」の議論を読み解くとき、(帝国の一員として)安易に(植民地の側の)「民族主義」を代位することを諫め、(日本も朝鮮も)ともに近代の統制・支配を受ける共通性を指摘する論点が提供されていよう。ここでは個々の政策とあわせ、帝国―植民地という関係を創出したものとして、「近代」が批判の対象とされている。

換言すれば、国家機構や社会構成体の次元においては、帝国―植民地という固い枠があり、宗主国と植民地のあいだでは、政治的、経済的、あるいは文化的にも支配と従属の関係がある。しかし、社会の水準では帝国の側も植民地もともに近代の規律や監視が形成されており、(前近代的な暴力ではない)近代による「同化」の圧力が植民地にも及んでいる。こうした論点をふまえてなされる、「植民地的近代」の提起は、植民地におけるアイデンティティの多様性が、批判派によってさえも、「民族主義」に一元化されていってしまうことを示唆している。帝国─植民地関係の清算を(「近代」の所産である)「民族主義」に委ねることも、「植民地的近代」の議論では回避されることとなる。帝国主義を打破し植民地主義を克服した「民族主義」が、あらたな抑圧をつくり出すことを警戒し危惧するのである。植民地を語るときのあらたな視点が、こうして模索され提供される。

「植民地文学」研究においても「植民地的近代」論においても、ともに複雑な言い方を伴いながら、帝国と植民地との関係性を「いま」の時点においてどのように把握し、描くかに関心を寄せている。現時における帝国─植民地を考察する論点のひとつが「語り方」にあることが焦点化されることになった。

「語り方」への着目は、帝国─植民地の関係が自己と他者の関係性、アイデンティティの形成に関連しており、不用意に語るときにはその非対称的な関係をなぞり、非対称性を現前させてしまいかねないことを危惧し回避するための配慮にほかならない。反帝国を語るはずの議論が、かえって帝国─植民地関係を再現してしまいかねないことを避けるための方法である。「記憶」の時代には、議論がこのように複雑になり、入り組んできている。それゆえに議論は繊細に遂行されざるをえず、いずれもが苦渋に満ちた自己批判と自己切開の作業となっている。この営みはくり返し述べるように、「戦後」(＝敗戦後)の位置を測る思想的な営みでもあった。戦後は「近代」を基準とし、その完成を目ざし、帝国─植民地関係を「民族主義」によって克服しようとしていたという認識が、「植民地文学」や「植民地的近代」の提唱者にはある。

帝国の視点からの語り直し

この視点からいまいちど、空襲をめぐる議論をみるとき、台北や釜山など植民地都市への空襲の記憶の欠如を意識しながら、空襲の経験と記憶に留意し空襲像の描き方を探ること、そして空襲を「大日本帝国」の地域における空襲として把握し、その歴史像を描き出すことが課題とされる。被害者意識だけでなく、中国・重慶への爆撃(一九三八年一二月―)をはじめとした「戦略爆撃」をおこなった観点から空襲を再検証する営みは、このことの自覚であったといえよう(前田哲男『戦略爆撃の思想』朝日新聞社、一九八八年。荒井信一『空爆の歴史』岩波書店、二〇〇八年、など)。

さらに、日本本土の空襲経験者のなかに、植民地出身の罹災者がいたことに注意を払う必要もあろう。東京大空襲における朝鮮人罹災者の証言が『祖国統一新報』(一九八三年、八五年)に掲載され、現在では、東京大空襲・朝鮮人罹災を記録する会編『東京大空襲・朝鮮人罹災の記録』(綜合企画舎ウイル、二〇〇六年)としてまとめられている。一九七〇年前後の「証言」の時代においては、証言者には「限定」があり、無意識・無自覚に「日本人」が選出されていた。戦後にはこうした一国的な枠組みの意識が強くあり、空襲の証言に関しても例外ではなかった。東京都慰霊堂(東京都墨田区)の遺骨の中に「朝鮮人と見られる約二〇人分」

が見つかり、「創氏改名で付けられたとみられる名前も約三〇人分」あったことも、このことを裏付けていよう(『朝日新聞』二〇〇六年三月四日)。戦時の行為がそのまま放置され、いまに至りようやく問題化されたのである。

学徒出陣も同様である。安田武の慙愧の想いのかたわらで、姜徳相《カンドクサン》『朝鮮人学徒出陣』(岩波書店、一九九七年)の著作が伝えるように、学徒兵のなかで二〇人に一人以上は植民地出身であったこと、また彼らは日本人学徒とは別の日、別の場所で「壮行会」がなされたことは、忘却されてきた。志願といいつつ、その実は「志願による徴兵」であり、朝鮮人学徒のばあい、朝鮮半島、日本内地のそれぞれで募集され、ジャーナリズムが煽り警察が介入し、その数は五千人以上にのぼったとされている。「抜け落ちた盲点」(姜在彦《カンジェオン》)とも言われる植民地出身者の学徒出陣があきらかにされたのは、一九九〇年代も半ば以降のことであった。

体験／証言／記憶

こうした「記憶」の時代には、あらためて個人を、(「国籍」「民族」「家族」など)さまざまな境界を超えた存在とし、場所において把握しとらえ直そうとの試みがみられる。たとえば、一九九五年六月に建てられた沖縄戦の死者を悼む「平和の礎《いしじ》」はそのひとつの具体化である。「平和の礎」は、沖縄戦および沖縄県出身の戦没者を対象とし、国籍や軍人・民間人にかかわりなくその氏名を刻みこむことを図った。あらたな試みであるとともに、植民地出身者には批判的な姿勢を示している人びとが少なくないことも銘記しておきたい。また、沖縄戦の証言では、書き起こす際のことばが問われ、字楚辺誌編集委員会編『楚辺誌「戦争編」』（一九九二年）のように「島クトゥバ」で記す試みが出されてきている。

原爆に関しても、『中国新聞』は「ヒロシマの記録 遺影は語る」シリーズに関連して、爆心地の人びと二三六九人を調査し、一八八二人の「遺影」を入手したと報告した（二〇〇〇年六月二八日）。同時に、爆心地の家屋を一軒ごとに特定し街並みを再現し、「平和記念公園（爆心地）街並み復元図」として掲げた（同年六月二九日）。この営みは、原爆の被害者を数に還元することを拒否し、かつ文脈にのみ訴えることをあわせて回避し、一人ひとりの生の実存と個人のありようを重視した観点からの原爆被害—原爆像の再構成の試みとなっている。一人ひとりの固有性に立脚し、記述することの意味を問いかけ、記述する側／記述の対象となる側の関係性を探りながら、あらたな歴史の語りを実践しようとしている。「記憶」の時代とは、議論の射程が認識や対象に留まらず方法や叙述に及ぶ一方、それらの相互の関係をも合わせて問いかけるものだが、こうして「記憶」の時代にふさわしい戦争の語りが模索され、その実践が開始されているのである。

いくらか比喩的な言い方をすれば、「体験」の時代は「戦後」の言説の共通の基盤を作り上げ、「証言」の時代は「戦後」の価値と言説を展開し、「戦後」の意思表示をおこなってきた。戦争を軸に思考をめぐらすことが「戦後」の言説であるとするとき、戦争という主題に即しながら「戦後」それ自体を再考することが「記憶」の時代の営みとなっている。「体験」と「証言」の時代の考察を踏まえ、ことばや固有名に配慮し当事者性を損なわないような戦

表6　記述の位置，認識枠組の推移

	50-60年代	70年前後	90年前後
戦争の名称	太平洋戦争	十五年戦争	アジア・太平洋戦争
本稿での区分	体験	証言	記憶
戦争記述の主要な舞台	戦場	銃後	兵士／軍隊
記述の主要な関心	真実	構造	表象／語り
記述の主体的な意識	国民	日本人	脱・国民，脱・日本人
「戦時」と「戦後」の関係	断絶／連続	断絶と連続	ネオ断絶／ネオ連続

争の語りの試みがなされている。

だが、同時に、こうした「記憶」の時代には、解釈をめぐる対抗はいっそう強まることになろう。その様相の一端は、本書の冒頭で紹介した『シンポジウム　ナショナリズムと「慰安婦」問題』にうかがえるが、対立の軸は、かつての進歩／保守、理想派／現実派といったものから、いまや歴史における構成主義／本質主義の論点がより大きな対抗軸となり、その対抗関係は単純な二項の対立関係にとどまらない。さらに、戦争と帝国—植民地との双方をあわせ問いかける視座もまた、求められている。

こうして、一九九〇年以降、記憶と歴史主体という観点から、戦争が記述されるようになった。ここでは植民地認識と、非対称の他者への認識が踏まえられ、語る相手と自らの語りの位置とが自覚されることとなる。戦争史／戦争論、戦争像／戦争観のもとで、前項の記述の位置、認識枠組みが問われたのである。空間的には「国史」ではなく、アジア史の射程でアジア史を書き換える試み(「日本」を主語としないこと)、境界を越える動きの発掘(植民地研究のあらたな動向でもある)との連繋を図ること、時間的には、一九四五年八月一五日で切断せずに、一九四〇年代論への追求がなされるなど、多彩な動きが繰り広げられる。さらにはオーラルヒストリーとトポスの歴史(沖縄、ヒロシマ、ナガサキ……)との方法的接合も試みられている。

このかんの過程を単純化し現象的にみれば**表6**のようになるが、いまや、あらたな歴史認識／戦争の語り／戦争像の提供(「近代」と「現代」、ナショナリズムの再定義とも関連する)が、さまざまに開始されている。戦争、帝国—植民地の問題は、「記憶」の抗争の渦中にあり、歴史像として形成されようとしている。戦争経験が、「体験」—「証言」—「記憶」の時期を経て、いよいよ歴史化される過程に入りつつある。

おわりに

戦争経験の戦後史をたどるとき、決して忘れてならないのは、「戦後」の過程において戦争経験は、戦争責任と絶えず対をなしてきたことである。ひとが、自らの戦争経験を語るとき、さまざまな射程と対象こそあれ、戦争責任が念頭に置かれていた。

なかでも「十五年戦争」研究は、「戦後」における戦争研究として「戦争責任」を意識的、自覚的に追及し続けてきた。軍部や天皇、さらに「国民」をアジア・太平洋戦争に責任を有する主体とし、それぞれの戦争責任を問うた。ここでは、一般的な世論が、「戦争責任」を日本を敗戦に導いた「敗戦責任」に限定する傾向を批判し、日本をアジア・太平洋戦争に赴かせた「戦争責任」そのものを問うという問題意識のもとに、政局や軍閥の攻防ではなく大日本帝国の構造の解明を追究していった。一九六八年に『太平洋戦争』を著した家永三郎が、『戦争責任』(岩波書店、一九八五年)を刊行することに象徴されるが、「戦争責任」の議論をはずしては戦争が考察しえないことを、「十五年戦争」研究は定着させていった。

「戦争責任」に目を向けるとき、ノーマ・フィールド『天皇の逝く国で』(大島かおり訳、みすず書房、一九九四年。*In the realm of a dying emperor*, New York, 1991)は、戦後のなかに戦争責任の問題がいかに深く入り込んでいるかを、昭和天皇の死をきっかけとする動きのなかに描いてみせた著作として、秀逸である。一九四七年に生まれたノーマ・フィールドは、戦争責任を引き受けることなく死にゆく昭和天皇と、その対極に戦争にこだわり続ける人びとを描くという手法を取った。殉職した自衛官である夫の護国神社への合祀取り消しを求めて提訴した中谷康子(山口)、一九八七年の沖縄国体で日の丸を焼いた知花昌一(沖縄)、長崎市長の職にあって天皇に戦争責任ありと発言し、その結果銃撃を受ける本島等(長崎)。一九九〇年前後の時期に、いまだアジア・太平洋戦争を終わったものとせず、戦争責任に頰被りする「戦後」のありように違和を唱える人びとを、ノーマ・フィールドは過去と「いま」を往還しながら描いた。

ノーマ・フィールドはアジア・太平洋戦争に由来する「責任の観念と実践」を見据え、戦後半世紀がたとうというのに責任が決着していないことを批判し、一方に厳しい天皇制批判をおこない、他方にそのことにこだわり続ける人びとをしなやかに描き出した。『天皇の逝く国で』は、「日常生活」を「私たち一人ひとりの歴史と世界にたいする責任の根拠地」とすることを呼びかける著作であり、昭和天皇の戦争責任と戦後責任、そしてそれに連なる共同性が有する責任を問いかけ追及していった。

責任といったとき、この「戦争責任」論とともに、いまひとつの問題系がある。戦争に先行する大日本帝国の植民地領有に対する責任―「植民地責任」である。一九九〇年前後からは、「従軍慰安婦」とされた女性たちを始めアジアの人びとから、大日本帝国を過去のものとさせないための厳しい告発がなされている。

この「植民地責任」は、「戦争責任」に比し、はるかに自覚されていない。政治家たちの「妄言」(高崎宗司)は、ほとんどが「植民地責任」の希薄に起因しているのをはじめ、アジア・太平洋戦争にかかわる多くの回顧録や自伝でも、「植民地責任」に触れられることは稀であった。ましてや、「戦後」にまで「植民地責任」が継続していることへの意識は薄い。本書では森崎和江や小林勝、あるいは李恢成らの「植民地責任」への自責や告発を紹介したが、こうした「責任」への言及自体、まことに数が少ない。「戦争責任」の自覚も決して充分とはいえないが、「植民地責任」はいっそう無自覚に検討されないままとなっている。

と同時に、「戦争責任」と「植民地責任」は、まったく切り離されたものではなく、相互に規定しあい重なりあっていることに注意を促したい。「戦争責任」の議論が前面に出されるのは、大日本帝国がアジア・太平洋戦争の敗戦とともに崩壊したためでもあるのだが、そもそもアジア・太平洋戦争はそれに先立つ植民地領有と切り離しては考えられない。

こうしたとき、アジア史の射程でアジア・太平洋戦争の研究に取り組んでいる内海愛子(一九四一年生まれ)の一連の研究に思いが至る。内海愛子『朝鮮人BC級戦犯の記録』(勁草書房、一九八二年)は、「朝鮮人が日本の戦争責任を問われて戦争犯罪人になっている」ということを解明しようとする。「加害者である私たち日本人に見えなかった日本の歴史と現実」を明らかにしようとし「私は加害者の側に身をおく自分自身の生き方を、自らに問いはじめていた」と内海は言う――「朝鮮人がなぜ戦犯になったのか、その事実関係を明らかにしたい」と、自らも含めた「日本人」の植民地と戦争への加害者としての認識を促す著作となっている。

『朝鮮人BC級戦犯の記録』は、植民地であった朝鮮人の移動からはじまり、俘虜収容所のかかえる問題点、軍人と軍属の関係、そして戦争犯罪と裁判、BC級戦犯の裁判過程における問題を探り、「戦争責任と戦後責任」を検討する。等閑視されがちであった東南アジアや南洋諸島(「南方」)に目を向け、文献の渉猟と地道な聞書きの積み重ねにより執筆されている。内海の考察は、二五年を経ての『キムはなぜ裁かれたのか』(朝日新聞出版、二〇〇八年)にまで持続し、内海はこの著作においても、戦前と戦後、戦争責任と植民地責任を問い続ける。(1)内海の仕事を見るとき、内海が一貫して問うているのは、こうした二つの責任――「戦争責任」と「植民地責任」とであることがわかる。

私は、この二つの責任を包括する概念として「帝国責任」ということを考えたいが(成田龍一「「帝国責任」ということ」『世界』二〇一〇年一月)、内海が問うてきたのはこの「帝国責任」ということができよう。「帝国責任」とは、かつての大日本帝国としての歴史がもった責任であり、大日本帝国の責任を一掃し決着しないのみならず、あらたな矛盾を加えている戦後・日本がもつ責任の総体である。すなわち、戦争遂行と植民地領有の責任、さらにそれらの責任を決済せずにいる戦前と戦後にまたがる責任が、ここでいうところの「帝国責任」となる。大日本帝国を問うことが、大日本帝国とともに、(大日本帝国を問うてきた)戦後における問いの問題構成をあわせて問うことになることを明示する概念—方法である。

「帝国責任」の概念—方法を用いてみれば、たとえば帝国内部にあった差異が覆われながら、あわせて暴力的となっていく問題がはっきりする。植民地の人びとが「日本人になる」ことにより、(帝国内の)矛盾を乗り切ろうとするとき、(帝国外には)暴力的となる事例など、加害と被害の葛藤—矛盾もまた射程に入ってこよう。さらにBC級戦犯に対する議論も、あらためて「帝国責任」として論じなおすことが可能となる。

山野車輪『マンガ嫌韓流』(晋遊舎、二〇〇五年)などに代表される、植民地支配をめぐる点に焦点を当てた歴史修正主義が二〇〇〇年代以降、跋扈している。また、話題となった、読売新聞戦争責任検証委員会『検証　戦争責任』ⅠⅡ(中央公論新社、二〇〇六年)は、「昭和戦争」の名称を提起するなど歴史の見直しに意欲的であるが、開戦責任に比重がかけられ、植民地支配には言及されていない。こうしたことを見るにつけても、「帝国責任」ということが問われる必要があるように思う。

戦争責任と「植民地責任」—「帝国責任」という問題系から、「体験」—「証言」—「記憶」と推移してきている戦争経験の議論をいま一度合わせ鏡のようにして考察すること。このことが、あらたな課題として浮上するということができよう。一九三一年九月の「満州事変」により、アジア・太平洋戦争が開始されてから八〇年に及ぼうとしている。一九四五年八月の敗戦からでもすでに六五年がたつ。いまや、「戦争経験」が「記憶」からさらに歴史とされてゆく時期に差し掛かっており、アジア・太平洋戦争の戦争像をめぐる対抗や抗争は

さらに続くであろう。戦後の過程を踏まえた「戦争経験の戦後史」を考察した理由はここにある。(2)

補章

単行本『「戦争経験」の戦後史』(以下、単行本)を、「シリーズ 戦争の経験を問う」の一冊として上梓したのは、二〇一〇年のことであった。アジア・太平洋戦争を直接に経験した人びとが社会から退場しはじめ、「戦争経験」を論ずるときの担い手も受け手も大きく変わり、あらたな形態による動きが現れてきた時期と認識しての営みである。

「戦争経験」をめぐる議論について、受容する側はむろん、発信し投げかける側もまた「戦争経験」を有さないものが多数を占め、それに伴うようにして、「記憶」が前面に出てきていた。また、直接の「戦争経験者」を、父親・母親にもつ世代に対し、祖父・祖母にもつ世代(「戦後第三世代」)が登場し、「戦争経験」を論ずる人びとと「場」が大きく変わる時期であった(1)。

そうしたなか、これまでに書き留められた厖大な「戦争経験」の記録には、当初の戦時の「報告」から、敗戦を経ての戦後に至り、「体験」→「証言」→「記憶」という流れがみられると、単行本では整理した。

それから一〇年経ち、そのとき予測・予感していた動きの拡大、先鋭化の方向とともに、予想外のあらたな胎動があり、双方の動きが進行している。この一〇年――二〇一〇年代の「戦争経験」をめぐっての動きを、増補として考察しておこう。

＊　　＊　　＊

二〇一〇年代には、現象的には「記憶」の時代がいっそう進行した。そのなか、二〇一五年に「戦後七〇年」がいわれたことは、「戦後」という参照枠が容易に過ぎ去ろうとしないことともに、「戦後第二世代」までもが「戦後七〇年」をめぐる議論に加わったことを意味する。このことは、「記憶」の時代においては、直接の経験者にとどまらず、だれもが「戦争経験」をめぐる議論に参加できるという面と、そうであるがゆえに戦争を論じる根拠があいまいなまま議論がなされるという面とが生じることを示唆する。ことばを換えれば、(のちに詳述するように)「戦争経験」を担う当事者といったときの「当事者」の範囲―意味合いが変わってきている。

記憶の時代ゆえの複雑な動きの一端をうかがうとき、戦争映画の分野では、『永遠の0《ゼロ》』(山崎貴監督、二〇一三年)、『小さいおうち』(山田洋次監督、二〇一四年)など、「祖父母の戦争」を描く作品とともに、『野火』(塚本晋也監督)、『日本のいちばん長い日』(原田眞人監督、ともに二〇一五年)など、かつて映画化された戦争映画のリメイクによって、これまでの「戦争経験」の語りの文脈を再考する映画がつくられた。また、『この世界の片隅に』(片渕須直監督、二〇一六年)など、戦時を日常の観点から追体験するアニメーションが提供された。(2)

また研究の次元では、メディアによる記憶の形成への考察が推進される。社会学の福間良明は、戦後における、戦時の「記憶」を自覚的に追究するひとりとして、『「戦争体験」の戦後史——世代・教養・イデオロギー』(中央公論新社、二〇〇九年)をはじめ、『焦土の記憶——沖縄・広島・長崎に映る戦後』(新曜社、二〇一一年)、『「聖戦」の残像——知とメディアの歴史社会学』(人文書院、二〇一五年)、『「戦跡」の戦後史——せめぎあう遺構とモニュメント』(岩波書店、二〇一五年)など、精力的な活動を行う。そのなか、(山口誠との)共編著『「知覧」の誕生——特攻の記憶はいかに創られてきたのか』(柏書房、二〇一五年)では、一〇人の共同研究によって特攻にかかわる記憶のありようを検証した。

『「知覧」の誕生』は、かつての特攻基地である鹿児島県知覧を「戦跡観光地」と把握し、知覧—特攻というイメージの形成と定着を、観光政策との関連、とくにメディアでの扱いを軸に論じる。特攻が地域のシンボルとなる過程を町の歴史のなかに追うとともに、かつて「特攻の母」と呼ばれた女性(鳥濱トメ)に着目し、鹿屋など、他の旧特攻基地との記憶の継承のされ方や町のありようの比較をおこなう。さらにメディアとの直接関係では、高木俊朗の小説『知覧』(朝日新聞社、一九六五年)のほか、映画やマンガ、あるいは、戦記や軍事を扱う雑誌『丸』を取り上げた。朝鮮人の特攻兵士を扱った映画『ホタル』(降旗康男監督、二〇〇一年)が繰り返し分析され、コンビニで売られるマンガのなかに特攻のイメージが探られ、戦跡観光に寄与するものとして言及される。

福間らは戦跡観光にともなう記憶の力学に着目し「複数の「知覧」」を描き出す一方、出来事の「忘却」と「継承」の対抗、そこにみられる政治力学を指摘し、戦争の記憶の再編をさまざまな角度から取り上げる。そして「特攻の記憶」の創られ方を、現時の緊張のなかで探ってみせた。知覧のなかの近接する特攻展示施設(「特攻平和会館」と「ホタル館」)を比較し、それぞれの施設における遺影や遺書の展示の仕方の差異を「二つの特攻観」の対抗として描き出した。こうして、『「知覧」の誕生』は、「戦後」さらに「「戦後」後」における「戦争経験」の記憶のありかとありようを多角的に考察する一書となっている。

＊　＊　＊

単行本刊行時には、「体験」、「証言」、そして「記憶」のあとに来る動きとして、「歴史化」を考えていた。その後、二〇一〇年代の方向性はそのような動きを示したものの、当然のことながら実際の歩みは複雑であった。さきにふれた世代交代の進展――「戦後第二世代」の台頭とともに、東アジア情勢の変化がそのことに拍車をかける。解決しない戦後処理――歴史認識問題として、現時の東アジアの緊張関係のなかで、「慰安婦」や「徴用工」など、とくに植民地責任をめぐる課題が焦点化した。

また、二〇一一年三月一一日の東日本大震災の影響も見過ごせない。論者によっては敗戦後と震災後を重ね合わせる者もいるほどの衝撃であった。ここでの文脈に即していえば、東日本大震災と、その後の津波による福島第一原子力発電所の事故は、出来事とその経験、記憶と記述、また死者の悼み方という認識にかかわる次元で、「戦争経験」の考察の作法と二重写しとなった。記憶論的転回にともなう状況が、眼の前で展開されたのである。

単行本が収められたシリーズ「戦争の経験を問う」そのものが、こうした問題意識の所産と言いうるが、二〇一〇年代にはこれらの論点が加速され、あらたな事象のなかで生々しく再論されていった。「戦争経験」をめぐる主題の多様化と記憶を考察する方法の工夫、そして「戦争経験」をめぐる対立の激化という現象がみられたのである。

＊　＊　＊

二〇一〇年代における「戦争経験」の語りをめぐり、四つの点を指摘することができる。

第一には、A「悼み」の主題化と「争い」の激化である。すでに記したように、東日本大震災を経験したあと、死者の悼み方に転回がみられた。その動きを、宗教学者・島薗進は「グリーフケア」として把握した。島薗は、『日本人の死生観を読む――明治武士道から「おくりびと」へ』(朝日新聞出版、二〇一二年)、『ともに悲嘆を生きる――グリーフケアの歴史と文化』(朝日新聞出版、二〇一九年)を著し、日本では、戦争による死をめぐる悲嘆を分かち合うのは容易なことではないとしつつ、(広島で被爆した少女を描く)松谷みよ子の絵本『まちんと』(偕成社、一九七八年)に言及する。

松谷の著作に「罪なき者の悲しい死」「静かな語り口」を見出し、「絵の表現力」「読み聞かせ」という「分かち合いの形」を見出し、グリーフワーク――「喪の仕事」とした。悲嘆の文化、悲嘆の性格、悲嘆の共同性など「喪の仕事」の抽出によって、島薗は、対立が有す

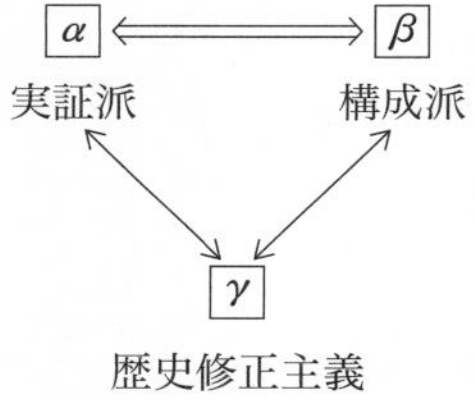

図9　「記憶」の時代の対抗関係

る歴史性——歴史制約性を細やかに論じ、対立の文脈を解明する。

「戦争経験」の文脈から見るとき、島薗が見据えるのは、「戦争経験」の語り方のあらたな段階のかたちである。「悲嘆の共有の変化」のもと、トラウマが前景にせり出てくるという現状、および、出来事をめぐる対立の激化を、島薗は見て取ったといいうる。この二点——トラウマの前景化と「争い」の激化は、他の論者によっても議論される。

前者のトラウマに関しては、森茂起・港道隆編『〈戦争の子ども〉を考える——体験の記録と理解の試み』(平凡社、二〇一二年)が、「どのような体験をしたのか」ということとともに「のちの人生にどのような影響を与えたのか」という観点から戦争を問う。森・港道らは、「戦争経験」の「記録」と「事実」にかかわり、「どのような体験が記録されていないか」をも視野に収め、「トラウマ」「喪失体験」に着目する(引用は、森による「序論」)。この営みは、個人史と戦争記憶の関連の追究といった問題系ともなる。

他方、後者の「争い」の激化は、深刻さを増した。そもそも「記憶」の時代とは、事実を再定義しつつ、なおそのうえでその「事実」のみを参照系としない態度をもつことでもある。正確に言い直せば、「事実」はあらかじめ自明のものとして存在するのではなく、語りのなかにたち現れるような多層・多重なものである、という認識がいまや前提となっている。

そのために、対抗関係もまた、あらたな展開をみせ、互いの繰り出す「事実」の相違という衝突から、(「事実」をめぐる)認識や「語り」の差異の対抗へと推移した。仮に対抗する立場をαとβとしたとき、αとβとでは互いに見える光景が異なり、前提条件がまったく次元を違える。議論の内容はむろんのこと、認識も概念も共有するところがみられない。

しかも、この点に付け入るようにして、歴史修正主義(γ)が入り込むのである。「語り」の立ち位置の相違が、αとβによる歴史修正主義への対抗の差異を生み出す事態ともなっていくが、その端緒的な様相は、本書の冒頭に記した「慰安婦」をめぐる議論にすでに見られていた。こののち、歴史修正主義は著しく台頭し、それに対抗する側(αとβ)は分断される状況となった。

二〇一九年に公開された、映画『主戦場』(ミキ・デザキ監督、二〇一九年)は、こうしたなか、歴史修正主義の論者を映像のなかに登場させ、かれらの「語り」のさまを現前化し、あらたな手法による修正主義批判となっている。

こうしたなか、「戦争経験」を語る「場」もまた、大きく変容していることを、付言しておきたい。サブカルチャーの領域が大きな比重をもち、インターネットやSNS、ツイッターなどネット社会に対応した「場」での議論が無視しえなくなる。伊藤昌亮『ネット右派の歴史社会学――アンダーグラウンド平成史 一九九〇―二〇〇〇年代』(青弓社、二〇一九年)、倉橋耕平『歴史修正主義とサブカルチャー――九〇年代保守言説のメディア文化』(青弓社、二〇一八年)などが、考察をはじめているが、倉橋も伊藤もこうした動きを一九九〇年代以降の特徴としつつ、「保守ビジネス」(倉橋)、「新保守論壇」(伊藤)に着目した。

「戦争経験」をめぐっての対立と亀裂は、裁判という場にも持ち込まれた。大江健三郎は沖縄戦の記述にかかわり告訴され、歴史家・吉見義明が国会議員の誹謗的発言に対し、裁判をおこすなど、対立の軸はそれぞれに異なり、原告／被告の立場がさまざまな裁判の事例を作り出す。

韓国では、朴裕河《パクユハ》『帝国の慰安婦――植民地支配と記憶の闘い』(日本語版は、朝日新聞出版、二〇一四年)が、ナヌムの家、さらには検察によって起訴され、裁判の場に引きずりだされた。かつて、ドイツ史研究の西川正雄は、戦争と植民地支配に関し、「支配した側の方が「対話」を必要としている」と述べた(比較史・比較歴史教育研究会編『アジアの「近代」と歴史教育――続・自国史と世界史』未来社、一九九一年)。朴の著作をめぐり、日本でもαとβの対立がみられ亀裂を深める状況は、西川のこの言を考えるにつけ、由々しきこととなる。

『帝国の慰安婦』の評価と、著作が起訴の対象となったことへの認識とが混在しての対抗でもあり、なんとも不幸な事態であるといわざるをえない。朴の認識と態度は、γと一線を画しているにもかかわらず、「対話」の前に「支配した側」での対立がみられる。さらに、戦時における「徴用工」の補償をめぐっても韓国での判決が外交問題となるなど、「戦争経験」にかかわる事態は、いまだ現在進行形である。現時の外交問題が、歴史認識問題として展開される事態が継続している。

こうしたなか、中国から強制連行された「徴用工」をめぐり、和解のモデルが出されたことを書き留めておきたい。建設会社が、強制連行と強制労働の「歴史的事実」と「歴史的責任」を認め、謝罪をし、和解金を支払い、碑を建立し追悼会を催した。また、「徴用」された、一人ひとりの経験が、日本語と中国語で記された報告書も刊行した(『西松安野友好基金和解事業報告書』西松安野友好基金運営委員会、二〇一四年)。

＊　＊　＊

第二には、この点にかかわって、Bあらためて「証言」をめぐる議論がなされた。『朝日新聞』(二〇一四年八月五日、六日)は、吉田清治の「証言」に基づき報道した、かつての記事を取り消した。一九八二年に『朝日新聞』は(および他のメディアも)、吉田が「慰安婦」を「強制連行」したとの「証言」を報道し、その後も、吉田の「証言」に沿って「慰安婦」報道を継続した。しかし、その吉田証言が「事実」と異なったとし、『朝日新聞』は記事取り消しと、あらためての検証をおこなったのである。

吉田は、『朝鮮人慰安婦と日本人――元下関労報動員部長の手記』(新人物往来社、一九七七年)、『私の戦争犯罪――朝鮮人強制連行』(三一書房、一九八三年)を刊行しているが、これらをはじめ吉田の証言は相互に矛盾し、「事実」にそぐわないという。たしかに、吉田の記述には信頼できない箇所が多い。だが、そのうえで、吉田証言の不備をそのまま「慰安婦」の議論全体に拡張・拡大する作為が、キャンペーンとなって展開された。

たとえば、「朝日新聞の「従軍慰安婦」は史上最悪の大誤報だった!」(『WiLL』二〇一四年一〇月緊急特大号)と毒々しいタイトルでの批判がなされ、過去の議論にさかのぼり、「歴史の偽造！　朝日新聞と「従軍慰安婦」」(『WiLL』二〇一四年一一月増刊号)や、文藝春秋編『「従軍慰安婦」──朝日新聞vs.文藝春秋』(文藝春秋、二〇一四年)など、(『文藝春秋』『正論』『WiLL』に掲載された)かつての『朝日新聞』批判の論稿を集めて刊行した。吉田清治の「証言」をめぐっての一連の動きは、歴史修正主義の台頭するなかで起きたことであり、もっぱら『朝日新聞』を標的とした、メディア批判として展開されたのである。

かねて、学校教育のなかに導入されていた、中沢啓治のマンガ『はだしのゲン』に対し、松江市教育委員会が図書館での閉架措置をとったとき(二〇一三年)の論争も、同様に真正面からの対立となった。『正論』(二〇一三年一一月)は、「総力特集」として、「『はだしのゲン』許すまじ！」を組んだ。

こうした動きのなか、「証言」をめぐる認識的・方法的な検討がなされる。「記憶」の時代のなかで「証言」があらためて検討され、「証言」が事実と単純に直接に対応しないことを核に、「証言」にかかわる問題系が開かれた。そのことを示すのが、山下英愛「韓国の「慰安婦」証言聞き取り作業の歴史」(上野千鶴子・蘭信三・平井和子編『戦争と性暴力の比較史へ向けて』所収、岩波書店、二〇一八年。なお、この共同研究については、後述する)である。

山下は、韓国で行われた、韓国挺身隊問題対策協議会と挺身隊研究会による、日本軍「慰安婦」の聞き取り調査(証言集、一九九三年から二〇〇三年まで六冊刊行)を分析した。証言集には「様々な被害当事者の声が口述テクストとなって掲載されている」と認識する山下は、その「再現方式」「編集体制」に着目し、編集過程での論争を紹介する。インタビューイたちとの「心の絆と信頼」が「多様な語り」を可能にしたことに加え、「証言」として書き留める際の叙述方法にも配慮したことを考察する。

証言集の刊行が重ねられていくなかで「証言」の概念をめぐる検討がなされ、調査者の質問も記述に挿入されるなど、「真相究明のために事実について」「尋ねる」という当初の形式が、当事者の語りを「聞く」姿勢となった、と山下はいう。インタビューイ各自の経験と物語に深く入り込み、(聞きたい話だけを聞く)証言から(当事者の解釈を尊重する)「物語」へと及んでいった、と分析した。そして、そのことが「定型的な「慰安婦」像を乗り越えようとする試み」でもあったと山下は述べる。

「証言」が、ひとつのテクストとなる過程を、論争を含めて紹介したのだが、山下は証言の聞き取り方から記述の仕方までを問題化することによって、「証言」を再規定する営みを提供した。

また、岡田泰平「日本軍「慰安婦」制度と性暴力」(『戦争と性暴力の比較史へ向けて』所収)は、フィリッピン・コルドバにおけるBC級戦犯の裁判資料を読み解き、「証言」の持つ力学に言及する。

日本軍が、占領下コルドバの町長夫妻を含む住民を監禁・拷問し、その最中に性暴力を加えた事件の裁判で、被疑者の旧日本軍人も、(途中からは)被害女性も強姦があったことを否定している。岡田は、集団的な性暴力事件はあったが、個別の性暴力に対しこの「証言」が必ずしも「事実探究」を志向していないことをいう。しかし、そのうえで判決は、死刑判決を下した。――この経緯を記した岡田は、裁判での「証言」は事実を表現するものではなく、「事実を主張する言説」を作り出し、「意図された結果」をもたらそうとする「権力的行為」と分析した。

*　*　*

第三には、「戦争経験」の「語り」への着目が浸透したことによって、Cオーラルヒストリーへの着目がたかまったことである。オーラルヒストリーにより、これまで触れられることが極端に少なかった「性暴力」の領域への言及がなされた。

山下、岡田の論稿が収められた、『戦争と性暴力の比較史へ向けて』は、記憶の時代ゆえに、あらたに着目された領域と対象、方法と叙述をめぐっての共同研究である。戦時性暴力を対象とし「戦争と性暴力研究はアジア発だった」と明言し、方法論的な検討を行いつつ、「記憶と証言の問題」に切り込む(編者による「はじめに」)。

「兵士と男性性」(平井和子)を叙述し、「満州」をはじめとする地域からの引揚げや、占領下の性暴力(茶園敏美、猪俣祐介、樋口恵子)が考察され、戦争のもとで生起する「敵によるレイプ」から「結婚にいたる恋愛」までおよぶ性的関係の多様性を「語りの正統性」という観点から理論的に検討し、「戦争と性暴力」(佐藤文香)の議論を深めた。さらには、記述による抑圧――当事者の不可視化といった問題系もまた指摘される(木下直子、姫岡とし子)。

「戦争と性暴力の比較史の視座」(上野千鶴子)が明示され、性暴力の時間・空間がさまざまに論じられた論集だが、戦前に起源をもち戦後に実施される「引揚げ」や、戦争の延長としての「占領」が扱われ、ジェンダー研究の領導と「語り」の分析の定着をうかがうことができる。

このとき、多くの論者が用いた方法がオーラルヒストリーであった。同書に収められた蘭信三「戦時性暴力被害を聞き取るということ」は、先行の研究(石田米子・内田知行編『黄土の村の性暴力――大娘たちの戦争は終わらない』創土社、二〇〇四年)を綿密に検討し、オーラルヒストリーの認識と方法、叙述に分け入る。「対面的な「語りの場」が語りを規定する」ことを核に、「モデル・ストーリー」を聞き取ってしまうことなど、オーラルヒストリーにかかわる論点を俎上に載せた。

二〇〇四年に刊行された、保苅実『ラディカル・オーラル・ヒストリー――オーストラリア先住民アボリジニの歴史実践』(御茶の水書房)がたびたび言及され再読され、文庫化されるに至ったのは、かかる状況のひとつの徴候である。岩波現代文庫版(二〇一八年)に解説を寄せた、文化研究の本橋哲也は、保苅の著作を「危険な花びら」と評している。これまでの歴史学が自明としてきたことを問題化し、ことごとく批判しつくす著作という謂いである。

ここでも検討されるのは「事実」――歴史学が論拠としてきた「史実性」である。本橋は、保苅が(自らを歴史学者と任じつつ)「歴史時空の多元性、個別性、瞬間性、地方性」を見出す地平に踏み込み、実証主義の土俵にとどまっていないことをいう。また、歴史学が「普遍性」を独占しようとすることを批判し、保苅は「歴史の身体性」に着目し、「さまざまな歴史のエージェント」を解放しようとした、とこの書を読み解く。オーラルヒストリーの根源に接近し、そのことが実証主義を標榜する現時の歴史学を批判する営みであることを、保苅を介して確認している。

かくしてオーラルヒストリーは、経験の「語り」に着目し、多様な主体を呼び出す方法として議論されている。「オーラル」の可能性があらためて論じられるが、同時に歴史は記述されることによって、はじめて歴史たりうることを忘れてはならないだろう。さらに、「ヒストリー」――叙述についても考察が求められよう。

*　*　*

第四には、D語り継ぐことがあらためて主題化される。この点で、「戦後」の過程を通じて「戦争経験」の継承に熱心であった歴史教育において、「継承」をめぐるあらたな主題化がなされる。『歴史地理教育』(八九八号、二〇一九年八月)は「特集　戦争を語り継ぐ」を組み、これまでの「学ぶ」から、「伝える」「語り継ぐ」へとして課題の推移を明示した。「遺跡」(モノ)への着目も、提唱されている。すでに二〇〇三年八月の『歴史地理教育』(六五七号)でも、「どう伝える　戦争の記憶」が特集されていた。

長く歴史教育に携わってきた山川剛もまた、ひとつのまとめを行う。山川剛『被爆体験の継承――ナガサキを伝えるうえでの諸問題』(長崎文献社、二〇一七年)は、平和教育として、あらためて「体験」の「継承」を唱える著作となった。前提として「なんのために伝えるか」を置き、「三つの柱」として、「だれ」(担い手)が、「なに」(なかみ)を、「どう」(伝え方)伝えるかを真正面から論じており、これまで自明であったはずのことが、いまあらためて問われているという認識を示す。被爆の当事者としての自らの歩みを軸に、「被爆体験の継承」を「被爆体験の記憶の継承」と再定義し、被爆者と非被爆者(非体験者／後継者)との「両者の協働作業」を強調した。さらに「継承の担い手としてのマスコミ」を指摘し、「被爆遺構」(「被災樹木」を含む)に言及し、「物を残し、人を育てる」ことをいう。

山川は、「被爆地図には、まだ空白が多く残されている」といい、継承の「なかみ」として、「被爆の実相」とともに、「被爆者の思い」と「人間の英知」を挙げる。「被爆者の本当の苦しみは、戦後史にあるのだ」ということを、「被爆者は、いまなぜ体験を語ろうとするのか」ということと関連させ、「だから何をすべきか」を問いかける。

一方、直野章子『原爆体験と戦後日本――記憶の形成と継承』(岩波書店、二〇一五年)は、「「体験」から「記憶へ」」という認識のもと、「語り」に着目し、二四〇〇編におよぶ原爆体験記を考察する。「原爆体験」(「被爆体験」という表記もある)の「継承」のために、被爆の記憶の「形成」の過程を検討し、「集合的記憶」の枠組みをあぶりだす。第五福竜丸の被曝(一九五四年)を契機に、「被爆体験」が「国民の受難」として想起され、「被爆ナショナリズム」が形成されることに着目する。そして、このことは「被害者共同体」―「被爆ナショナリズム」を介して、原爆被害者が「反核・平和」の証言者として主体化されることでもあったと

論じた。(3)

直野は「体験の空白を伝える言葉」をあえて聞こうとする。そして「死者の記憶」や、死者が残した痕跡を浮かび上がらせ、「記憶の主体の在り処」を問う。

継承されるべき「被爆体験」は、被爆者と被爆者でない者との共同作業の果実なのであり、被爆者から非被爆者に受け継がれるべきものでは、そもそもないのである。「被爆体験の継承」とは、被爆者が同伴者とともに築いてきた理念を次代に引き継ぐことを指すのである。

「被爆体験の継承」とは、次世代の者が理念を共有し「被爆者になるということ」と、いいかえることも可能であろう。さきの山川も「被爆体験の共有」を主張していたが、原爆体験の語られ方のこれまでと、語られてきた記述を、あらたな観点から読み解く営みである。原爆体験の記憶の「継承」があらたな段階にはいったことがみてとれよう。

「伝える」という営みは、メディアのもっとも重要な任務であった。メディアが、「体験」―「証言」―「記憶」のトライアングルを媒介し、共鳴板となっているとさえ言いうる。その都度の実践については単行本でも記してきたが、東京新聞社会部編『新編　あの戦争を伝えたい』(岩波現代文庫版、二〇一一年)は、二〇〇六年に刊行された書籍の増補改訂である。親本となる単行本は、「沖縄戦」や「原爆」「空襲」などの経験者に取材し「記憶」を聞き取り、

「追体験」して記事として伝えるものであった。文庫版では主として「「差別」の島」「空襲と「戦争受忍論」」を増補したが、いまだ終わらない戦争という問題意識がうかがえる。文庫版の「まえがき」は冒頭に東日本大震災の経験を記し、戦争の「記憶」と重ね合わせ、さらに、不安や不信がうごめく現状をいう。

屋嘉比収『沖縄戦、米軍占領史を学びなおす――記憶をいかに継承するか』(世織書房、二〇〇九年)は、その継承の課題に正面から取り組む著作である。「戦後」生まれの屋嘉比は沖縄戦の直接の経験者ではない。しかし、そのことを自覚しながら、経験者との「共同作業」により沖縄戦を引き受け、自らのものとすることを「〈当事者性〉」として提起した。

いかにしたら戦後世代の私たちが、非体験者である非当事者性を自覚しつつ、体験者の語る沖縄戦の教訓を分有して〈当事者性〉を獲得し、沖縄戦の内実に向き合うことができるか。

課題は、これまでの「問題構成の組み換え」であり、沖縄戦の記憶の「分有」であると、屋嘉比は言う。戦後世代が、直接の経験者から沖縄戦の経験を「聞く立場」にあるとともに、「伝える立場」ももつという二重性の自覚でもあった。

この「〈当事者性〉」の概念は、沖縄戦にとどまらず、沖縄それ自体にも向けられている。自身は沖縄生まれであるが、しかし屋嘉比は「沖縄人」を出自ではなく、「多様な定義の束」

とする。沖縄戦の経験者を「沖縄人」とするときには、屋嘉比もまた「沖縄人」ではなくなってしまう。あらためて沖縄戦の経験を「分有」しながら「〈当事者性〉」を獲得すること――「どのような沖縄人になるのか」を課題とするのである。

「出自に関係なく沖縄戦の認識は広く開かれており、それをいかにとらえるかは非体験者である私たち自身に問われている」と屋嘉比は言い、沖縄戦の経験を沖縄が独占したり、また逆に本土の者が沖縄にすべてをまかせたり、押し付けたりすることをいさめる。

こうして屋嘉比は、沖縄戦の経験を引き受けること、そして開くこと――主体的に受け止め、それを「共有し分かち合う」ことを提起し、「学びなおす」という姿勢のもと、沖縄戦とアメリカ占領の史的考察を実践していった。

＊　＊　＊

「伝えること」といったとき、「経験の束」としての戦争文学の持つ役割には大きなものがある。「記憶」の時代の戦争文学は、奥泉光や赤坂真理らをはじめとする、戦後生まれの作家の実作によって提供されているが、これまでの戦争文学の財産もまた、アンソロジーとして再整理された。『コレクション　戦争《せんそう》×文学《とぶんがく》』(集英社、二〇一一―一三年、二〇巻・別巻)はその代表的なもので、編集にあたったのは、(私を含めて)いずれも戦後生まれである(浅田次郎、奥泉光、川村湊、高橋敏夫、成田)。

主として「報告」「体験」「証言」として提供された戦争文学を、「記憶」の時代が意識されるいま、あらためて読み直すためのテキストを提供した。『コレクション 戦争×文学』の全体の構成は、通時的な「近代編」「現代編」と問題史的な「テーマ編」「地域編」との四つのジャンルによっている。このシリーズの特徴のひとつは、「戦争」と「文学」の概念を、時間的・空間的に拡大したことにあるが、(本土にとどまらず)植民地および進出した地域に目を向け、三巻を割いていることも挙げうる(『満州の光と影』『帝国日本と朝鮮・樺太』『帝国日本と台湾・南方』)。戦争責任がそれなりに議論されてきたのに対し、植民地責任はなかなか議論が及ばなかったことへの自省がみてとれる――これまで、どのような植民地に対する認識があり、植民地ではどのような発言がなされてきたか。そのことを、テキストの提供によって考察する営みである。

こうしたなか、植民地責任に関しては、森崎和江にほぼ集中していた考察がふたつの方向から開かれた。原佑介『禁じられた郷愁――小林勝の戦後文学と朝鮮』(新幹社、二〇一九年)と西成彦『外地巡礼――「越境的」日本語文学論』(みすず書房、二〇一八年)を紹介しておこう。原は、単行本でも取り上げた作家・小林勝について、多くの作品の発掘を含め、詳細な評伝を著した。「国民的な植民地忘却の流れに乗る日本社会」において、その「奔流」に抗うノイズのような小林勝の相貌が、初めて明らかにされた。「禁じられた郷愁」という表題が、小林の位相をはっきりと示している。

西によって『外地巡礼』で論じられるのは、北海道、沖縄という、帝国の周縁の地が生み出した文学から、中国大陸への進出・南方進出に関わる文学、あるいは海外移住地(北アメリカ、南アメリカ、「満州」)における文学、さらに在日朝鮮人の文学など、多彩な「日本語文学」の作品群である。「非内地人の日本語文学」と「外地在住内地人の日本語文学」ということとなる。(しばしばレイシズムとなって現象する)内地人／先住民の関係にともなう文学をはじめ、先住民の手による文学、(ディアスポラを含む)移動の文学から、脱植民地、「外地喪失の文学」であり、多彩なあらわれかたをする「日本語文学」である。また、「移動」そのものに伴う文学としての引揚げ者の文学も論じられた。

『外地巡礼』で扱われるのは、(比較文学として、しばしば取りあげられる)「複数言語使用エリートたち」による文学作品ではない。「他者の言語」(デリダ)を用いた文学(＝マイノリティ文学)であり、「他者の言語」を生きることを主題とする作品の分析であり、「戦争経験」―「植民地経験」を論ずるあらたな議論が展開された。そして、文学作品の子細な考察によって、差別や排除の感情や感覚など、人びとの意識の襞にも入り込もうとしている。

＊　＊　＊

二〇一〇年代の様相をみるとき、「戦争経験」の「歴史化」はまだ途上であるが、かくして方法的にも領域的にもあらたな開拓がなされていることがうかがえる。同時に、対立の構造が輻輳化し、込み入ってきてもいる。「戦争経験」が、現時の政治や外交と結びつき、それが「歴史認識問題」として投げかけられている。こうした「戦争経験」の「歴史化」にはまだ時間がかかろうが、「記憶」のあり方が大きな影響力を持つことは明らかである。

キャロル・グラック『戦争の記憶――コロンビア大学特別講義―学生との対話―』（講談社、二〇一九年）は、グラックとコロンビア大学の学生・院生との、また、学生・院生相互の「対話」の記録である。多様な背景とさまざまな「戦争の記憶」をもつかれらに、グラックは問いを投げかけ、議論を促すことによって「戦争の記憶」が多角的に考察されていく。「戦争の記憶」のつくられ方が議論され「記憶が現実に問いかけること」が論じられた。こうした「戦争経験」をめぐる議論は、なお続けられなければならないであろう。その重要性を、二〇一〇年代の一〇年間の動きが示している。

注

序　章

（1）歴史修正主義という言い方もまた、このころから用いられるようになった。以前には、「復古」的歴史観などと呼ばれていた。

（2）二〇〇〇年一二月に東京で、「日本軍性奴隷制を裁く――二〇〇〇年女性国際戦犯法廷」が開かれたことは、こうしたことの延長線上にある。

（3）歴史家の安丸良夫「「従軍慰安婦」問題と歴史家の仕事」（『世界』一九九八年五月）は、「従軍慰安婦」問題が提起した議論に対する、歴史学の側からの応答のひとつである。安丸は、「平板な通念や日常意識」を脅かすかたちで「従軍慰安婦」の経験の語りが登場したとし、その「呼び声」に耳を傾けることを歴史家の「仕事」とする。ともすれば「支配的通念」を無批判に繰り返しがちな歴史学の「実証」的態度を変革する契機の存在を指摘し、一面化し単純な見方を支えとしている歴史学への警告を行った。

（4）本書で戦争の呼称を「アジア・太平洋戦争」とする理由のひとつは、戦争呼称が戦争認識や叙述と一体化しているときに、あらかじめの戦争観を自明のこととしないがためである。

（5）鶴見俊輔「知識人の戦争責任」「日本知識人のアメリカ像」（『中央公論』一九五六年一月号、七月号）。また、歴史学では、江口圭一『十五年戦争小史』（青木書店、一九八六年。新版は、一九九一年）が、この認識のもとに通史を描いた代表作となっている。

(6)　竹内好自身、かつて、対英米戦争の開始に際し「歴史は作られた。世界は一夜にして変貌した」、「弱いものいぢめ」ではなく「強者」に立ち向かったとその意義(!)を記していた(「大東亜戦争と吾等の決意(宣言)」(『中国文学』一九四二年一月)。

(7)　「十五年戦争」の観点からは、一九四一年一二月八日は、一九三七年七月七日と並列される、一連の流れのなかでのひとつの「段階」のはじまり―区切り目とされる。だが同時代的には、一九四一年一二月八日は「衝撃」をもって迎えられており、あらたな意味が付される戦争への突入の日として把握する人びとが多かった。

(8)　吉田裕『日本人の戦争観』の刊行と同じ一九九五年に、油井大三郎『日米戦争観の相剋』(岩波書店)が出版された。同時に「戦争観」を分析軸にした著作が出されていることは、一九九〇年代半ばの戦争の語り方が、「戦争観」をめぐってなされていることを示している。

(9)　戦争の呼称をめぐっては、木坂順一郎「アジア・太平洋戦争の呼称と性格」(『龍谷法学』第二五巻第四号、一九九三年)も参照されたい。

(10)　たとえば、一九五九年から一九六五年にかけて刊行された叢書『現代の発見』(全一五巻の刊行を予定したが、四冊を残して途絶。春秋社)では、刊行されたうち「戦争」という表題を持つ巻が三冊を占める(「私と戦争」「戦争体験の意味」「戦争責任」)。石母田正、岡田丈夫、北川隆吉、五味川純平、佐藤昇、野間宏、橋川文三、山田宗睦の編集委員による「〈現代の発見〉刊行にさいして」(第一巻巻頭に置かれている)では、(「昭和」の三〇年間に籠められている)「厖大な民族的体験―戦争体験と戦後体験の中から何を引き出し、何をつくりあげてゆくかは、現在から将来にわたるわれわれの思想と行動を決定する重大な要因となるに違いない」と宣言している。そして、『現代の発見』第二巻が「戦争体験の意味」という巻となり(執筆者は、橋川、中島誠、中林賢二郎)、「体験的事実の巨大な集積をどのように整序し、定着させ、そして「歴史」としてとらえ直すか」という問題意識から「出発」したと述べている(岡田「あとがき」)。同巻の「体験」という概念とことばで、戦争経験の記憶や証言を含めた考察と報告を行っており、「日本近代史と戦争体験」(橋川)、「文学の戦争体験」(中島)、「戦争の中の労働者」(中林)を収録している。

第1章

(1) このほか、戦争像にかかわっては、雑誌『兵隊』(南支派遣軍報道部。一九三九年五月創刊)や陣中新聞の類(関東軍『ますらを』『北支軍陣中新聞』、あるいは『うなばら』[『赤道報』]など)、また『南支日報』『南十字星』など「居留民」に向けたものや、占領地で発行された新聞が媒体としては見逃せないであろう(西岡香織『報道戦線から見た日中戦争』芙蓉書房出版、一九九九年)。

(2) この時期、大新聞は献金を呼びかけ、ニュース映画を上映し、演説会や展覧会を開くなどして「排外主義」を煽っていったことが指摘されている(江口圭一「満州事変と大新聞」『思想』第五八三号、一九七三年)。

(3) 藤原彰『日中全面戦争』(小学館、一九八二年)は、この声明を「事実上の戦争宣言」とする。

(4) 太田については、澤地久枝『昭和・遠い日 近いひと』(文藝春秋、一九九七年)が言及している。

(5) こうした点に関しては、成田龍一『「歴史」はいかに語られるか』(日本放送出版協会、二〇〇一年)、荒井とみよ『中国戦線はどう描かれたか』(岩波書店、二〇〇七年)などを参照されたい。

(6) 監督の熊谷久虎は、このあと、元左翼の人物が愛国的な兵士になる『指導物語』(一九四一年)を撮ったあと、国粋主義団体すめら塾を結成し、映画界から離れていくという(四方田犬彦『日本の女優』岩波書店、二〇〇〇年)。

(7) 同じ亀井文夫の『戦ふ兵隊』(一九三九年)は、漢口作戦を描く。「現地の兵隊」が撮影に「好意」を捧げてくれたことをいうが、映画の冒頭は中国人が疎開し難民となりゆく姿から始まる。戦闘が静まるや、彼らはすぐに農耕にかかる。また、捕虜の訊問のシーンも映し出される。「最前線の中隊本部」として、再現の手法をとりながら戦闘の際の命令系統も見せ、兵隊たちの日常生活や治療のようす、あるいは疲労も描く。この映画は、広告が出されたものの、上映が見送られ「未完製品」とされている。

(8) もっとも、『五人の斥候兵』のなかで、勅語の奉読シーンがあり、中華民国に「反省」を促すという「支那事変」の目的を述べてはいる。なお映画に関しては、適宜、『日本映画代表シナリオ全集四』(キネマ旬報社、一九五八年)も参考とした。

(9) 中国問題の専門家として、尾崎はこの後も日中戦争について発言し続ける。

(10) 奥野健男は、第2章で後述する『昭和戦争文学全集』第四巻「解説」(集英社、一九六四年。この巻は、『太平洋開戦―一二月八日』として編まれている。また、第一回の配本であった)で、「太平洋開戦は、当時の日本人にそれまでの中国との戦いとは全く違ったものと感じられた事実」があったと述べている。なお、小田切進編「一二月八日の記録」(『文学』第二九巻第一二号、第三〇巻第四号、一九六一年一二月、一九六二年四月)も参照されたい。

(11) 戦後の歴史学研究における「十五年戦争」という把握は、戦争の連続性を認識させることに力点を置き、あらたな歴史認識を生み出したが、そのことと引き換えのように、一九四一年一二月八日における戦争認識の同時代的な「変化」は見過ごさせてしまった。

(12) 徴用作家については一九九〇年代に関心が高まり、木村一信『昭和作家の〈南洋行〉』(世界思想社、二〇〇四年)や、神谷忠孝・木村編『南方徴用作家』(同、一九九六年)、芦谷信和『作家のアジア体験』(同、一九九二年)などが刊行されている。

(13)『ジヤワ作戦』にも、「敵の語る敗戦の模様」の節がある。

(14) 板垣はこの報告に対し、「叙述が総合的であり、記録に写実性があり、個々の海戦の事情が明らかにされることゝともに、相当に興味を引起す」と評価した。また、丹羽文雄「海戦」を高く評価した(「作家報道班員の作品として歴史的」)、「支那事変文学」における火野と対比する(『現代日本の戦争文学』)。

(15) 海軍報道班員・三厨正による『ボルネオ セレベス 平定戦』(晴南社、一九四四年)も刊行されている。ただし、扉裏の地図は省略され、ページ数も薄くなっている。

(16) 山本明は、「日中全面戦争の前半では、劇映画やドキュメンタリーでは注目すべき作品が出現したのに」(狭義の)アジア・太平洋戦争勃発以後は「キメも荒く、人間がえがかれていない作品が多くなる」とし、その理由として「戦争が大きくなって、私小説の伝統をふまえた枠では入りきらなくなったからであろう」と推察する(「十五年戦争下、日本の戦争映画」『講座 日本映画』第四巻、岩波書店、一九八六年)。だが、同時に「大義」が明示されたがゆえに、それが先行し登場人物が類型化されるという点も見逃せないであろう。

第2章

(1) 社会学者の高橋三郎は、体験記録を軸に、ルポルタージュや伝記、研究や戦争文学をも含む広い概念として「戦記もの」を提起する(本書序章参照。高橋『「戦記もの」を読む』)。むろん対象地域、戦闘の時期、軍隊内の位置(階級、応召か否か、年齢など)により、また戦記の執筆時期によってその内容を異にすることを高橋はふまえている。

（2）狭義のアジア・太平洋戦争の戦記に関しては、井門寛編『太平洋戦史文献解題』（新人物往来社、一九七一年）が、すこぶる便利である。ただし、「日中戦《ママ》」については割愛されている。

（3）記録や文学が細分化されるということとともに、映画、劇画による戦争の描き方も重要である。本書では充分に触れ得ないが、戦争経験に関しては、映画として語られてきた側面を見過ごすことはできない。また、戦記マンガ誌である『少年戦記』や、そこに執筆していた水木しげるらにも着目する必要があるだろう。近年、それぞれに多くの論稿が重ねられてきている。

（4）『鉄の暴風』については、執筆に当たった太田良博が後年、発言をしている（本書第3章参照。太田良博『戦争への反省』ボーダーインク、二〇〇五年）。さらに『きけわだつみのこえ』については、保阪正康（『「きけわだつみのこえ」の戦後史』文藝春秋、一九九九年）のほか、福間良明（『「戦争体験」の戦後史』中央公論新社、二〇〇九年）の考察が出された。これらの著作を通じて戦争認識―戦争像の戦後史を問うことが可能なことを、保阪や福間らの研究は証明している。本書では、戦記を主として取り上げるが、文学作品にも言及しよう。

（5）「「戦争はいやだ」との思いを新たにした」（八月号、一八歳）という感想も掲げられているが、これは編集部の配慮ではなかったろうか。

（6）「引揚げ」に関しては、正史とも言うべき記録として、引揚援護庁編『引揚援護の記録』（一九五〇年。厚生省引揚援護局から続編、一九五五年。厚生省援護局から続々編、一九六三年）が刊行されている。各県単位での刊行もみられ、『群馬県復員援護史』（一九七四年）などは、その代表的な著作である。軍人・軍属の「外地」・戦地からの送還は、ポツダム宣言に基づいてなされたが、連合国軍最高司令官の指令で各地区の日本軍の武装解除の区分が決定され、中国軍管区、ソ連軍管区、イギリス・オランダ軍管区、オーストラリア軍管区、アメリカ軍管区に分割され実施された。

他方、民間人の送還は「全く人道上の理由」で実施したというのが連合国軍の立場であった。GHQ／SCAPの「引揚げに関する基本指令」(一九四六年三月)に基づき、正規の「引揚げ」は日本政府がおこなう事業とされ、厚生省が中央責任官庁となり(旧陸海軍省の機構も引き継いで)遂行した。上陸港である舞鶴、呉、博多などには、地方引揚援護局が設けられた。当初の日本政府の方針は、「極力之を海外に残留せしむる」(一九四五年九月二四日)としたが、連合国軍の要請とあわせ「現地の実情が残留を許さない情態」であったことから、民間人もまた「祖国」や「故郷」を目指して引揚げることとなる。

(7)　正規には、「外地」の部隊は一九四五年九月から引揚げを開始したとされ、『引揚援護の記録』は、中国やフィリピン、南西諸島、ハワイやトラック島、英領ニューギニアなどからの部隊の「復員」(海軍は「解員」と呼んだ)は、(東南アジア地域とソ連軍占領地区を除いて)ほぼ一九四六年九月までに終了したとする。もっとも、現地において留めおかれ使役される留用者や戦犯の容疑者、あるいは外国人と結婚するなどして「帰国」の意志がないために残留する(させられる)人びとがいた。

また、イギリス軍管区では、約一三万人の軍人・軍属が、ビルマ(ミャンマー)やスマトラ(インドネシア西部)などに残留のうえ、橋梁や道路修復に従事させられていた。移動が禁じられていたソ連軍管区では、一九四六年一二月の「ソ連地区引揚げに関する米ソ協定」で、ソ連本土、および北朝鮮、樺太・千島、大連からの引揚げが開始される。だが、断続的な移動であるうえ、一九五〇年四月に「集団引揚げ」は中断する。中国軍管区でも、一九四八年八月までに三〇〇万人以上の人びとが引揚げるが、国共内戦―中華人民共和国の成立などにより、事業が完了しないままに「空白期」が生じる。ソ連にせよ、中国にせよ、冷戦のもとで国交の回復がなされないことが、引揚げ事業に大きく影響している(厚生省『引揚げと援護三十年の歩み』)。

(8)　むろん、「未帰還者」はまだおり、「個人引揚げ」は継続する。また、中国から一九五六年から三年間、「残留婦人」の「一時帰国」が行われ、さらに「中国残留孤児」の帰国がなされるなど、いくつかの山を見せながら、引揚げという出来事は現在にいたるまで続いている。さらに旧植民地の朝鮮人、台湾人、あるいは沖縄に居住権を持つ人びとは「本土」からその地に向かい、逆方向の人流をなす。また、北朝鮮(朝鮮民主主義人民共和国)への帰還運動もこの流れの一環である。

(9)　若槻泰雄は、『シベリア捕虜収容所』(上下、サイマル出版会、一九七九年)、『戦後引揚げの記録』(時事通信社、一九九一年)など、早くから本格的な検討をおこなっている。阿部安成・加藤聖文「「引揚げ」という歴史の問い方」(上下、『彦根論叢』第三四八、三四九号、二〇〇四年五月、七月)が示すように、「引揚げ」の正史の記述を検証することが必要であるが、本書では体験記を読み解くという手法をとりたい。

(10)　「復員」は、独立した主題や手記として書きとめられることは、きわめて稀である。自分史や体験記のなかの一過程として記されるにとどまり、それ以上は、主題としてまとめられることがほとんどない。そのため、本書ではとりあえず民間人の「引揚げ」に限った。

(11)　朝鮮半島から、敗戦後に「なだれのように」避難がなされた。南朝鮮からは、一九四五年八月二三日より「帰還」が始まり、翌四六年二月上旬までに大部分を「終了」したという。その後、一九四六年三月下旬から六月までに、北朝鮮から南朝鮮に約一〇万人が移動する(『引揚げと援護三十年の歩み』)。

(12)　藤原ていについては、成田龍一「「引揚げ」に関する序章」(『思想』第九五五号、二〇〇三年)、および同「忘れられた小説『灰色の丘』のこと」(岩崎稔ほか編『継続する植民地主義』青弓社、二〇〇五年)で考察した。

(13)　藤原ていが手記(『流れる星は生きている』)には書き込まなかった出来事が、小説の形式で提出される。前掲、拙稿「忘れられた小説『灰色の丘』のこと」を参照されたい。

(14)　牛島春子と、夫の牛嶋晴男に関する年譜的事項は、坂本正博の作成した年譜によっている(『朱夏』第一〇号、一九九八年)。また「牛島春子の昭和史」の副題を持つ、多田茂治『満洲・重い鎖』(弦書房、二〇〇九年)も刊行された。

(15)　「ある旅」(『九州文学』第三期、第一巻第二号、一九五一年)、「十字路」(『寂寥派』第一一号、一九五二年)、「アルカリ地帯の町」(『新日本文学』第一一巻第四号、一九五六年)。

(16)　ただ、「日本」に行き着くことを最終目的としていることは、共通している。

(17)　国家による暴力である「抑留」を人流という観点から見たとき、ソ連による「抑留」は、「満州」(一部、樺太を含む)から始まるが、ソ連内での移動がある。また、このかん、ソ連は、中国関係戦犯容疑者として九六九人をハバロフスクに集め、一九五〇年七月に中国に引き渡し、彼らは撫順に収容された。樺太抑留者四〇〇〇人内外は、一九四六年ころからソ連本土の監獄に移され、千島でも同様の動きがあった。「満州」から「逆送」されたものが四万人、樺太・千島での「捕虜」が約六万人いるといい、複雑な動きがみられる。ソ連の公文書を用いた、カルポフ『スターリンの捕虜たち』(北海道新聞社、二〇〇一年)は、「日本人」抑留者約六五万人、死者九万二千人という数字を挙げている。

また、関東軍にいた多数の朝鮮半島出身者は、多くは民間人の中に入り「満州」から帰国したが、ソ連領に移されたものは「日本人」とは分離され、べつに「収容」された。彼らは帰還に当たっても、直接に朝鮮に「送還」されたという(『引揚げと援護三十年の歩み』)。阿部軍治『シベリア強制抑留の実態』(彩流社、二〇〇五年)、栗原俊雄『シベリア抑留』(岩波書店、二〇〇九年)など、近年、抑留研究の新著も出された。また、「抑留」といったときに、ここでは取りあげることをしなかったが、東南アジアなどの地域で、「戦犯」(戦犯容疑)あるいは「捕虜」として留め置かれた人びとがいることにも、留意する必要がある。

(18)　これらのなかでは、ソ連における日本人捕虜の生活体験を記録する会編『捕虜体験記』(全八巻、同会刊、一九八四―九八年)が、現在までのところ、もっともまとまったソ連抑留の考察と証言集となっている。第一巻(一九九八年)に総論にあたる「歴史・総集篇」をあて、第八巻(一九九二年)は「民主運動」とし、第二巻から第七巻まで、(「沿海地方」「ウラル以西」「ハバロフスク地方」といった)収容所の地域別に抑留者の証言を集めている。他方、長期抑留者の手記としてまとめられたものとしては、朔北会『朔北の道草』(正続、朔北会、一九七七年、一九八五年)がある。

(19)　この著作は、スターリン体制が支持されていた日本の前衛党のあいだでは波紋を呼び、高杉は「新日本文学会の系列下にあった「東海作家」という文学団体は私をコーラスグループの練習場であるバラックに呼び出して集団的なつるしあげを加えた」と記している(『スターリン体験』岩波書店、一九九〇年)。

(20)　なお、ソ連には「日本人」女性も「抑留」されており、益田泉『祈るシベリヤ女囚』(ともしび社、一九五六年)、中村百合子『赤い壁の穴』(武蔵書房、一九五六年)、赤羽文子『ダスビダーニャ』(自由アジア社、一九五五年)など、女性たちによる「抑留」の手記がある。さきにふれたように、朝鮮人の抑留者もいるがその手記はきわめて少ない。

(21)　『大東亜戦争全史』は、旧陸軍将校を会員とする(二〇〇一年より陸上・航空自衛隊元幹部も会員となる)偕行社の機関誌である『偕行』に連載されたが、そのとき誌上で論争が見られた。このことは、正史も解釈の対立や対抗、障碍がないままに書かれたのではないことを意味している。しかも『大東亜戦争全史』には、植民地の観点からの記述はまったく欠如しており、不十分な点が多い。

(22)　第六巻「銃後篇」は、「動員日記」(無着成恭)、「ヒロシマ日記」(蜂谷道彦)などを収録し、広く目配りされている。「解説」は、荒正人が担当している。
(23)　「朝鮮篇」でも、「引揚げ」の記述が主軸をなし、京城日本人世話会の森田芳夫が「朝鮮引揚史」のサブタイトルのもとに、全体の三分の一ほどの分量を書いている。
(24)　安田武は、のち一九六七年に『学徒出陣』(三省堂)を著す。
(25)　『戦没農民兵士の手紙』をめぐる論争については、赤澤史朗による整理がある(「「農民兵士論争」再論」『立命館法学』第二七一、第二七二号、二〇〇〇年)。
(26)　五味川純平は、『ノモンハン』(文藝春秋、一九七五年)という長編小説も書いている。
(27)　続けて執筆された『戦争と人間』(全一八巻、三一書房、一九六五―八二年)は、『人間の条件』の完結後からえんえん一八年間にわたって書き続けられ、長さも三倍近くになっている。「満州事変」前夜の時期から物語は書き進められ、小説としては異例なことに、詳細な「註」が附せられている。五味川は、こうした作品により、太平洋に向いた視線を中国大陸とソ連に向けようとする戦争叙述をおこなっている。
(28)　ひなたグループに関しては、粟田やす子「主婦のめざめと「小さな幸福」」(『思想』第四二四号、一九五九年)が書かれている。
(29)　このほかに、菊池敬一・大牟羅良『あの人は帰ってこなかった』(岩波書店、一九六四年)は大きな反響をよび、障害者の戦争経験を収集した、障害者の太平洋戦争を記録する会編『もうひとつの太平洋戦争』(立風書房、一九八一年)も出された。
(30)　『月報』二でも、二八歳の会社員が「戦闘自体についての記述が少し簡単すぎる」といい、ノモンハン事件などは「真実」が伝えられておらず、「詳しく伝えること」が必要であるとした。編集部は、Ⅳ巻で「相当突っ込んで記述したい」と予告していた。

(31) 遠山茂樹・今井清一・藤原彰『昭和史』も同様に、戦闘の叙述は行っていない。

第3章

(1) 一九四九年の初版には、林房雄、小林秀雄、吉川英治らの「跋文」が付された。

(2) 吉田「戦艦大和ノ最期」に関しては、千早耿一郎『大和の最期、それから』(講談社、二〇〇四年)に多くを拠っている。なお、江藤淳は、この書き換えの要因をGHQによる「検閲」に帰した(「死者との絆」『新潮』一九八〇年二月、「「戦艦大和ノ最期」初出の問題」『文學界』一九八一年九月)。江藤は、吉田「戦艦大和ノ最期」から、さらに議論を「戦後文学」と検閲の問題へと敷衍した(『閉された言語空間』文藝春秋、一九八九年)。たしかに書き換えにとって「検閲」は大きな要因だが、そこにのみ論点を還元することはできない。

(3) ビルマでのアキャブ作戦(「ハ」号作戦)を描いた『戦死』(朝日新聞社、一九六七年)は、連隊長・棚橋真作を軸とし、横暴な師団長を批判するが、隊員たちの日記を束ねる手法をとっている。

(4) 『イムパール(インパール)』(初版、新版)も資料が提示されていないものの、同様の実証的な手法がとられている。

(5) 『憤死』では、四作を通じてインパール作戦の「大筋」を「まがりなりにも構成」しえたとし、以後は「大筋を離れた、各部分の記録を連作」として書き続けたいと述べている。

(6) その『山本五十六』もまた、あらたな史料を加えるとともに、「不備」をあらため「遺族の主張」を「考慮」しながら、書き換えられ新版が刊行されることとなる。

(7) 沖縄の「集団自決」をめぐっては、この「証言」の時代から、さらに二〇〇〇年代に入り、あらたな局面でも問題とされることとなった。後述するように「集団自決」を命じたとされた側が、それはなかったこととして裁判に持ち込むという事態がおこったのである(二〇〇五年)。また、二〇〇七年には、高等学校教科書における「集団自決」の記述から日本軍の関与を消すようにとの検定意見が出された。しかし、このときには県議会をはじめ沖縄の各町村議会で検定意見の撤回を求め、県民大会も開かれ大きな抗議運動が展開された。

(8) しかし、配列構成への領域には、この観点は及ばない。「編集」という作業がもつ意味自体は、検討からはずされている。証言を束ねる観点——このことは、歴史家にもっとも深く関連するが、この点については後で検討することにしよう。

(9) 鳥山淳「沖縄戦をめぐる聞き書きの登場」(『岩波講座 アジア・太平洋戦争』第六巻、岩波書店、二〇〇六年)は、『沖縄県史』「沖縄戦記録」の一と二とにみられる差異に言及する。地域ごとの座談会を基調とする一に対し、二は必要に応じ日誌や資料を挿入し、個人の経験を「秩序立てて描写すること」に重点が置かれることを指摘した。また鳥山は、二では、県民すべてを犠牲者とする「考え方」から、「戦争への加担を強いられた側面からの追及」(「総説」)となったことに着目する。一と二とのあいだには、沖縄の日本への返還があり「復帰後」には「日本軍の残虐行為」について「口をとざして語らなくなっていること」にも、鳥山は言及している。

(10) 「編集後記」で名嘉正八郎も、「沖縄戦の記録」として「執筆能力のある一部の方々の記録」や、「本格的に編集した」『鉄の暴風』、日米両軍の「作戦記録」などはあるものの「沖縄戦でもっとも極限の体験をした一般庶民の記録に、満足すべきものがない」と述べている。また、座談会方式のメリットとして、(1)個人に執筆を依頼するときに起こる「作文」や、公表したくないことの「省略」を避けることができる、(2)「疑問の個所は確かめられ、そして深めることができる」、(3)「語りたくないことも、聞き出すことが可能」としている。

(11)　なお、「米軍の一般沖縄県民への戦犯行為」にも一項が設けられていることは、特記すべきであろう(宮城聡は、「戦争体験を記録する」という文章も書いている。『世界』一九七一年六月)。

(12)　敗戦直後の一九四六年九月に、「戦災焼失区域表示」を謳った『東京都三五区区分地図帖』(日本地図会社)が出版され(のち、第一復員省編『日本都市戦災地図』原書房、一九八三年、として刊行)、被害調査から空襲への接近は始まる。全国戦災都市連盟『全国戦災都市爆死没者一覧』(一九四七年)をはじめ、『東京都戦災誌』(東京都、一九五三年)、『戦災復興誌』(建設省、一九五七年)などの公式記録が出された。他方、『秘録 大東亜戦史』第九巻「原爆国内篇」(富士書苑、一九五三年)には、「猛火に崩れた仙台」「金鯱炎上」「焼都大阪」「岡山戦災記」など、空襲の記録と原爆の記述を扱う文章が収録されている。

戦記シリーズ『今日の話題 戦記版』第一号(一九五四年)は、「東京空戦記」とされ、空襲をおこなうB29と、日本の戦闘機との「東京上空遊邀戦」が記された。また、『週刊読売』(一九六八年三月二九日)が「日本空襲の全貌」の特集を組む。

(13)　一九七一年に第一回の東京での集会から、二〇〇九年の八王子大会まで毎年開かれ三九回に及んでいる。全国連絡会議と、ここに参集した各地域の団体の活動の様相は、機関誌『空襲通信』(創刊は、一九九九年)に詳しい。

(14)　他の記録する会でも同様なことは、日本の空襲編集委員会編『日本の空襲』(全一〇巻、三省堂、一九八〇—八一年)でうかがえる。

(15)　敗戦時の「日本人」は、千島・サハリンをあわせて約三八万人。ソ連は、日ソ開戦とともにサハリンに爆撃を開始し、地上軍は国境を越え、海上軍は真岡、恵須取《エストル》に上陸した。「日本人」は約七万六〇〇〇人が北海道に疎開しており、以後、ソ連軍により中止させられるものの、「密航脱出」が相次いでいる。一九四五年八月から四六年三月までに約二万四〇〇〇人が北海道に引揚げたという(『引揚げと援護三十年の歩み』)。敗戦後、一九四六年一一月のアメリカとソ連の協定に基づくサハリンからの「引揚げ」は、日本国籍を有する「日本人」のみに許可された。朝鮮人、外国人と結婚している「日本人」女性は、「残留」させられた。

(16)　(後述する)小林勝が著した「紙背」(『文学界』一九六二年二月号)もまた、サハリンからの引揚者を描く。朝鮮半島で生まれた小林は、朝鮮半島と日本の歴史を踏まえ、暴力を孕む関係のありようを生涯をかけて考察した。小説「紙背」は、朝鮮半島からサハリンにわたった父と、その地で結婚した日本人の母とのあいだに生まれた、少年の引き起こす傷害事件を中心に描かれる中編である。

一三歳のときにサハリンから引揚げた少年は、東京都の郡部の小学校に編入し中学校に進学するが、「引揚者」であること、朝鮮人の父をもつことなどが引き金となり、「快活さ」を失い、傷害事件を起こす。視点人物を、頻繁に変える作法で記されるが、帰還運動に触発されながら、敗戦後の「引揚げ」とその後の困惑が記された。

(17)　ブレット・ド・バリー「二つのことば、二つのこころ」(『思想』第八六六号、一九九六年)、水溜真由美「森崎和江と『サークル村』」(『思想』第九八〇号、二〇〇五年)。

(18)　このほかにも、一九二四年にソウルに生まれた、詩人の村松武司は、祖父から三代に及ぶ「朝鮮植民者」であることを意識し、自らの経験を織り交ぜながら祖父(と自ら)の歩みを、『朝鮮植民者』(三省堂、一九七二年)として記す。

村松は、「朝鮮」にいるときには「日本人」でありたいと思い、「日本」では、自分が「日本人」でないことを「自覚」したといい、「つまり、昔もいまも半日本人・半朝鮮人である」とする。朝鮮を支配しながら執着せず、「引揚げ」てきた心性に「いったいわたしたち日本人は、どの土地を愛し、惜しんだのであろうか」という問いを投げかける。自らの意識を切開するとともに、朝鮮への植民者を第一世代と第二世代の差異において考察してみせた。

(19) 同じく、一一年間の抑留生活を送った内村剛介も、また、あらたな「抑留」体験を記述し、「時間のない暮し。いや、一九四七年以来「夏」「冬」の区別以外の暦を知らぬのだから、時間などもはやどうでもよい」(『生き急ぐ』三省堂、一九六七年)と述べている。

(20) 「シベリヤ・シリーズ」の考察は、「聞き取り・香月泰男」(『山口県立美術館研究紀要』第一号、一九九七年)をはじめ、詳細に行われている。

(21) この著作は、立花隆の筆によるものであることが、近年、あきらかにされた(『シベリア鎮魂歌』文藝春秋、二〇〇四年)。

(22) 香月は『私のシベリヤ』で「シベリヤで故郷を思うたびに、妻と子供と母とは、いつも三位一体の存在をなして私の心の中にあった」と述べている。

(23) この時期の「抑留」の再考察には、会田雄次『アーロン収容所』(中央公論社、一九六二年)もあるが、この著作については、触れるにとどめておく。

(24) このため、戦後の価値観で、訳知り顔に戦時の少国民像を後付け的に再構成したと山中がみなす著作、妹尾河童『少年H』(講談社、一九九七年)に対しては厳しい批判を展開することとなった(山中恒・山中典子『間違いだらけの少年H』辺境社、一九九九年、など)。戦時の言論への怨念とでもいうべき執着が、山中には見られる。

(25) 実際には、三巻を費やしたにもかかわらず、『日中一五年戦争』は日米開戦前夜で叙述が終わっている。そのため、あらたに『太平洋戦争の歴史』が書かれることになる。

(26) 本多勝一も、同書の裏表紙に「決定的な記録の書」という賛辞を寄せている。
(27) 細かなことだが、「新版」では「三千人以上」と修正されている。
(28) 加納は『銃後史ノート』の論考を含めて、「銃後」の女性たちを考察した論集を編んだ。
(29) 「証言」という観点からは、原一男監督による映画『ゆきゆきて、神軍』(一九八七年)を無視しえないであろう。証言がなされるためには、さまざまな作為を含めた葛藤、人間関係の確執があることを生々しく描き出しており、証言を軸とした映画の白眉ということができよう。
(30) 南京虐殺をめぐる論争については多くの文献があるが、とりあえず、藤原彰編『南京事件をどうみるか』(青木書店、一九九八年)、ジョシュア・フォーゲル編『歴史学のなかの南京大虐殺』(柏書房、二〇〇〇年)、笠原十九司『南京事件論争史』(平凡社、二〇〇七年)、などを参照されたい。
(31) 松村高夫は、田村の小説に言及した証言を含む著作(内海愛子・石田米子・加藤修弘編『ある日本兵の二つの戦場』社会評論社、二〇〇五年)の書評(『歴史学研究』第八一三号、二〇〇六年)のなかで、「戦争文学の虚偽と事実という重要な問題」といっている。「(戦争)文学」といったときには、フィクションであることが含意されており、その「事実」とは何をさすのか不明で意味が解し難い文章である。「虚偽と事実」が単純な対抗的な関係にあるのでないことは、ここに示すとおりである。
(32) 戦後の国境線—国民国家の線引きを前提としない研究として、植民地研究がある。植民地研究は、一九五〇年代に出発し、六〇年代に基本的な枠組みをつくりあげるが、この時期に研究論文の数が増大し、本格化している。「満州」研究では、満州史研究会『日本帝国主義下の満州』(御茶の水書房、一九七二年)、小林英夫編『「大東亜共栄圏」の形成と崩壊』(御茶の水書房、一九七五年)などがある。
(33) 当事者の声を聞きとろうとした試みとして、朴慶植《パクキョンシク》『朝鮮人強制連行の記録』(未来社、一九六五年)、中国人強制連行事件資料編纂委員会編『草の墓標』(新日本出版社、一九六四年)、石飛仁『中国人強制連行の記録』(太平出版社、一九七三年)、千田夏光『あの戦争は終ったか』(汐文社、一九七八年)などが刊行されている。

(34) 福間良明『「反戦」のメディア史』(世界思想社、二〇〇六年)、同『殉国と反逆』(青弓社、二〇〇七年)は「戦争」や「特攻」が戦後の小説や映画のなかでどのように語られてきたかを考察しており、メディア論的な視点を有している。

第4章

(1) 記憶の領域に入りつつある空襲論は、以前にもまして「いかに」伝達するかということに自覚的である。山本唯人「「東京都慰霊堂」の現在」(『歴史評論』第六一六号、二〇〇一年)は、戦時と戦後の体制との関連を「罹災死体」の処理、「慰霊施設」の管理運営、人的被害の調査、あるいは戦災被害者の援護・社会保障のありようから考察しており示唆的である。

(2) 早乙女勝元「抑圧された東京大空襲の記憶」(『戦後日本スタディーズ』第一巻、紀伊国屋書店、二〇〇九年)も参照されたい。

(3) 二人は、そののち蘭信三編『中国残留日本人という経験』(勉誠出版、二〇〇九年)、井出孫六『中国残留邦人』(岩波書店、二〇〇八年)などの著作を刊行している。

(4) こうしたなかで、第2、3章に先述した、ソ連における日本人捕虜の生活体験を記録する会編集による、浩瀚な『捕虜体験記』が刊行されるに至った。とくに、「捕虜」になった地域が「日本領土」ではなく中国東北部および朝鮮北部であった事実」を再考するように言い、「それまでなぜその地に駐屯していたのか、そこで彼らは何をしていたのかを問うてみなければならない」と述べることは、当事者の発言であるだけに重みを持つ(第一巻)。

(5) この評価は、ペレストロイカを経て著された「続編」(一九九〇年)では、微妙である。なお、斎藤の評伝として、白井久也『ドキュメント シベリア抑留』(岩波書店、一九九五年)が書かれている。

おわりに

(1) 一九九一年に、朝鮮人元BC級戦犯七人が、東京地裁に謝罪と補償を求め提訴したが、そうした動きをもはさみながら議論が進められている(「アジア太《ママ》平洋戦争韓国人犠牲者補償請求訴訟」)。

(2) こうした状況のなかで、あらたに訴訟という手段をめぐる事態が焦点となっていることも見逃せない。一九九〇年前後から、アジアの人びとを中心に戦後補償をめぐる訴訟がなされ、家永三郎によるいわゆる教科書訴訟でもアジア・太平洋戦争や植民地に関わる記述が争点になっていた。法に訴えるという姿勢である。こののち、二〇〇六年には日本軍の重慶爆撃をめぐり中国人被害者が日本政府に謝罪と損害賠償を要求し訴訟を起こし、東京大空襲(二〇〇七年)、大阪大空襲(二〇〇八年)の罹災者たちも相次いで、国を相手取り、謝罪と損害賠償を求め提訴している。戦略爆撃―空襲をめぐっての訴訟も、このようになされている。

いまひとつは、戦争犯罪を「裁く」という立場で、二〇〇〇年一二月八―一二日に東京で開催された「日本軍性奴隷制を裁く――二〇〇〇年女性国際戦犯法廷」はこの立場に立つ(最終判決は、翌二〇〇一年一二月四日に、ハーグで出された)。従軍慰安婦制度がどのような犯罪であったかを明らかにするということ――真相究明を図り、慰安婦制度に対し指導的な位置にいたものたちの個人責任、および日本の国家責任を問うものであった。女性国際戦犯法廷は加害国の女性の提唱により、被害国の女性運動と連携し、国際女性運動が協力するという女性が主導する裁判であり、戦時の性暴力をジェンダーの視点で貫き、戦争をめぐる議論にあらたな地平を切り開いた(『日本軍性奴隷制を裁く』全六巻、緑風出版、二〇〇〇—〇二年)。

しかし、二〇〇〇年を越えるころから、あらたな動きがみられる。南京虐殺における「百人斬り競争」などはなかったにもかかわらず、本多勝一『中国の旅』の記事により精神的苦痛を受けたとして、その将校の遺族が本多と(戦時に)報道した新聞社などを提訴する(「百人斬り訴訟」二〇〇三年)。また、沖縄での「集団自決」に日本軍が関わり軍命令を出したと記した、大江健三郎『沖縄ノート』や家永三郎『太平洋戦争』を、元日本軍戦隊長(座間味島)、および元戦隊長の弟(渡嘉敷島)が訴えた(「大江健三郎・岩波書店訴訟」二〇〇五年)。これら歴史修正主義の側からの訴訟では名誉毀損による損害賠償や出版差し止め、謝罪広告が要求されている。証言—記憶の時代から、いよいよアジア・太平洋戦争が歴史化されようとする時期における、あらたな争点といえよう。

補　章

(1)　評論家の斎藤美奈子は、前者を「戦後第一世代」(一九四五—六〇年代生まれ)、後者を(学校教育やメディアを通して)「再編された戦争」しか知らない「戦後第二世代」(一九七〇年代以降生まれ)と名付けている(『ちくま』二〇一二年二月)。

(2)　アニメ『この世界の片隅に』は、さらに、二〇一九年に、長尺版『この世界の(さらにいくつもの)片隅に』がつくられた。

(3)　同時に「被爆者」としての主体化が、反面では朝鮮人被爆者を「周縁化」する力学が働くことを、直野は見逃さない。また、朝鮮人被爆者の手記が被爆前の「民族差別」と植民地暴力を描き、「日本人とは異質な「被爆の記憶」」を記していることも読み解く。

あとがき

『「戦争経験」の戦後史』で試みたのは、戦後における「戦争経験」における語りの軌跡を追跡し、推移するその様相を具体的に叙述することであった。アジア・太平洋戦争の経験をテコにして「戦後」が構成されていることを思えば、「戦争経験」を手がかりにした戦後史ということになる。

これまで歴史学が「十五年戦争」という名称の下で行ってきた考察は、その多くが一九三一年の「満州事変」から日中戦争、さらに太平洋戦争を経て一九四五年の敗戦に至る一五年間(正確には、一四年間となろう)の戦闘期間に集中しており、いきおい、空間的にも当初は東アジア、一九四一年以降は太平洋地域に目が限定されがちであった。また、一九四五年八月一五日で戦時と戦後が区分けされ、戦後における戦時の体制や人脈の継続の意識が希薄であり、植民地に対する関心も、なかなか戦争に結びつけることが難しい状況にあった——こうした問題意識により、対象とする戦争の名称を「十五年戦争」ではなく、「アジア・太平洋戦争」とした。

そして、その戦争像を再構成するのではなく、語られ描き出されたアジア・太平洋戦争をたどり、そのなかに戦時と戦後におけるアジア・太平洋戦争の意識や認識の軌跡を探るという手法を取った。

一九五〇年代の初めに生まれた私は、直接の戦争経験を有する親をもつ。私たちの世代は、その語りによってアジア・太平洋戦争を追体験してきたといえる。一九二二年生まれの父は学徒出陣の世代に属している。「樺太」に行き、通信関係の任務についていたようで、何かの折に見せたモールス信号や手旗信号などは、なかなか堂に入ったものであった。時折にしか軍隊体験を語ることはなかったが、八月一五日に私たち子どもに対し「黙禱」を求めたりしたこともあった。また、一九三〇年生まれの母は、学徒勤労動員の経験を有しており、問わず語りにそのときの思い出を語ることがある。「内地」の「銃後」の経験である。

心に残っているのは、テレビで「アジア・太平洋戦争」の戦記シリーズを熱心に見ていた父が、東京裁判の回は見ようとはしなかったことである。戦後民主主義よりは、戦争経験に関心があり、政治的には保守的な意見を有していた。ドイツでは、一九六八年の学生運動のなかで、ナチス台頭の責任について親世代を問い質したというが、私にはそうした記憶がない。まだ親世代の経験を包み込むようなゆとりも関心もないときに父を亡くしたことが大きかろうが、その経験を断片しか知り得ていないことは残念なことである。

同時に、いまにして思えば、私の追体験は戦闘に傾いており、そのことはメディアによっても拍車がかけられていた。一九六〇年代には、子どもの世界にも戦争が入り込んでおり、私もご多分にもれず、熱心に少年ものの戦記を読んでいた。本書で扱った、集英社版の『ジ

ユニア版 太平洋戦史』はそうしたなかの一冊であり、半世紀以上を経て、その著作に再び接したこととなる。また、同じく本書で論じた雑誌『丸』や、(おりから復刊されていた)山中峯太郎をはじめとする戦時の軍事小説を批判的な意識もないままに読んでいた。そうした私自身の追体験の歴史性(!)が、本書の構想にも投影していよう。

本書の発端は、『岩波講座 アジア・太平洋戦争』にある。講座の完結近くの時期に、この叢書「戦争の経験を問う」にお誘いを受けた。それ以来、構想を練り、私なりに長らくこの「戦争経験」と「戦後史」とを組み合わせたタイトルを準備してきた。そのため、福間良明さんの『「戦争体験」の戦後史』(中央公論新社、二〇〇九年)が刊行されたときには、いささかあわてた。福間さんの本は、副題に「世代・教養・イデオロギー」とあり、戦没学生の手記である『きけわだつみのこえ』と「わだつみ会」の動向を軸に「戦争体験」のありようを探ったものである。内容と構成にちがいがあるため、あえてこれまで温めてきたタイトルを用いた次第である。類似のタイトルとなったが、ご容赦いただきたいと思う。

本書は、『岩波講座 アジア・太平洋戦争』をはじめ、これまで機会を得て書いてきた論文をもとに、あらたに再構成し書き下ろしたものである。もとになった論文は、以下のとおりである。

「戦争と記憶、一九七〇年前後」(『日本近代文学』第六三集、二〇〇〇年)

「「引揚げ」に関する序章」（『思想』第九五五号、二〇〇三年）
「忘れられた小説『灰色の丘』のこと」（岩崎稔ほか編『継続する植民地主義』青弓社、二〇〇五年）
「戦争像の系譜」（『岩波講座　アジア・太平洋戦争』第一巻、岩波書店、二〇〇五年）
「「証言」の時代の歴史学」（冨山一郎編『記憶が語りはじめる』東京大学出版会、二〇〇六年）
「「他者」への想像力」（『地域研究』第七巻第二号、二〇〇六年）
「「引揚げ」と「抑留」」（『岩波講座　アジア・太平洋戦争』第四巻、岩波書店、二〇〇六年）
「反復する戦記・書き直される戦記」（坪井秀人編『公と私の日本近代』名古屋大学大学院文学研究科、二〇〇六年）
「記憶にあいた穴」（『歴史評論』第六八九号、二〇〇七年）

本書を書きながら、戦後における戦争経験の現れ方の多様さとともに、戦争責任の議論とセットになりながらその経験が語られてきたことにあらためて思いがいたった。「戦争責任の戦後史」という主題が本書と背中合わせのようにして、浮上してきている。さらに追求していきたいと思っている。

末尾となったが、編集を担当してくださった吉田浩一さんは、『岩波講座　アジア・太平洋戦争』以来のお付き合いである。細かに目配りをし、遅れがちな原稿を督促しながら、てきぱきと万端を取り仕切ってくださった。厚くお礼申し上げます。

二〇一〇年一月

成田龍一

岩波現代文庫版あとがき

ときならぬコロナウイルス禍のなかで、世界中に大きな不安が広がっている。また、そのなかで急速に世界と日本の関係、社会のありようの変化が進行している。「戦争経験」を軸とした「戦後」、そして「「戦後」後」の光景が、いま目の前で大きく変容している。

自らにとっての決定的な出来事としてのアジア・太平洋戦争での「戦争経験」。この出来事を書くには、多くのハードルがあるが、そうしたハードルを乗り越えた記録が、これまで書きつがれてきた。ハードルというのは、深刻な出来事であればあるほど、書くことはおろか、語ることさえおぼつかない。身近な周囲の人びとに話すのとは違い、書くためには、そのための作法が求められるなどのことである。

しかし、そうであるがゆえに、書き留められた「戦争経験」には、書き手の切実な思いが込められている。そのゆえに、といってよいであろう、往々にして、その語りは滑らかではない。滑らかにしようとすれば、決まりきった言い方になってしまう。読む側からするとき、そうした書き手の思いに身を寄せるようにして、書かれた記録に向き合うこととなる。語りとの相互関係のなかで、「戦争経験」が、あらためて読み解かれる。

二〇一〇年に上梓した単行本『「戦争経験」の戦後史』は、こうした認識のもと、「戦争経験」の記録を、書き手の側の条件と読み手の側の推移の双方から接近し、戦後史の流れのなかで考察する営み——戦後思想史としての「戦争経験」の語りの考察の試みとなった。その単行本に、あらたにその後の一〇年間の状況の考察を加え、増補版として送り出すことができた。まことにうれしい限りである。

この一〇年間は、東日本大震災およびその津波による福島第一原子力発電所の事故(二〇一一年)を契機として始まった。「戦争経験」の担い手の変化とともに、「戦争経験」を論じる空間の変化が進行し、それまでの流れを加速するとともに、あらたな動向も生じさせた。とくに、歴史教育の重要性があらためて認識されていることは見逃せない。

こうしたなかでの、さらなるコロナウイルス禍(二〇二〇年)である。「戦争経験」の考察はこの災禍によって、記録の読み方を含め、またあらたな相貌を見せてくることになろう。

とともに、単行本の「あとがき」に「「戦争経験」の戦後史」は「戦争責任の戦後史」と対をなすと記したが、その認識はいまも変わっていない。東日本大震災・原発事故の総括は、「経験」とともに「責任」の問いかたと対をなす。このことは、いまだ進行中のコロナウイルス禍の経験でも同様であろう。単行本を上梓してから、すでに一〇年がたった。「戦争責任の戦後史」を完成させなければならないとの思いをあらたにする。

増補版の刊行にあたり、作家の平野啓一郎さんが多忙のなか、すばらしい解説を書いてくださった。自らの作品の解析をはじめ、多様な論点から戦争経験の「記憶」の時代の奥行き、ここに向きあうことの意味を論じてくださった。深く感謝いたします。

また末尾となったが、単行本のときにお世話になった、吉田浩一さんが、再び増補版の文庫化を担当してくださった。深くお礼申し上げます。

二〇二〇年五月一〇日　まだつづくコロナウイルス禍のなかで

成田龍一

解説

平野啓一郎

新型コロナ・ウイルスのパンデミックによって、私たちは未知の経験をしたが、しかし、その戸惑いの中には、一種の既視感もあった。

一つは、一般市民と専門家とが有している知識の非対称性である。私を含め、多くの人にとって、このウイルスについて知るためには、ひたすら〝勉強〟する以外になかったが、事は医学に関するだけに、基礎的な次元から段階を追って全体像を把握することは難しく、また、メディアにも玉石混淆の情報が溢れていて、肝心の専門家の意見でさえ、一体、何を信じていいのか、見極めに苦労した。また、日々、新たな知見が加わり、情報が更新されてゆくテンポも速かった。

知識の非対称性は、他方で、当事者と非当事者との間にも横たわっていた。

感染者や医療従事者の発する言葉は、身を以て「体験」している／した、という事実の重みによって、非当事者を圧倒する。しかし、それらの言葉でさえ一様ではなく、中には真偽の疑わしいものもあり、また、大いに文脈依存的だった。

「インフォデミック」という耳慣れない言葉も聞かれたが、そうした混乱の渦中にあって、私たちは、直接の自己防衛のためだけでなく、共同体の構成員として、政府に然るべき対策を求めるために、その政治的態度を決定せねばならなかった。

政府は、民意に耳を傾けるべきであり、実際、新型コロナ対策に関しては、国会で野党の主張が大幅に受け容れられたが、世論形成に、メディアが絶大な影響力を有している以上、「民衆の声は神の声」には、今日、常にポピュリズムと背中合わせの危うさがある。

専門的知識と当事者性を巡るこうした当惑は、東日本大震災の原発事故でも経験されたが、更に言えば、自然科学のみならず、社会科学、人文科学に於いても同様であり、経済学や法律学同様に、今日、歴史学——殊に近現代史——こそは、最も激しい論争の渦中にある。

政治的主体として、私たちが今日、近現代史と直面させられるのは、多くの場合、韓国・中国との所謂《いわゆる》「歴史認識」問題を通じてである。

パンデミックと違って、私たちは今現在、植民地支配や侵略戦争の渦中にいるわけではない。その「証言」の担い手も、年々、減少している。大半の人にとって、「歴史認識」は、教育か、自らの情報収集かといった、広義の〝勉強〟を通じて獲得するより外はなく、しかもそれは自らの生死に直結する問題ではないだけに、なおざりにされている。

歴史教育が極めて重要であることは言うまでもないが、しかし、それこそは、今日まさに政治化された領域であり、左右いずれもの批判の対象となっている。

実際、出版にせよ、ネット上の情報にせよ、「歴史修正主義」的言説は、多くの場合、偏向した学校教育の歴史観への対抗言説のかたちを採っており、その意味では、立場は正反対でも、教育への国家権力の介入を警戒する左派からの批判も同様に見え得る。ただし、私は「どっちもどっち」論には与《くみ》せず、日本の帝国主義の加害責任を軽減する目的のイデオロギー的な主張には明確に反対している。

「歴史修正主義」は、今日、日本に限らず世界的な問題であり、極右の台頭だけでなく、地上波の番組や大衆誌、新書などにも緩やかに浸透している。

典拠不明のデマは、歴史について知りたいと考える真面目な人々を、ほとんどキャッチ・セールスのように捕まえては、怪しげな裏道へと引きずり込んでゆく。

一応、典拠が示されていても、明らかな捏造や無関係の文章のこじつけ、恣意的な切り取り、曲解などに対しては、ネット上でも、日々、地道な批判がなされている。しかし、その際に示される資料が、では、どのような歴史的背景で書かれたものかとなると、また、よほど勉強熱心な人でも、ほとんどお手上げの状態である。

こうした困難に直面している私たちに対して、本書では、言説化された「戦争経験」を、「体験」、「証言」、「記憶」という三つの領域に分解するところから始める。そして、その「三位一体」のいずれが支配的かを以て、戦後の言論空間を三期に整理し、個々の歴史的資料の配置を試みるのである。

①「社会全体が共通の経験を有するなかで、自らの場合《ケース》を語る「体験」の時代」(一九五〇

年代中心）

②「特定の相手に対し経験の具体相を伝える「証言」の時代」（七〇年代中心）

③「これまで語られ書き留められてきた戦争経験を手がかりに、非体験者それぞれが追体験し検証」し、言説自体があらたに構成し直される「集合的な「記憶」」の時代（九〇年代以降）

細かな議論を要するであろうが、概観としては、説得的なフレームの設定と思われる。基本的に、①は当事者が自ら執筆し、②は他者が「聞き取り」を書き留め、③は非体験者が既存のテクストを解釈することになる。そして、まさにこの③の延長線上で、私たちは、虚実綯《な》い交ぜの歴史の改竄的「構成」の渦中に立たされているのである。

著者が強調する重要な論点の一つは、十五年戦争（アジア・太平洋戦争）に於ける、一九四一年一二月八日前後の断絶である。これは、今日の保守の「歴史認識」にも顕著な特徴であり、凄惨な負け戦であった太平洋戦争が巨大に立ち塞がっているが故に、朝鮮半島の植民地支配と、中国に対する侵略戦争の加害性が意識化され得ない。日本の帝国主義の被害を身を以て経験させられた韓国、中国の側に立てば、今日の日本人が、歴史のこちら側から見ているが故に、その被害感情に妨げられて加害意識に辿り着けない、ということは、よく理解できていない事実かもしれない。

著者は、竹内好を引きながら、「中国への侵略という意識を払拭しきれない当時の知識人」

たちが、日米開戦にどれほど興奮したかを指摘している。私は、戦中の作家の日記を集めた『日本人の戦争』(ドナルド・キーン)を読んだ際に感じた当惑の意味を、本書を通じて再認識させられた。著者の所謂「帝国責任」は、七〇年代の「証言」の時代に至って、ベトナム戦争、沖縄返還、日中国交回復、……といった出来事を伴いつつ、多岐に亘って追及されてゆくが、それ故にこそ、論争化した。

多くのことに思い至ったが、二点ほど、例示したい。

一つは、本書では言及されていないが、個人的に、長年関心を持ってきた三島由紀夫にとっての戦争である。

自決一週間前に、文芸批評家の古林尚によってなされたインタヴューの中で、三島は、自らの「戦争体験」をこんな風に語っている。

「ま、意地悪な人が見ればね、あいつは苦労を知らない、戦争も知らん、それから目の前で、その、貧乏も知らん、そういうようなことからなったって言うかもしれないけど、僕は僕なりに戦争は見てる。例えば、まあ、えー、勤労動員に行っててですね、賄いが今、機関銃でやられた、と。行くとつまり、魚の血みたいなのがいっぱいあって、みんなが雑巾で、……箒で掃いてる。それと、僕らもつまり、あの、あれが、……艦載機が来た！って、パッと穴の中に入ると、その穴の端にババババババッと弾の跡が残ってる。多少はつまり、多少は見てる訳ね。そして、『平家物語』ほどではないけれども、人間はもう、すぐ死ぬんだって、死ねばどうなるんだってことぐらいは、多少は見てる。まあ、焼死体も――空襲の焼死体も見てますね。僕はまあ、今の青年よりは、多少は見てると思います。……」

古林は、戦中は海軍にいて、友人の多くを戦闘で失っていることが、インタヴューの後半で明かされるが、それにしても、三島のこの「多少は」という言葉の連呼は、過剰防衛的であり、その後の彼の天皇制への過剰適応的な行動と表裏を成しているように見える。

入隊検査で不合格となり、戦闘経験がなかった三島にとって、戦後の「体験」の時代に、戦争について語ることが如何に困難だったか、そして、六〇年代後半以降、戦争体験を欠いた世代との政治的対話が、如何に大きな解放感を齎《もたら》したかを考えざるを得なかった。

また、一九二五年生まれの三島が、典型的に太平洋戦争以降の第二次大戦観に立っており、植民地支配と侵略戦争の加害性を意識化できなかった限界についても再考させられた。

他方で、彼の防空壕に逃げ込む体験は、『仮面の告白』でも主題化されており、また空襲体験は、『金閣寺』に屈折したかたちで反映されている。それを以て、彼は何故、堂々と「戦争体験」と言えなかったのか。私は、ドレスデンの空襲を描いた『スローターハウス5』(カート・ヴォネガット)やロンドンの空襲を描いた『妖精たちの夜』(ミルチャ・エリアーデ)、また東京大空襲を描いた晩年の古井由吉の諸作などを読みながら、常々そのことを感じてきたが、戦闘体験以外は「多少の」戦争体験でしかない、と三島を疎外した、戦後の日本の男性中心主義的な言説空間の構造についても、本書は極めて示唆的である。その意味で、『ひき裂かれて』や「証言」の時代の『銃後史ノート』に、改めて注目すべきであろう。

実際、「体験」の時代であればこそ、口を閉ざさざるを得なかった、という人たちは、三島に限らず、多かったはずである。それは、少年時代の私が、身の回りにいた高齢者たちを通じて、よく知っていたことだった。

同居していた私の祖父は、菊兵団に所属してビルマ(現ミャンマー)に派兵され、フーコンで九死に一生を得て、捕虜となった後に帰国している。祖父は、比較的、戦争体験をよく語った方だったと思うが、その相手は、家族の中では主に妻や子供たちで、孫であった私は、どちらかと言うと、又聞きが多かった。また、私が中学一年の時に亡くなってしまったので、残念ながらその言葉を十分には受け止めることが出来なかった。今から振り返ると、直接聞いてみたかったことが山のようにある。

一方で、私の実家の近所には、一切、家族に対して戦争体験を語らなかった人もいて、大人たちが、「あの人はやっぱり、よっぽど、言えんことがあっとるんよ。」とひそひそ声で忖度する表情が、強く記憶に残っている。

小説家としての私は、まさしく「記憶」の時代の渦中にあって、父の戦闘体験の受け止めに失敗し、ただ、そのPTSD的な感情の激発を通じてのみ、漠然とそれを感受していた長男が、父の死をきっかけとして、曖昧な〝和解〟の心境に至るという短編(『初七日』)を書いている。

それはまったく、戦争の「記憶」の「構成的」な仕事だったが、私はその取材の過程で、当時、刊行されて間もなかった古山高麗雄の『フーコン戦記』を読んでいた。そして、言い知れぬ妙な読後感を得た。当時のまったく不遜な実感をそのまま記すならば、これなら自分にも書けるのではないか、と感じたのだった。実際、そうインタヴューで語って、私は顰蹙を買っている。

私は大岡昇平の『野火』や『俘虜記』、或いは、小島信夫の『城壁』や『小銃』といった小説を読んで、そう感じたことは一度もなかった。実のところ、そうしたテクストに色濃く表れている「体験」を期待して、私は、『フーコン戦記』を読んだのだったが、まさしく「体験」と「証言」とを「再構成」しようとするその小説の構えは、必然的に「体験」の重みを相対化していた。同時に、まさしく体験的な「敵は、勝つためには、これだけの弾薬や兵員が必要だ、これだけの輸送力が必要だ、そういうことを緻密に検討して、必要な条件を整えた上で戦った。こちらは、弾がなくても、食糧がなくても、とにかく、やれと言う。……」云々といった記述は、実感としてはそうだろうが、より大きな視点から、「アジア・太平洋戦争」を、或いは「戦争」自体を問いたいと考えていた当時の私には、思想的な深みを欠くように見えていた。

私は、自分の思い上がりを戒め、以後はこの感想を公言することを慎んでいたが、本書を読みながら、古山の試みを、「現在と過去との往復のなかで、自らの記憶を絶対化することなく、また公刊戦史に全面的に依拠するのでもなく、その経験を確かめようとしており、「戦争小説三部作」では、戦闘経験が「記憶」として書き留められ、思想となり行くことが噛みしめるようにして記された」と評する著者の言葉に接して、改めて、その時の自分の印象と向き合うこととなった。

この「体験」の絶対化の否定と、既存の資料の検証が、「記憶」の時代に、多くの書き手に対して、「戦争経験」を開いたことは事実であり、私のような人間が「書ける」と感じたのも、そのためだったが、否定的な意味では、当事者性と専門性に対する尊重は雪崩のように崩れていって、現在の混乱状況に至っている。

それでも私たちは、歴史に関与し、今後も読み、書き続けることを求められている。なぜなら、民主主義国家の政治主体として、私たちは、外交的にも、ナショナル・アイデンティティに於いても、国家のあるべき姿を見定め、行動化する必要に迫られているからである。

重要なのは、その政治的実践が、戦後に語られてきた「戦争経験」を潜《くぐ》り抜けたものであることである。そして、あまりに複雑なその言説空間の導き手として、本書が果たす役割は、極めて重要である。

（ひらの・けいいちろう　小説家）

『「戦争経験」の戦後史——語られた体験／証言／記憶』は二〇一〇年二月、「シリーズ 戦争の経験を問う」の一冊として岩波書店より刊行された。岩波現代文庫への収録に際し、書名を『増補「戦争経験」の戦後史——語られた体験／証言／記憶』とした。

索　引

欧 文

ア 行

カ 行

サ 行

タ 行

ナ 行

ハ 行

マ 行

ヤ 行

ラ 行

ワ 行

関連著作年表(1946-)

年	月	書　名
1946	4	中屋健弌訳『太平洋戦争史 ── 奉天事件より無条件降伏まで(連合軍総司令部民間情報教育局資料提供)』
	5	友近美晴『軍参謀長の手記 ── 比島敗戦の真相』
	8	連合国最高司令部民間情報教育局編『真相箱 ── 太平洋戦争の政治・外交・陸海空戦の真相』
1947	11	古川成美『沖縄の最後』
	11	小池照彦『赤い星の下に陽を求めて ── シベリヤ抑留者の体験記』
1948	9	中野五郎『敗戦の歴史 かくて玉砕せり』
	10	津島岳雄『生きて来た』
	11	石川正雄『闘う捕虜 ── ソヴェト帰還者の手記』
	12	ソ連帰還者生活擁護同盟文化部編『われらソ連に生きて』
1949	3	樋口欣一編『ウラルを越えて ── 若き抑留者の見たソ連』
	5	高木俊朗『イムパール』
	6	ソ連帰還者生活擁護同盟文化部編『真実を訴える ── 帰還者の声 1』
	8	高木惣吉『太平洋海戦史』
	8	菅原道太郎『赤い牢獄 ── ソ連獄中記』
	8	堀清『愛情にくずれゆく魂 ── 赤い引揚者の告白』
	8	吉田満『軍艦大和』(後の『戦艦大和ノ最期』)
	10	日本戦歿学生手記編集委員会編『きけわだつみのこえ ── 日本戦歿学生の手記』
	10	藤原てい『流れる星は生きている』
1950	8	沖縄タイムス社編『鉄の暴風 ── 現地人による沖縄戦記』
	12	高杉一郎『極光のかげに ── シベリア俘虜記』

1951	3	林三郎『太平洋戦争陸戦概史』
1952	6	白鷗遺族会編『雲ながるる果てに ── 戦歿飛行予備学生の手記』
1953	3	服部卓四郎『大東亜戦争全史』全 4 冊(-1953. 8)
	4	後勝『ビルマ戦記』
	5	『秘録 大東亜戦史』全 12 巻(-1953. 12)
	9	歴史学研究会編『太平洋戦争史』全 5 分冊(-1954. 7)
1954	1	『今日の話題 戦記版』創刊
1955	11	遠山茂樹・今井清一・藤原彰『昭和史』
1956	4	『丸』潮書房発行となり，戦記雑誌となる
	8	五味川純平『人間の条件』全 6 巻(-1958. 1)
1957	9	木下秀明『抑留生活十一年 ── ソ連の実相』
	12	中薗英助『彷徨のとき』
1959	6	鶴見和子・牧瀬菊枝編『ひき裂かれて ── 母の戦争体験』
	9	伊藤正徳『帝国陸軍の最後』全 5 冊(-1961. 10)
1960	5	『実録 太平洋戦争』全 7 巻(-1960. 11)
1961	7	岩手県農村文化懇談会編『戦没農民兵士の手紙』
1962	8	『ジュニア版 太平洋戦史』全 6 巻(-1964. 8)
	9	堀場一雄『支那事変戦争指導史』
	11	日本国際政治学会・太平洋戦争原因研究部編『太平洋戦争への道 ── 開戦外交史』全 7 巻・別巻 1(-1963. 6)
1963	7	安田武『戦争体験 ── 1970 年への遺書』
1964	2	『昭和戦争文学全集』全 15 巻・別巻 1(-1965. 11)
	8	林房雄『大東亜戦争肯定論』正続(-1965. 6)
1965	8	『週刊朝日』増大号「わが子のために語り残す 父の戦記」
	11	阿川弘之『山本五十六』
	11	児島襄『太平洋戦争』上下(-1966. 1)
1966	4	山田宗睦編『戦争体験』
	8	防衛研修所戦史室『大東亜戦争 戦史叢書』全 102 巻

		(-1980. 1)
	11	高木俊朗『抗命──インパール作戦　烈師団長発狂す』
1967	3	毎日新聞社編『日本の戦歴』
	12	古川成美『沖縄の最後』(新版)
1968	2	家永三郎『太平洋戦争』
	6	高木俊朗『全滅──インパール作戦　戦車支隊の最期』
	8	高木俊朗『インパール』(新版)
	8	『暮しの手帖』「特集　戦争中の暮しの記録」
1969	1	『大東亜戦史』全10巻(-1969. 6)
	5	旗田巍『日本人の朝鮮観』
	6	李恢成『またふたたびの道』
	8	高木俊朗『憤死──インパール作戦　痛恨の祭師団参謀長』
1970	3	曾野綾子『生贄の島』
	5	森崎和江『ははのくにとの幻想婚』
		小林勝『チョッパリ』
1971	6	『沖縄県史』第9巻「沖縄戦記録1」
	9	曾野綾子『切りとられた時間』
1972	3	本多勝一『中国の旅』
	12	石原吉郎『望郷と海』
1973	3	鈴木明『「南京大虐殺」のまぼろし』
	3	東京空襲を記録する会『東京大空襲・戦災誌』全5巻(-1974. 3)
	5	曾野綾子『ある神話の背景──沖縄・渡嘉敷島の集団自決』
	10	千田夏光『従軍慰安婦』正続(-1974. 7)
1974	3	『沖縄県史』第10巻「沖縄戦記録2」
	11	山中恒『ボクラ少国民』5部作・補巻(-1981. 12)
1975	11	山本七平『私の中の日本軍』上下
1977	8	野呂邦暢『失われた兵士たち──戦争文学試論』
	10	黒羽清隆『日中一五年戦争』上中下(-1979. 6)

	11	『銃後史ノート』(女たちの現在を問う会)創刊
	12	高木敏子『ガラスのうさぎ』
1978	9	灰谷健次郎『太陽の子』
1979	9	黒羽清隆『十五年戦争史序説』
1980	4	日本の空襲編集委員会編『日本の空襲』全10巻(-1981.10)
1981	4	斎藤六郎『シベリア捕虜志——その真因と全抑協運動』
	11	森村誠一『悪魔の飽食——「関東軍細菌戦部隊」恐怖の全貌！』
1982	6	仲程昌徳『沖縄の戦記』
	6	内海愛子『朝鮮人BC級戦犯の記録』
	6	『昭和の歴史』全10巻・別巻(-1983.9)
	7	森村誠一『続 悪魔の飽食——「関東軍細菌戦部隊」謎の戦後史』
	7	上坂冬子『慶州ナザレ園——忘れられた日本人妻たち』
	11	古山高麗雄『断作戦』
1983	3	中村雪子『麻山事件——満洲の野に婦女子四百余名自決す』
	4	松原一枝『いつの日か国に帰らん』
	7	林郁『満州・その幻の国ゆえに——中国残留妻と孤児の記録』
1984	8	香月泰男『私のシベリヤ』
	9	澤地久枝『滄海よ眠れ——ミッドウェー海戦の生と死』全6巻(-1985.3)
	11	ソ連における日本人捕虜の生活体験を記録する会編『捕虜体験記』全8巻(-1998.8)
1985	6	宮尾登美子『朱夏』
	6	黒羽清隆『太平洋戦争の歴史』上下(-1985.7)
	7	家永三郎『戦争責任』
	11	古山高麗雄『龍陵会戦』
1986	1	井出孫六『終わりなき旅——「中国残留孤児」の歴史と

		現在』
	11	家永三郎『太平洋戦争 第二版』
1987	7	吉見義明『草の根のファシズム —— 日本民衆の戦争体験』
1988	2	高橋三郎『「戦記もの」を読む —— 戦争体験と戦後日本社会』
	8	斎藤六郎『回想のシベリア —— 全抑協会長の手記』
	8	前田哲男『戦略爆撃の思想 —— ゲルニカ-重慶-広島への軌跡』
1990	10	川村湊『異郷の昭和文学 —— 「満州」と近代日本』
1991	7	後勝『ビルマ戦記 —— 方面軍参謀悲劇の回想』(新版)
1992	3	字楚辺誌編集委員会編『楚辺誌「戦争編」』
1994	2	蘭信三『「満州移民」の歴史社会学』
	2	ノーマ・フィールド『天皇の逝く国で』
	12	川村湊『南洋・樺太の日本文学』
1995	4	吉見義明『従軍慰安婦』
	7	吉田裕『日本人の戦争観 —— 戦後史のなかの変容』
1997	3	池田浩士『「海外進出文学」論 序説』
	4	姜徳相『朝鮮人学徒出陣 —— もう一つのわだつみのこえ』
	8	川村湊『満洲崩壊 —— 「大東亜文学」と作家たち』
	9	目取真俊『水滴』
1998	9	日本の戦争責任資料センター編『シンポジウム ナショナリズムと「慰安婦」問題』
1999	11	古山高麗雄『フーコン戦記』
	12	高橋哲哉『戦後責任論』
2000	9	日笠俊男『B-29墜落 —— 甲浦村1945年6月29日』
2002	7	田中宏巳『BC級戦犯』
	11	奥泉光『浪漫的な行軍の記録』
2003	8	坂本龍彦『証言 冷たい祖国 —— 国を被告とする中国残留帰国孤児たち』

	10	新城郁夫『沖縄文学という企て――葛藤する言語・身体・記憶』
	11	川村邦光編『戦死者のゆくえ――語りと表象から』
2005	7	佐藤卓己『八月十五日の神話――終戦記念日のメディア学』
	9	山野車輪『マンガ嫌韓流』
2006	2	野上元『戦争体験の社会学――「兵士」という文体』
	3	東京大空襲・朝鮮人罹災を記録する会編『東京大空襲・朝鮮人罹災の記録』
	7	読売新聞戦争責任検証委員会『検証 戦争責任』I II (-2006.10)
	11	青来有一『爆心』
2008	1	古処誠二『メフェナーボウンのつどう道』
	2	謝花直美『証言 沖縄「集団自決」――慶良間諸島で何が起きたか』
	8	荒井信一『空爆の歴史――終わらない大量虐殺』
	10	内海愛子『キムはなぜ裁かれたのか――朝鮮人BC級戦犯の軌跡』
2009	3	福間良明『「戦争体験」の戦後史――世代・教養・イデオロギー』
	9	蘭信三編『中国残留日本人という経験――「満洲」と日本を問い続けて』
	10	屋嘉比収『沖縄戦、米軍占領史を学びなおす――記憶をいかに継承するか』
2011	6	『コレクション 戦争×文学』全20巻・別巻(-2013.9)
	7	東京新聞社会部編『新編 あの戦争を伝えたい』
	7	福間良明『焦土の記憶――沖縄・広島・長崎に映る戦後』
2012	2	島薗進『日本人の死生観を読む――明治武士道から「おくりびと」へ』
	2	岩波書店編『記録・沖縄「集団自決」裁判』
	3	森茂起・港道隆編『〈戦争の子ども〉を考える――体験の

		記録と理解の試み』
2014	10	西松安野友好基金運営委員会編『西松安野友好基金和解事業報告書』
	10	中村秀之『敗者の身ぶり――ポスト占領期の日本映画』
	11	朴裕河『帝国の慰安婦――植民地支配と記憶の闘い』
2015	5	下嶋哲朗『平和は「退屈」ですか――元ひめゆり学徒と若者たちの五〇〇日』
	6	福間良明・山口誠編『「知覧」の誕生――特攻の記憶はいかに創られてきたのか』
	6	福間良明『「聖戦」の残像――知とメディアの歴史社会学』
	8	『思想』第1096号「特集　想起の文化――戦争の記憶を問い直す」
	8	福間良明『「戦跡」の戦後史――せめぎあう遺構とモニュメント』
	10	渡辺考『戦場で書く――火野葦平と従軍作家たち』
2017	3	中村秀之『特攻隊映画の系譜学――敗戦日本の哀悼劇』
	7	山川剛『被爆体験の継承――ナガサキを伝えるうえでの諸問題』
2018	2	上野千鶴子・蘭信三・平井和子編『戦争と性暴力の比較史へ向けて』
	2	倉橋耕平『歴史修正主義とサブカルチャー――90年代保守言説のメディア文化』
2019	3	原佑介『禁じられた郷愁――小林勝の戦後文学と朝鮮』
	4	島薗進『ともに悲嘆を生きる――グリーフケアの歴史と文化』
	8	伊藤昌亮『ネット右派の歴史社会学――アンダーグラウンド平成史1990-2000年代』
	8	『歴史地理教育』898号「特集 戦争を語り継ぐ」
	9	李承俊『疎開体験の戦後文化史――帰ラレマセン、勝ツマデハ』

増補「戦争経験」の戦後史――語られた体験／証言／記憶

2020年8月18日　第1刷発行
2023年9月15日　第2刷発行

著　者　成田《なりた》 龍一《りゅういち》

発行者　坂本政謙

発行所　株式会社 岩波書店
〒101-8002 東京都千代田区一ツ橋2-5-5

案内 03-5210-4000　営業部 03-5210-4111
https://www.iwanami.co.jp/

印刷・精興社　製本・中永製本

ISBN 978-4-00-600423-1　　Printed in Japan

岩波現代文庫創刊二〇年に際して

二一世紀が始まってからすでに二〇年が経とうとしています。この間のグローバル化の急激な進行は世界のあり方を大きく変えました。世界規模で経済や情報の結びつきが強まるとともに、国境を越えた人の移動は日常の光景となり、今やどこに住んでいても、私たちの暮らしは世界中の様々な出来事と無関係ではいられません。しかし、グローバル化の中で否応なくもたらされる「他者」との出会いや交流は、新たな文化や価値観だけではなく、摩擦や衝突、そしてしばしば憎悪までをも生み出しています。グローバル化にともなう副作用は、その恩恵を遥かにこえていると言わざるを得ません。

今私たちに求められているのは、国内、国外にかかわらず、異なる歴史や経験、文化を持つ「他者」と向き合い、よりよい関係を結び直してゆくための想像力、構想力ではないでしょうか。

新世紀の到来を目前にした二〇〇〇年一月に創刊された岩波現代文庫は、この二〇年を通して、哲学や歴史、経済、自然科学から、小説やエッセイ、ルポルタージュにいたるまで幅広いジャンルの書目を刊行してきました。一〇〇〇点を超える書目には、人類が直面してきた様々な課題と、試行錯誤の営みが刻まれています。読書を通した過去の「他者」との出会いから得られる知識や経験は、私たちがよりよい社会を作り上げてゆくために大きな示唆を与えてくれるはずです。

一冊の本が世界を変える大きな力を持つことを信じ、岩波現代文庫はこれからもさらなるラインナップの充実をめざしてゆきます。

（二〇二〇年一月）

G419
新編 つぶやきの政治思想
李 静和
秘められた悲しみにまなざしを向け、声にならないつぶやきに耳を澄ます。記憶と忘却、証言と沈黙、ともに生きることをめぐるエッセイ集。鵜飼哲・金石範・崎山多美の応答も。

G420-421
ロールズ 政治哲学史講義(I・II)
ジョン・ロールズ
サミュエル・フリーマン編
齋藤純一ほか訳
ロールズがハーバードで行ってきた「近代政治哲学」講座の講義録。リベラリズムの伝統をつくった八人の理論家について論じる。

G422
企業中心社会を超えて
―現代日本を〈ジェンダー〉で読む―
大沢真理
長時間労働、過労死、福祉の貧困……。大企業中心の社会が作り出す歪みと痛みをジェンダーの視点から捉え直した先駆的著作。

G423
増補 「戦争経験」の戦後史
―語られた体験/証言/記憶―
成田龍一
社会状況に応じて変容してゆく戦争についての語り。その変遷を通して、戦後日本社会の特質を浮き彫りにする。〈解説〉平野啓一郎

G424
定本 酒呑童子の誕生
―もうひとつの日本文化―
髙橋昌明
酒呑童子は都に疫病をはやらすケガレた疫鬼だった――緻密な考証と大胆な推論によって物語の成り立ちを解き明かす。〈解説〉永井路子

G425
岡本太郎の見た日本
赤坂憲雄

東北、沖縄、そして韓国へ。旅する太郎が見出した日本とは。その道行きを鮮やかに読み解き、思想家としての本質に迫る。

G426
政治と複数性
―民主的な公共性にむけて―
齋藤純一

「余計者」を見棄てようとする脱‐実在化の暴力に抗し、一人ひとりの現われを保障する。開かれた社会統合の可能性を探究する書。

G427
増補 エル・チチョンの怒り
―メキシコ近代とインディオの村―
清水透

メキシコ南端のインディオの村に生きる人びとにとって、国家とは、近代とは何だったのか。近現代メキシコの激動をマヤの末裔たちの視点に寄り添いながら描き出す。

G428
哲おじさんと学くん
―世の中では隠されているいちばん大切なことについて―
永井均

自分は今、なぜこの世に存在しているのか？友だちや先生にわかってもらえない学くんの疑問に哲おじさんが答え、哲学的議論へと発展していく、対話形式の哲学入門。

G429
マインド・タイム
―脳と意識の時間―
ベンジャミン・リベット
下條信輔
安納令奈 訳

実験に裏づけられた驚愕の発見を提示し、脳と心や意識をめぐる深い洞察を展開する。脳神経科学の歴史に残る研究をまとめた一冊。〈解説〉下條信輔

岩波現代文庫［学術］

G430
被差別部落認識の歴史
―異化と同化の間―
黒川みどり
差別する側、差別を受ける側の双方は部落差別をどのように認識してきたのか――明治から現代に至る軌跡をたどった初めての通史。

G431
文化としての科学／技術
村上陽一郎
近現代に大きく変貌した科学／技術。その質的な変遷を科学史の泰斗がわかりやすく解説、望ましい科学研究や教育のあり方を提言する。

G432
方法としての史学史
―歴史論集1―
成田龍一
歴史学は「なにを」「いかに」論じてきたのか。史学史的な視点から、歴史学のアイデンティティを確認し、可能性を問い直す。現代文庫オリジナル版。〈解説〉戸邉秀明

G433
〈戦後知〉を歴史化する
―歴史論集2―
成田龍一
〈戦後知〉を体現する文学・思想の読解を通じて、歴史学を専門知の閉域から解き放つ試み。現代文庫オリジナル版。〈解説〉戸邉秀明

G434
危機の時代の歴史学のために
―歴史論集3―
成田龍一
時代の危機に立ち向かいながら、自己変革を続ける歴史学。その社会との関係を改めて問い直す「歴史批評」を集成する。〈解説〉戸邉秀明

G435
宗教と科学の接点
河合隼雄

「たましい」「死」「意識」など、近代科学から取り残されてきた、人間が生きていくために大切な問題を心理療法の視点から考察する。〈解説〉河合俊雄

G436
増補 軍隊と地域
—郷土部隊と民衆意識のゆくえ—
荒川章二

一八八〇年代から敗戦までの静岡を舞台に、矛盾を孕みつつ地域に根づいていった軍が、民衆生活を破壊するに至る過程を描き出す。

G437
歴史が後ずさりするとき
—熱い戦争とメディア—
ウンベルト・エーコ
リッカルド・アマデイ訳

歴史があたかも進歩をやめて後ずさりしはじめたかに見える二十一世紀初めの政治・社会の現実を鋭く批判した稀代の知識人の発言集。

G438
増補 女が学者になるとき
—インドネシア研究奮闘記—
倉沢愛子

インドネシア研究の第一人者として知られる著者の原点とも言える日々を綴った半生記。「補章 女は学者をやめられない」を収録。

G439
完本 中国再考
—領域・民族・文化—
葛兆光
辻康吾監訳
永田小絵訳

「中国」とは一体何か？ 複雑な歴史がもたらした国家アイデンティティの特殊性と基本構造を考察し、現代の国際問題を考えるための視座を提供する。

2023. 8

岩波現代文庫[学術]

G440
私が進化生物学者になった理由
長谷川眞理子
ドリトル先生の大好きな少女がいかにして進化生物学者になったのか。通説の誤りに気づき、独自の道を切り拓いた人生の歩みを語る。巻末に参考文献一覧付き。

G441
愛について
―アイデンティティと欲望の政治学―
竹村和子
物語を攪乱し、語りえぬものに声を与える。精緻な理論でフェミニズム批評をリードしつづけた著者の代表作、待望の文庫化。〈解説〉新田啓子

G442
宝塚
―変容を続ける「日本モダニズム」―
川崎賢子
百年の歴史を誇る宝塚歌劇団。その魅力を掘り下げ、宝塚の新世紀を展望する。底本を大幅に増補・改訂した宝塚論の決定版。

G443
新版 ナショナリズムの狭間から
―「慰安婦」問題とフェミニズムの課題―
山下英愛
性差別的な社会構造における女性人権問題として、現代の性暴力被害につづく側面を持つ「慰安婦」問題理解の手がかりとなる一冊。

G444
夢・神話・物語と日本人
―エラノス会議講演録―
河合隼雄
河合俊雄訳
河合隼雄が、日本の夢・神話・物語などをもとに日本人の心性を解き明かした講演の記録。著者の代表作に結実する思想のエッセンスが凝縮した一冊。〈解説〉河合俊雄

2023. 8

岩波現代文庫[学術]

G445-446
ねじ曲げられた桜(上・下)
―美意識と軍国主義―
大貫恵美子

桜の意味の変遷と学徒特攻隊員の日記分析を通して、日本国家と国民の間に起きた「相互誤認」を証明する。〈解説〉佐藤卓己

G447
正義への責任
アイリス・マリオン・ヤング
岡野八代
池田直子 訳

自助努力が強要される政治の下で、人びとが正義を求めてつながり合う可能性を問う。ヌスバウムによる序文も収録。〈解説〉土屋和代

G448-449
ヨーロッパ覇権以前(上・下)
―もうひとつの世界システム―
J.L.アブー=ルゴド
佐藤次高ほか訳

近代成立のはるか前、ユーラシア世界は既に一つのシステムをつくりあげていた。豊かな筆致で描き出されるグローバル・ヒストリー。

G450
政治思想史と理論のあいだ
―「他者」をめぐる対話―
小野紀明

政治思想史と政治的規範理論、融合し相克する二者を「他者」を軸に架橋させ、理論の全体像に迫る、政治哲学の画期的な解説書。

G451
平等と効率の福祉革命
―新しい女性の役割―
G.エスピン=アンデルセン
大沢真理監訳

キャリアを追求する女性と、性別分業に留まる女性との間で広がる格差。福祉国家論の第一人者による、二極化の転換に向けた提言。

2023.8

岩波現代文庫［学術］

G452
草の根のファシズム
—日本民衆の戦争体験—
吉見義明

戦争を引き起こしたファシズムは民衆が支えていた——従来の戦争観を大きく転換させた名著、待望の文庫化。〈解説〉加藤陽子

G453
日本仏教の社会倫理
—正法を生きる—
島薗進

日本仏教に本来豊かに備わっていた、サッダルマ(正法)を世に現す生き方の系譜を再発見し、新しい日本仏教史像を提示する。

G454
万民の法
ジョン・ロールズ
中山竜一訳

「公正としての正義」の構想を世界に広げ、平和と正義に満ちた国際社会はいかにして実現可能かを追究したロールズ最晩年の主著。

G455
原子・原子核・原子力
—わたしが講義で伝えたかったこと—
山本義隆

原子・原子核について基礎から学び、原子力への理解を深めるための物理入門。予備校での講演に基づきやさしく解説。

G456
ヴァイマル憲法とヒトラー
—戦後民主主義からファシズムへ—
池田浩士

史上最も「民主的」なヴァイマル憲法下で、ヒトラーが合法的に政権を獲得し得たのはなぜなのか。書き下ろしの「後章」を付す。

2023. 8

岩波現代文庫[学術]

G457
現代《いま》を生きる日本史
須田努
清水克行

縄文時代から現代までを、ユニークな題材と最新研究を踏まえた平明な叙述で鮮やかに描く。大学の教養科目の講義から生まれた斬新な日本通史。

G458
小国
―歴史にみる理念と現実―
百瀬宏

大国中心の権力政治を、小国はどのように生き抜いてきたのか。近代以降の小国の実態と変容を辿った出色の国際関係史。

G459
〈共生〉から考える
―倫理学集中講義―
川本隆史

「共生」という言葉に込められたモチーフを現代社会の様々な問題群から考える。やわらかな語り口の講義形式で、倫理学の教科書としても最適。「精選ブックガイド」を付す。

G460
〈個〉の誕生
―キリスト教教理をつくった人びと―
坂口ふみ

「かけがえのなさ」を指し示す新たな存在論が古代末から中世初期の東地中海世界の激動のうちで形成された次第を、哲学・宗教・歴史を横断して描き出す。〈解説〉山本芳久

G461
満蒙開拓団
―国策の虜囚―
加藤聖文

満洲事変を契機とする農業移民は、陸軍主導の強力な国策となり、今なお続く悲劇をもたらした。計画から終局までを辿る初の通史。

2023. 8

岩波現代文庫［学術］

G467
コレモ日本語アルカ？
―異人のことばが生まれるとき―

金水　敏

ピジンとして生まれた〈アルヨことば〉は役割語となり、それがまとう中国人イメージを変容させつつ生き延びてきた。〈解説〉内田慶市

G468
東北学／忘れられた東北

赤坂憲雄

驚きと喜びに満ちた野辺歩きから、「いくつもの東北」が姿を現し、日本文化像の転換を迫る。「東北学」という方法のマニフェストともなった著作の、増補決定版。